Eins zu Eins.
Der Talk

Menschen aus Bayern: Gespräche unter vier Augen

MÜNCHEN VERLAG

Bibliografische Informationen der Deutschen Nationalbibliothek. Die Deutsche Nationalbibliothek verzeichnet diese Publikation in derDeutschen Nationalbibliografie; detaillierte bibliografische Daten sind im Internet über http://dnb.dnb.de abrufbar.

© 2015 by Chr. Belser Gesellschaft für Verlagsgeschäfte GmbH & Co. KG, Stuttgart

Alle Rechte vorbehalten
Diese Publikation erscheint im MünchenVerlag
in der Chr. Belser Gesellschaft für Verlagsgeschäfte GmbH & Co. KG.

Gestaltung und Satz: Kreativbüro, Regina Emmert
Umschlagentwurf: Kreativbüro, Regina Emmert
PrePress: Heartwork Media, Frank Kreyssig
Bildrecherche: Amadeus Danesitz
Redaktion: Amadeus Danesitz; Bayern 2, Eins zu Eins. Der Talk: Daniela Arnu, Isabelle Auerbach

Gesamtherstellung: Print Consult, München
ISBN 978-3-7630-4024-7

Quellennachweis:
s. Fotocredits
Maren Willkomm (32), SZ Fotoarchiv (14), S.K.H. Franz Herzog von Bayern (2), BR2 1zu1 (8), LaBrassBanda PR (1), Warner Music PR (4), Hildebrandt Archiv (1), Autorengemeinschaft Klüpfel & Kobr GbR PR (3), Münchner Volkstheater/Stückl (4), Markus Wasmeier Archiv PR (4)

Texte: Isabelle Auerbach

Programmbereichsleitung Bayern 2/Kultur und Gesellschaft:
Wolfgang Aigner

Programmredaktionsleitung Bayern 2:
Alexander Schaffer

Rechtlicher Hinweis:
Die hier abgebildeten Foto-Motive und Texte sind urheberrechtlich geschützt. Die Verwendung der Texte und Abbildungen, auch auszugsweise, ist ohne schriftliche Zustimmung durch den MünchenVerlag urheberrechtswidrig und daher strafbar. Dies gilt insbesondere für dieVervielfältigung, Übersetzung oder die Verwendung in elektronischen Systemen.

Inhalt

Franz Xaver Bogner .... Seite 6
Josef Brustmann .... Seite 14
Franz Herzog von Bayern .... Seite 20
Stefan Dettl .... Seite 28
Klaus Doldinger .... Seite 34
Irmes Eberth .... Seite 42
Dieter Hildebrandt .... Seite 48
Michael Kobr .... Seite 56
Susanne Korbmacher .... Seite 62
Rike Kößler .... Seite 68
Andreas Kuhnlein .... Seite 76

Sepp Maier .... Seite 84
Miroslav Nemec .... Seite 92
Ilse Neubauer .... Seite 98
Annette Roeckl .... Seite 104
Marcus H. Rosenmüller .... Seite 112
Schwester Maximiliana .... Seite 120
Christian Stückl .... Seite 128
Markus Wasmeier .... Seite 136
Josef Wilfling .... Seite 144
Sandra Wißgott .... Seite 150
Eins zu Eins. Das Team .... Seite 158

Franz Xaver Bogner

"Irgendwie und Sowieso", die erste 68er-Kultserie des Franz Xaver Bogner, spielt auf dem Lande. Danach in „Café Meineid" und „München 7" gab die Landeshauptstadt die passende Kulisse ab. Dass auch diese Serien Zuschauererfolge wurden, liegt wohl an der Komik, die nicht gekünstelt wirkt, sondern sich an dem ganz normalen Wahnsinn des Alltags orientiert. In „Der Kaiser von Schexing" porträtiert Bogner heiter-amüsant eine fiktive Gemeinde im tiefen Bayern. Franz Xaver Bogner hat einen neuen Typus von Heimatfilmen entwickelt, auch wenn er selbst den Begriff „Heimat" für gefährlich hält. Im Dialekt wollte er nie schreiben. Diesen Vorsatz hat er gebrochen, da er seit über 40 Jahren seinen Figuren damit einen besonderen Charme verleiht. Sonst ist sich der in Pliening geborene Regisseur treu geblieben. Zweimal erhielt er für seine Filme den Adolf-Grimme-Preis und 2014 den Kulturpreis Bayern.

Mit dem „Kaiser von Schexing" erzählen Sie uns neue Geschichten aus der bayerischen Kommunalpolitik mit dem ein oder anderen Schlitzohr. Sind Sie selber so ein Schlitzohr, Herr Bogner?

Wenn ich mir die Latte der Verweise anschaue, die ich irgendwo gut vor meinen Kindern versteckt habe, dann, denke ich, komme ich für mich selber ganz gut mit dem Namen „Schlitzohr" klar.

Waren es so viele Verweise?

Das hat damit zu tun, dass ich einen unheimlich netten und liberalen Vater hatte. Wenn ich sagte: „Hier ist ein Verweis", hat er ihn immer unterschrieben, meistens nicht danach gefragt, weshalb – so viel Vertrauen hatte er zu mir. Ihm war immer nur wichtig, dass ich nicht durchfalle. Den Gefallen habe ich ihm getan.

Was haben Sie denn angestellt in der Schule?

Ich habe den Vorteil, dass ich erstens auf dem Land aufgewachsen bin, wo viele Jugendstreiche immer noch einen höheren Kavaliersdelikt haben als hier in der Stadt, und dann zum Ende meiner Gymnasialzeit diese recht wilde 68er Zeit durchgemacht habe. Ich habe 1969 Abitur gemacht – das bedeutete permanenter Aufstand gegen Hierarchien.

Haben Sie diese Dokumente wie einen Verweis wirklich aufgehoben, wie man es sich erzählt, als Ehrendokument?

Na ja, so ein paar Sachen habe ich aufgehoben. Normalerweise bin ich ein klassischer Wegwerfer, weil das die zweite Eigenschaft meines Vaters war, alles aufzuheben. Da bin ich ins Gegenteil gegangen, ich werfe Sachen sehr gerne weg. So kann man sich auch von ideellen Werten besser trennen.

Sind Sie einer, der am Samstag früh zum Wertstoffhof fährt, vollbeladen, und die Frau reißt es gerade mal wieder raus?

Na, ich fahr wenn dann in der Nacht, damit sie es nicht rausreißen kann. (lacht)

Sie haben in einem Bahnwärterhäusel mit Ihren Eltern gewohnt und den Zug als ständige Begleit-

musik gehabt. Haben Sie das noch im Ohr?
Ja, den Rhythmus. Mein Kopf im Bett war nur dreieinhalb Meter vom Zug entfernt. Das habe ich sehr gut im Ohr. Damals, als ich ganz klein war, waren die Gleise noch nicht verschweißt, das heißt, da gab es diesen Rhythmus, dieses ewige „Da-dang, Da-dang", das entstanden war, weil zwischen den Gleisen noch ein Zwischenstand war. Ich habe dort gelebt, bis ich 20 war. Als ich weggezogen bin, bin ich am Anfang tagelang hintereinander immer um Viertel nach zwölf in der Nacht aufgewacht. Da fragte ich mich, was los sei, bis ich gemerkt habe, dass mir der Zug fehlt. Um Viertel nach zwölf fuhr immer der Mühldorfer durch, der hatte 52 Wagons, und 52 Mal lullte der „Da-dang, Da-dang". Das war auf einmal weg, und deswegen bin ich aufgewacht.
Wir wollen über Ihre Fernsehserie „Der Kaiser von Schexing" reden. Jetzt mussten wir sehr lange warten seit „München 7". Warum haben Sie sich so viel Zeit gelassen? Wollten Sie sich rarmachen?
Nein, rarmachen wollte ich mich nicht, aber die Arbeit an „München 7" hat mich sehr erschöpft. Aus einem simplen Grund, es waren 13 Folgen à 60 Minuten. Das heißt, man ist gezwungen, dass man 13 Mal einen kleinen Spielfilm erzählt. Das ist das eine, und das andere war, dass die Dreharbeiten nicht leicht waren, weil wir mitten in München gedreht haben und den Marienplatz als Hauptdrehort hatten, dazu der Viktualienmarkt und so weiter. Nicht nur wir haben dort die Leute aufgemischt, sondern die haben auch uns aufgemischt logischerweise, und das zehrt sehr an den Kräften. Dann habe ich mir überlegt, dass ich das Nächste, nämlich jetzt „Schexing", etwas studiobetonter gestalte – und deshalb ist das eine Produktion, die zu 80 Prozent im Studio stattfindet.
„Schexing", ist das ein fiktiver Name? Ist das ein bayerischer Name?
Ich hatte „Schexing" immer mit einer fiktiven Person verbunden, und zwar dem „Schex". Es klingt einfach sehr gut für eine Figur, die ein bisschen hintergründig ist und die man nicht in den Griff bekommt. Dann habe ich auch so eine Figur geschrieben, die Michael König spielt. Aber die Frage, wie dieses Dorf heißen könnte, war noch nicht gelöst. Es sollte auf keinen Fall real existieren. Ich habe Jürgen Buchner angerufen, der die Musik macht, den Haindling, und der hat gesagt: „Und, wie heißt das?", dann hab ich geantwortet „Schexing", und dann hat er gesagt „klingt gut".

„Mein Kopf im Bett war nur dreieinhalb Meter vom Zug entfernt."

Das Zurückgehen ins Dorf, hat das nicht noch mit mehr zu tun, als nur mit praktischen Gründen? War das vielleicht auch eine Sehnsucht nach „back to the roots"?
In der Stadt war ich jetzt lange genug, und deshalb wollte ich mal wieder aufs Land gehen. Und ich habe den Vorteil, dass ich 15 Kilometer vor München aufgewachsen bin; in Plieining bin ich geboren, in Markt Schwaben aufgewachsen, in Erding zur Schule gegangen. Ich habe immer zwei Lebensgefühle mitgekriegt und auch genossen: In 20 Minuten war ich in der Großstadt, und genauso schnell war ich wieder draußen auf dem Land. In der Summe lag das Land

Franz Xaver Bogner

immer eine Nase weit vorne.

Jetzt wohnen Sie in Neubiberg. Das ist doch eigentlich mehr Stadt?

Ich habe vorher längere Zeit in Giesing gewohnt, und dann bin ich rausgezogen, damit die Kinder ein bisschen was Grünes haben. Ich habe den Status aber beibehalten, weil ich genau 85 Meter vor der Stadtgrenze bin.

Giesing klingt auch gut. Sie haben es wohl eher mit den Underdog-Vierteln, die noch authentisch sind und noch nicht schickimicki, oder?

Schickimicki kann ich nicht verputzen. Deshalb gehe ich auch relativ wenig auf Events oder Plätze, die nicht von der Arbeit geprägt sind.

Wir reden von „Schexing". Gott sei Dank sind wieder viele bekannte Gesichter dabei, Gerd Anthoff als Kämmerer, die Kathi Leitner ist dabei, Christian Lerch, der Michael König ganz großartig, haben Sie bereits erwähnt, als der Schex, also der Großbauer. Worum geht es denn jetzt eigentlich ganz genau?

Es geht darum, dass Schexing ein Dorf ist, in dem keiner mehr Lust hat, Bürgermeister zu werden, weil jeder sagt: „Dieses Deppen-Amt, immer bin ich nur schuld, das mache ich nicht mehr." Das hat mir jemand erzählt, dass es das wirklich gibt.

Der Viktualienmarkt gehört zu Franz Xaver Bogners Lieblingsplätzen in München.

Aus welchem Dorf?

Das sage ich natürlich nicht. (lacht)

Das habe ich befürchtet.

In dem Fall kann ich leider nichts verraten. Dann haben die tatsächlich einen gesucht, der ihnen den Bürgermeister spielt.

Der Vater spricht das sogar auch aus. Er beschimpft seinen Sohn irgendwann und sagt: „Du bist der Depp der Deppen."

Ja genau. Jetzt gehen die natürlich davon aus, dass sie den engagiert haben, der relativ profilneurotisch und happy ist, dass er immer irgendwelche Empfänge eröffnen kann und so weiter. Alle denken, dass er immer das tut, was sie ihm sagen. Aber schon ab der Folge zwei merken sie, dass sie sich mit ihm total verkalkuliert haben, weil er erstens einen Riesenschlag bei den

Foto: MünchenVerlag/Maren Willkomm

Karl Valentin und Franz Xaver Bogner, zwei Unikate, die eng mit München verbunden sind.

Leuten hat, weil er mit denen gut kann. Außerdem geht das System, weshalb sie ihn überredet haben, total schief. Am Schluss hat er dort tatsächlich das Sagen.

Der Mann läuft bereits in der ersten Folge aus dem Ruder. Da soll er den Ehrenpreis verleihen an den alerten Landrat, gespielt von Horst Kummeth, mit seiner ehrgeizigen Frau, Monika Gruber. Doch was passiert dann?

Sein Vater droht ihm, wenn er diesen Preis dem Landrat, seinem Erzfeind, verleiht, sind sie geschiedene Leute.

Und der Skandal ist perfekt in Schexing …

… weil noch mehr passiert. Doch er findet eine Lösung, die ich aber hier jetzt nicht verrate.

Hat Ihnen das auch jemand gesteckt, aus irgendeinem real existierenden bayerischen Dorf? (lacht)

Sämtliche Geschichten, die ich verarbeite, sind irgendwo real.

Ihre Recherche sind Zeitungslektüre und Stammtisch?

Und viel Hinhören und viel Hinschauen. Das Hinschauen habe ich kräftig durchgeführt von neun bis 14, da war ich nämlich Ministrant und habe mir ununterbrochen in der Kirche die Leute anschauen können. Ich habe sie beobachtet, wie sie sich während Zeremonien benehmen und wie sie sich draußen – im wahren Leben – benehmen. Das war ein sehr gutes Studium meinerseits.

Dieter Fischer ist relativ neu, den kennt man bisher nur aus einer Nebenrolle von „München 7" bei Ihnen, aber Fischers bringen Ihnen Glück, oder?

Fischers haben mir Glück gebracht.

Ottfried Fischer als Sir Quickly.

Wenn man sich die letzte Folge von „Café Meineid" anschaut, Folge 147, da gibt es zwei, die vor Gericht stehen. Der eine heißt Andreas Giebel und der andere Florian Karlheim. In dieser letzten Folge wollte ich die beiden ausprobieren, und dann waren sie die Hauptdarsteller im nächsten Projekt, nämlich in „München 7".

Ach, so läuft Ihr Prinzip? Die aktuellen Nebenrollen aus dem „Kaiser von Schexing" sind dann die Hauptrollen in der nächsten Serie? Die Rosie Specht oder wer auch immer?

Ja, wenn sie sich gescheit reinhängen.

Endlich läuft die neue Serie von Franz Xaver Bogner „Der Kaiser von Schexing". Gedreht haben Sie in einem echten Rathaus, in Rain am Lech. Haben Sie dafür den Betrieb über Wochen lahmgelegt?

Ich habe den Betrieb nur lahmgelegt, weil die mich ihn lahmlegen haben lassen. Rain am Lech liegt zwischen Augsburg und der Donau. Ich wollte ein barockes Rathaus haben, wegen der barocken bayerischen Haltung des Hauptdarstellers. Am Kopfende des Dorfes steht dieses Rathaus in Rosafarben. Dann waren die so lieb uns gegenüber, dass sie gesagt haben „na, dann sperren wir vorne und hinten zu, und dann habt ihr eure Ruhe". Das heißt, die haben über sechs oder acht Tage hinweg vorne und hinten das Dorf zugesperrt und eine Umleitung gemacht. Wir hatten im Grunde genommen ein Außenstudio.

Traumhaft.

Ja, das werde ich nie vergessen. Das war ein Dreh, wie ich ihn wirklich noch nie hatte.

Und die Leute haben begeistert mitgemacht?

Die haben Komparserie gemacht und waren auch sehr gut. Gott sei Dank waren sie keine geübten Komparsen, weil damit in dem Film auch keine Gesichter drin sind, die man zum Beispiel schon aus dem „Tatort" kennt. Es war wirklich richtig toll. Gestern haben wir dort, wie wir es ihnen versprochen hatten, ein Event zu ihren Ehren gemacht. Ich bin in diese Turnhalle reingegangen und bin total erschrocken, weil 1000 oder 1200 Leute da waren.

Praktisch das ganze Dorf.

Das ganze Dorf. Die haben sich damit so identifiziert, und das finde ich in unserer Zeit schon noch eine tolle Geschichte.

Herr Bogner, und nachher gab es wahrscheinlich viel Applaus?

Die waren alle sehr zufrieden, und das ist natürlich schön. Wir haben bis jetzt zwei- bis dreimal die Möglichkeit gehabt, das vor der Erstsendung zu testen, wie ein normales Publikum drauf reagiert. Für mich war das Allerwichtigste einfach zu sehen, dass diese fiktiven Figuren in diesem fiktiven Ort bei den Leuten

> „Das Hinschauen habe ich kräftig durchgeführt von neun bis 14, da war ich nämlich Ministrant ..."

beliebt sind.

Haben Sie eine Lieblingsfigur im „Kaiser von Schexing"?

Meistens sind es sieben oder acht Figuren, denen ich immer jeweils eine Macke von mir gebe. Deswegen kann ich schlecht gegen mich reden. (lacht)

Franz Xaver Bogner am Elise-Aulinger-Brunnen. Die Figur der bayerischen Volksschauspielerin gefällt ihm besonders.

Aber nein, das kann man so nicht sagen. Genauso wie ich nie sagen kann, was meine Lieblingsserie von mir selber ist. Das hat auch damit zu tun, dass ich mir im Grunde genommen nie mehr etwas anschaue, was ich gemacht hab.

Wirklich nicht?

Nein, kann ich nicht haben.

Warum nicht?

Das ist irgendwie vorbei.

Aber Sie waren doch schon mal bei den Kultabenden, bei der Fangemeinde, die sich trifft …?

Ja gut, okay, das mache ich auch den Veranstaltern und den Leute zuliebe, als „Irgendwie und Sowieso" in der Muffathalle lief. Dann kam ich dorthin, und die Halle war proppenvoll, was schon immer toll ist, und das Durchschnittsalter lag so bei 20! Das ist ein Kompliment, das einem ein Publikum macht, das kann man nicht bezahlen.

Herr Bogner, wie haben Sie sich denn diese Unbefangenheit bewahrt, nicht immer einer Messlatte unterliegen zu müssen? Bei Ihnen ist man Erfolgsgarantie gewöhnt. Stresst das nicht ganz schön bei der Arbeit?

Mich stresst das nicht, weil das ein bisschen was mit dem Bayerischen Fernsehen zu tun hat, mit der Redaktion, in der ich seit 20 Jahren bin. Dort habe ich zumindest einen Bonus und einen Vorlauf, den andere Regisseure heutzutage überhaupt nicht mehr haben. Früher hatten den so Leute wie der Wedel oder der Dietl (Anm. d. Red.: gemeint sind Dieter Wedel und Helmut Dietl, beide Kultregisseure). Ich kann meine Sachen selber schreiben, selber inszenieren und – das ist das Wesentliche vom Produktionsaufwand

Foto: MünchenVerlag/Maren Willkomm

Franz Xaver Bogner

her – im Grunde genommen vorher schon besetzen. Ich konnte auf der Ebene eines größeren Treatments, so nennt man das, eine Art Konzept, Leute besetzen, auf die ich dann die Rollen geschrieben habe. Das ist unter heutigen Serienbedingungen oder, wenn du das irgendjemandem auf dem freien Markt erzählst, überhaupt nicht mehr denkbar.

Heimat, was ist das für Sie? Sind das die Sprache, die Leute, die Landschaft?

Heimat ist so ein Begriff, über den ich, seitdem ich denken kann, versuche am Allerwenigsten nachzudenken, weil er ein sehr gefährlicher Begriff ist. Nur eines bin ich mir sicher, dass Heimat der Platz ist, an dem das Gefühl ist. Ich kann es nur in diesem Sinne leben, dass ich es geschafft habe, 35 Jahre lang, im Dialekt zu schreiben.

Aber Sie hatten schon als Gymnasiast eine Riesenangst, dass Sie irgendwo in der Tümelei landen?

Wenn ich zufälligerweise auch nur in die Nähe des Oktoberfestes komme und diese Typen und Mädels in diesen Trachten rumrennen sehe, dann wird mir schlagartig sehr schlecht. Oder mag es damit zusammenhängen, dass ich halt aus einer Jeansgeneration herkomme und der Meinung bin, dass ich keine Tracht brauche, um Bayer zu sein?

Also Sie haben keine krachlederne (Anm. d. Red.: gemeint ist eine Trachten-Lederhose) daheim?

Nein, nie gehabt.

Sie sind sich treu geblieben und haben immer noch lange Haare, wie in der 68er Zeit!

Da geht mein Sohn mit mir konform. Der hat auch so lange Haare. Ich finde es einfach schöner.

Herr Bogner, haben Sie jemals den Drang gehabt, aus Bayern wegzugehen? Immerhin hat Sie Amerika sehr fasziniert, Sie haben Amerikanistik studiert.

Nein, kann ich auch nicht erklären. Ich war einmal in Irland, da hat es mir auch sehr gut gefallen, weil die im Wesentlichen genauso wahnsinnig wie die Bayern sind; leicht anarchistisch angehaucht. Da wäre ich auch sehr gerne geblieben. Ich denke einfach, dass man bestimmte Sachen nicht so vorauskalkulieren kann, plötzlich passieren Sachen, so wie jetzt zum Beispiel dem Marcus H. Rosenmüller und den zwei Millionen Leuten, die in diesen Film (Anm. d. Red.: „Wer früher stirbt ist länger tot") reinrennen. Und dort wird Bayerisch pur geredet.

Aber nach irgendetwas haben die Leute ja Sehnsucht, die in diesen Film reinrennen.

Nach Echtheit. Nach Identität. Nach ein bisschen alltäglichem Wahnsinn. Das ist ja das, was ich mit der Anarchie meine. Dieser Rest in einem drinnen, der sich nicht alles gefallen lässt, soll immer da sein.

> „Nur eines bin ich mir sicher, dass Heimat der Platz ist, an dem das Gefühl ist."

Zu Gast bei Ursula Heller war am 7. Februar 2008 Franz Xaver Bogner, Regisseur und Drehbuchautor.

Josef Brustmann

Das Leben ist nichts „für Hasenfüße", steht in der Unterzeile seines Solokabarettprogramms. Das ist Josef Brustmanns Lebensmotto geworden, der als achtes von neun Kindern auf einem winzigen Zuhäusl im Berchtesgadener Land zur Welt kommt. Das tägliche Singritual in seiner Familie prägt den Jungen, der zwar ärmlich, aber in der idyllischen Natur Oberbayerns aufwächst.

Seine musikalische Laufbahn beginnt schon als Bub, als er zusammen mit seinen acht Geschwistern vom Goethe-Institut durch Europa geschickt wird. Nach Abitur und Studium gibt er seine Begeisterung für die Musik als Lehrer an Schülerinnen und Schüler eines Privatgymnasiums weiter. Nach zehn Jahren im Schuldienst macht er eine sechsmonatige Pause in Gambia und lässt daraufhin kurzentschlossen das Lehrerdasein hinter sich. Er entdeckt seine kreativen Seiten, erkennt, wie wichtig ihm das Texten und Musizieren sind und wagt den Sprung auf die Bühne, als hauptberuflicher Musiker und Kabarettist. Jetzt tourt er auch wieder mit dem „Bairisch Diatonischen Jodelwahnsinn" durch die Lande. Für „Leben hinterm Mond" bekam er den Paulaner-Solo-Kabarett-Preis.

Herr Brustmann, Sie kennen zwei berufliche Welten: die des Lehrers und die des Kabarettisten. Was kann der Lehrer vom Kabarettisten lernen und umgekehrt?

Eigentlich müssen beide beides können: Man muss fesseln können, und man muss auch Humor mitbringen, das ist für den Unterricht ganz wichtig und für die Bühne auch. Eigentlich unterscheidet sich nichts, bloß als Kabarettist bekommt man Geld, mehr Geld als im Lehrerberuf. Normalerweise.

Möglicherweise, oder im Idealfall, bekommt man auch noch Applaus?

Den bekommt man als Lehrer ganz selten, und von daher ist Lehrer eigentlich ein schwieriger Beruf, weil sehr viele Leute etwas von einem wollen, also die Eltern und die Schüler sowie der Kultusminister und der Schulleiter. Und man kriegt relativ wenig zurück.

Gerade weil Sie die Welt des Lehrers kennen, wie sehr lieben Sie denn die Welt des Kabaretts?

Das Kabarett ist wahnsinnig schön, weil man im Kabarett alles machen kann. Ich kann singen, Musik machen, Texte schreiben, ich kann Gedichte rezitieren, ich kann tanzen, ich kann einen Kopfstand machen, ich kann gar nichts sagen. Man kann vor allem das machen, was man selber kann. Ich bin zum Beispiel ein schlechter Imitator, ich kann ganz schlecht Leute nachmachen. Das erwartet aber auch keiner.

Sie sind auch Teil des „Bairisch Diatonischen Jodelwahnsinns", beziehungsweise waren es. Die Jüngeren kennen das inzwischen fast nicht mehr, weil es sie so lange nicht mehr gab. Wie lange denn?

Wir haben jetzt 13 Jahre pausiert. Pausiert ist ein falsches Wort, weil wir nicht mit unserer „Wiederauferstehung" gerechnet haben.

Sie sind am 28. Dezember 1954 geboren. Was

Foto: MünchenVerlag/Maren Willkomm

wissen Sie denn über die Umstände Ihrer Geburt vor 60 Jahren in Teisendorf?

Das war damals eine wilde Zeit, weil meine Eltern Bauern in Südmähren waren und dann vertrieben worden sind nach Oberbayern. Meine Eltern haben zehn Jahre lang in einem kleinen Zuhäusl gelebt mit sieben Kindern. Das war nicht größer als 20 Quadratmeter. Was uns ausgezeichnet hat später, dass wir sehr viel gesungen und auch sehr viel Musik gemacht haben. Von daher habe ich meine Kinder- und Jugendzeit als zwar sehr ärmliche, aber als wunderschöne in Erinnerung.

Aber auf nur 20 Quadratmetern, das klingt ein bisschen …

Das waren alles nur Betten und lauter kleine Brustmanns. (lacht)

Ich frage mich, wie es wohl im Badezimmer zuging, zum Beispiel beim Zähneputzen?

Das Zähneputzen war damals noch nicht so wahnsinnig angesagt. Aber ans Baden erinnere ich mich gut. Samstags war Badetag, und da wurde halt die Badewanne eingelassen, und da haben halt alle in dem gleichen Wasser gebadet. Der Vater zum Schluss.

In welcher Art war Ihre Kindheit denn arm? Haben Sie auch Hunger gehabt damals?

Nein, das nicht. Und man nimmt als Kind die Armut gar nicht so wahr, vor allem, weil die alle betroffen hat. Als Kind interessiert dich nichts außer Fußball, die Isar und Kinder zum Spielen. Wir haben natürlich wahnsinnig viel Zeit gehabt, so ganz frei in der Natur zu sein und zu spielen. Das hat mich geprägt und verschafft mir ein echtes Lebensglück.

„Das Zähneputzen war damals noch nicht so wahnsinnig angesagt."

Aber das war auch das Schicksal einer Flüchtlingsfamilie bei Ihnen. Wenn Sie sich heute die Flüchtlingspolitik ansehen, haben Sie durch Ihren Hintergrund vielleicht einen anderen Blick darauf?

Ich habe einen anderen Blick, weil meine Eltern darauf angewiesen waren, gut und wohlwollend aufgenommen zu werden. Aber das war eine Art Zwangssituation, denn die Bauern mussten einen Stall oder eine Scheune freiräumen und die Flüchtlinge aufnehmen, weil es alles Deutsche waren. Die Bauern, die uns da aufgenommen haben, waren dann wirklich ausgesprochen nett. Wir haben sogar heute noch gute Kontakte. Das war also ein ganz glücklicher Umstand.

Sie haben kurz erwähnt, dass die Musik eine große Rolle gespielt hat bei den Brustmanns. Was sind denn die tiefen schwingenden Erinnerungen an die Musik? Gibt es ein Lied, einen Ohrwurm aus Ihrer Kindheit?

Ja, es gibt wahnsinnig viel, wir haben immer gesungen. Auch jetzt, wenn wir uns treffen, da fängt einer an, und dann singen alle zwei-, drei- oder vierstimmig. Meine Eltern waren wie gesagt arm, hatten auch keine Instrumente, aber das Singen war meinen Eltern ganz wichtig, und das haben sie uns weitergegeben. Sie haben uns aber genauso oft abends am Bett vorgesungen.

Auch mit Ihren Geschwistern haben Sie gemeinsam Musik auf der Bühne gemacht und das sogar im Ausland. Wie kam das zustande?

Wir sind über das Goethe-Institut mal nach Schwe-

Josef Brustmann

den, mal nach Frankreich und England gereist. Die Auftritte waren dort immer toll, weil ich der Kleinste war und mit meinen großen Geschwistern, die teilweise elf, zwölf und 14 Jahre älter waren, unterwegs sein durfte.

War Ihnen nach der Schule sofort klar, dass Sie Lehrer werden wollen? Oder war Musiker zu dem Zeitpunkt noch eine Option?

Der Schwerpunkt lag schon auf der Musik. Ich habe damals Cello und Klavier studiert, und das war irgendwie klar. Das Cello habe ich erst mit 13 Jahren angefangen – da wird man nicht mehr so gut, dass man Solist wird oder bei den Münchner Philharmonikern noch Zutritt findet. Von daher war Musiklehrer ein gewisser Kompromiss. Ich habe gerne Musik gemacht und dachte, okay, mache ich Schulmusik. Das hat mir auch großen Spaß gemacht. Diese zehn Jahre waren für mich eine ganz wichtige und tolle Zeit.

Auf Ihrer Internetseite schreiben Sie, Sie haben die Instrumente danach ausgewählt, dass sie möglichst laut sind – wegen der Familie, wegen der vielen Geschwister.

(lacht) Das ist ein bisschen überzogen. Dadurch, dass ich der Kleinste war, haben meine großen Brüder immer gesagt: „Wir brauchen noch eine Tuba, wir brauchen einen Kontrabass, wir brauchen ein Cello."

Kommen wir noch einmal auf Ihre Zeit als angehender Lehrer in München zurück. Was war das für eine Schule, und wie lief der Einstieg in die Arbeitswelt?

Das war ein Privatgymnasium. 20 Prozent der Schüler waren in irgendeiner Form körperbehindert, und dadurch hatte ich nie größere Klassen als 18 Schüler.

In der Familie Brustmann wurde schon immer viel musziert.

Der Musikunterricht mit den Schülern war toll, weil man mit ihnen singen und tanzen konnte, und gemalt haben wir auch. Ich hatte wirklich beste Voraussetzungen, weil die Schulleitung ebenso sehr interessiert daran war, dass künstlerisch etwas vorwärts geht.

Sie sind als Junglehrer auch Vater geworden, haben geheiratet und Kinder bekommen.

Drei Kinder und fast fünf Enkelkinder mittlerweile.

Im Prinzip hätten Sie Ihr Leben auch so weiterführen können: Junglehrer, Familie, Kinder, alles

In seinem Schreibhäuschen findet Josef Brustmann genügend Ruhe für seine neuen Programme.

in Ordnung. Aber was ist dann passiert, dass Sie ausgestiegen sind aus diesem Beruf?

Ich hatte einen ziemlichen Riss durch mein Leben aufgrund meiner Scheidung. Dann habe ich gleich noch eine Psychotherapie gemacht und auch noch den Beruf an den Nagel gehängt. Also das kam alles gleichzeitig. Aber ich dachte mir, jetzt ist eh schon alles wurscht.

Dann waren Sie auch noch in Afrika ein halbes Jahr lang? Wo waren Sie da?

Ich hatte kurz vorher noch ein halbes Jahr bezahlten Bildungsurlaub. Ich bin nach Gambia. Dort habe ich einen Schwarzen kennengelernt, mit dem ich längere Zeit getrommelt habe. Es war eine spannende Zeit. Und dann kam ich heim und habe sofort gekündigt, weil ich gemerkt habe, dass ich ein freieres Leben brauche.

Der Sprung ins Wasser, ging der sofort gut oder gab es auch schwere Zeiten, auch finanziell?

Es ging relativ gut. Dadurch, dass wir alle drei (vom Bairisch Diatonischen Jodelwahnsinn) unsere Berufe an den Nagel gehängt hatten, haben wir alle am selben Strick gezogen.

Gab es Bühnenängste? Oder gibt es die heute noch?

Die gab es in der Gruppe bei mir überhaupt nicht. Vielleicht, weil ich das auch so gewohnt war, mit meinen Geschwistern immer auf der Bühne zu sein. Die Ängste kamen erst, als ich solistisch angefangen habe. Und die waren am Anfang brutal. Ich habe wirklich gedacht, ich spiele jetzt so zehn Auftritte, und dann höre ich wieder auf, weil das so ein Stress ist. Das hat sich dann Gott sei Dank gelegt. Aber das ist wirklich was, wenn man ganz allein vor 100 bis 200 Leuten steht …

Ihr neues Programm heißt „Fuchs-Treff". Wer trifft denn da den Fuchs? Wer ist überhaupt der Fuchs?

Foto: MünchenVerlag/Maren Willkomm

Josef Brustmann

Das war für mich eine Metapher. Dem Fuchs, dem schreibt man viele Eigenschaften zu. Er ist schlau, schön, manchmal auch ein bisschen hinterfotzig. Das sind natürlich Charaktereigenschaften, die man als Kabarettist auch gut brauchen kann.

Es ist eine ganz tolle Mischung aus Lebenserfahrung, von der Sie anekdotenhaft erzählen, und Politik, und natürlich spielt auch die Musik eine große Rolle. Und ums Älterwerden geht's auch. Sie sind 60 geworden. Hat Sie das beim Schreiben beschäftigt?

Nein, beim Schreiben ehrlich gesagt nicht. Aber es spielt jetzt eine Rolle. Ich denke oft daran, an das Alter, was ich vorher nicht gemacht habe. Das fand ich überraschend, dass einen das dann doch beschäftigt, es macht mich jetzt nicht richtig ängstlich, aber es beschäftigt einen.

Es gibt neben dem Solokabarett noch ganz viele andere Baustellen. Sie haben zum Beispiel einen Abend zum Thema „Tod und Sterben" gemeinsam mit der Schauspielerin Marianne Sägebrecht veranstaltet. Was ist das für ein Programm?

Es ist ein schönes Programm, ich muss nicht lustig sein. Wir sitzen 1 ¼ Stunden und sind relativ ernst. Es gibt auch heitere Momente. Das Tolle ist, dass die Leute total fasziniert rausgehen und nicht erdrückt sind von dem Thema. Man hat das Gefühl, man nimmt ihnen eine Last von der Schulter. Marianne Sägebrecht liest Texte, und ich habe Texte vertont. Dann ist noch Andy Arnold dabei, ein Saxofonspieler. Musikalisch wandert das Ganze von der Klassik, von Franz Schubert in die Volksmusik und in den Jazz hinein. Marianne Sägebrecht sitzt da und liest wie eine tröstliche Erdenmutter.

Lyrik schreiben Sie auch. Man hat das Gefühl, dass es nach Ihrem Lehrerdasein bei Ihnen plötzlich in allen Bereichen gefunkt hat – wie eine Kreativexplosion. Ist das so?

Ja, das war natürlich etwas ganz Außergewöhnliches. Normalerweise wird man so ein bisschen aufs Gleis gesetzt. Man geht in die Schule, man macht sein Abitur und studiert. Ich habe dann schon Kinder gekriegt und musste Geld verdienen, und dann ist man plötzlich im Rentenalter. Bei mir war es halt so, dadurch dass ich dieses halbe Jahr gehabt habe, ist man einfach aus dieser Fahrt rausgenommen worden. Ich habe gemerkt, ich kann schreiben, ich mag mit Texten umgehen, ich mag komponieren, und das war alles vorher ein bisschen verschüttet. Ich glaube, dass viele keine Ahnung haben, was in ihnen drin steckt.

Was sind denn die schönsten Momente in Ihrem derzeitigen Leben? Ist es, wenn Sie auf den Starnberger See rudern?

Das ist etwas Wunderbares. Das mache ich ja manchmal auch schon ganz früh, um sechs oder um sieben Uhr in der Früh. Da ist der See so ruhig. Große Stille. Also den Tag, den nimmt dir keiner mehr weg.

> „Das ging dann sehr rasch nach oben damals."

Zu Gast bei Achim Bogdahn war am 4. März 2015 Josef Brustmann, ehemaliger Lehrer und Kabarettist.

Franz Herzog von Bayern

Wenn es die Monarchie in Bayern noch gäbe, wäre er heute unser König: Franz Herzog von Bayern. Er ist der erste Sohn des damaligen Erbprinzen und späteren Herzogs Albrecht und der aus Ungarn stammenden Maria Gräfin Draskovich von Trakostjan. Als Oberhaupt des Hauses Wittelsbach regiert er zwar nicht, doch er lebt in königlichen Räumen – in einem Seitenflügel des Schlosses Nymphenburg in München! Seine große Leidenschaft gilt der Kunst des 20. Jahrhunderts. Zu seinem Fundus gehören unter anderem Werke von Beuys, Baselitz und Palermo, die heute in verschiedenen Münchner Museen die Wände schmücken. Auf seinen langen Namen, Franz Bonaventura Adalbert Maria von Bayern, den ihm seine Eltern 1933 gaben, ist er besonders stolz. Ansonsten zeichnen den studierten Betriebswirt königliche Zurückhaltung und Bescheidenheit aus.

Wenn Sie eine Zeitreise machen würden, wo würden Sie gern landen?
Heute.
Warum gerade heute?
Ich finde, dass wir die letzten 60 Jahre eigentlich eine sehr glückliche Zeit gehabt haben. Ich glaube, dass keine andere Generation das erlebt hat, dass wir 60 Jahre lang in Frieden und Freiheit leben durften, eigentlich mit einem ständigen wirtschaftlichen Aufstieg.
Gäbe es die Monarchie noch, wären Sie jetzt der König von Bayern. Haben Sie jemals darüber nachgedacht, wie das wäre? Auch in einer früheren Zeit.
Nein, dieser Gedanke ist eigentlich nie aufgetaucht.
Wie sehr haben Sie sich mit Ihren Vorfahren beschäftigt? Ich meine König Ludwig II. genauso wie die Ottos oder die Maximilians.
Wir haben immer Geschichtsunterricht gehabt, ich bin mit vielen in direkte Berührung gekommen, über Kunstgeschichte, über Baugeschichte, über die Stadt München, jede Straße spricht davon, nicht nur München, genauso die anderen Städte im Land, die ganze Landschaft, aber am Ende hat das Land glaube ich unsere Familie genauso geprägt, wie vielleicht manche von uns manchmal das Land geprägt haben. Insofern ist es eine Wechselwirkung, die wahrscheinlich bis heute besteht.
Sie werden ja noch mit Seine Königliche Hoheit angesprochen, ist Ihnen diese Ansprache wichtig?
Nein, sie spielt gar keine Rolle. Ich bin sie gewohnt, weil sie oft gebraucht wird, es ist eine Freundlichkeit, aber ich selber bemerke wahrscheinlich am wenigsten, wenn jemand sie nicht gebraucht.
Wie darf man sich das vorstellen, wenn Menschen mit Ihnen in ein Gespräch kommen wollen? Wie stellen Sie sich vor, zum Beispiel bei einem Spaziergang im Nymphenburger Park mit Ihrem Mischlingshund Liesl?
Eigentlich nicht, meistens kennen mich die Leute, die

Herzog Franz von Bayern mit seinen Schwestern Marie-Charlotte und Marie-Gabriele sowie einer Freundin

mich ansprechen, oder wenn ich mit jemandem rede, sind es auch Leute, die ich kenne. Viele begrüßen die Liesl – vor mir. Ich muss zugeben, sie hieß Sissy, als ich sie gekriegt habe, den Namen habe ich verweigert und sie in Liesl umgetauft. (lacht)

Es ist ersichtlich, dass Ihnen das Königliche tatsächlich nicht sonderlich wichtig ist. Aber gibt es dennoch einen Ort, einen königlichen, hier in Bayern, den Sie besonders mögen, von den vielen, die es ja gibt?

Nein, in dem Sinn eigentlich nicht. Königliche Orte sind nicht einzelne Schlösser. Wenn ich in der Residenz bin, spüre ich, was dort alles passiert ist. Wenn ich im Alten Hof bin, denke ich mir, was da alles passiert ist, die Erschaffung der deutschen Amtssprache, die ganzen staatlichen Verwaltungen. Wenn ich auf der Trausnitz bin, weiß ich, was dort alles war, die ganze Geschichte der Niederbayerischen Herzöge, und so geht's weiter im ganzen Land. Das ganze Land ist voll mit Orten, die immer wieder eine Neuentdeckung sind und eine Freude sind, wenn man sie besucht.

Ihren achtzigsten Geburtstag haben Sie im Schloss Schleißheim gefeiert. Wie war das für Sie, so viel Lob auch zu hören?

Ich glaube, das lässt man einfach so über sich ergehen.

Da sind Sie auch anders als manch anderer.

Nein, was schön war dort, war einfach das wunderbare Wetter, und Schleißheim ist einfach eine wunderbare Architektur. Und es war eine Freude, das zu sehen, und darüber habe ich mich auch gefreut. Dass da alles zusammengestimmt hat, und ich glaube, es war eine gute Stimmung.

Das war im Juli letzten Jahres (Anm. d. Red.: im Juli 2013). Ein ganz besonderes Geschenk war das von der Pinakothek der Moderne: die Sonderausstellung auf Herrenchiemsee. Diese Kombi muss für Sie ja das Glück auf Erden gewesen sein.

Das hat mich gefreut, und es war noch dazu sehr erfolgreich. Auch wenn es das erste Mal war, so hoffe ich doch, dass das eine laufende Einrichtung wird, die der Pinakothek der Moderne auch in Zukunft sehr viel bringen wird und sehr viel Interesse schafft.

Sie sind 1933 geboren, das war gerade die Zeit, als die Nationalsozialisten an die Macht kamen.

Foto: Privatarchiv S.K.H. Franz Herzog von Bayern

Franz Herzog von Bayern

Wie hat die Familie von Bayern damals gelebt?
Wir haben in Kreuth beim Tegernsee gewohnt, ganz normal, ich war ein kleiner Bub, meine Schwestern haben gerade angefangen in die Schule zu gehen, aber das war ein ganz ruhiges, entspanntes, sehr einfaches Leben, da oben auf dem Plateau. Hätte nicht schöner sein können.

Und ab wann haben Sie gemerkt, in der Familie, dass irgendwas sozusagen nicht in Ordnung ist, also dass die Nationalsozialisten auch für Sie eine Bedrohung sind?
Das habe ich als Kind natürlich nicht verstanden, aber dass das Leben unruhig geworden ist, habe ich schon mit vier, fünf Jahren angefangen zu spüren. Und wir sind ja dann sehr überstürzt abgereist, und von da an war jeder Tag anders.

Sie sagen abgereist, Sie sind geflüchtet nach Ungarn, in das Heimatland Ihrer Mutter.
Richtig.

Was war der Grund, warum Ihre Familie flüchten musste?
Die Spannung mit den Nationalsozialisten. Ich glaube, mein Großvater und mein Vater haben sich dem ständig verweigert, da waren auch Versuche, sie einzuspannen, und die wurden immer abgelehnt, und zwar sehr deutlich abgelehnt, und da war dann, glaube ich, die Feindschaft sehr bald so stark, dass unsere Sicherheit wirklich in Frage gestellt war.

Sind Sie im Rückblick auch stolz auf Ihren Vater und Ihren Großvater, dass die da so viel Haltung gezeigt haben?
Nicht nur dafür, dass sie Haltung gezeigt haben, sondern auch, dass beide immer sehr klar und analytisch staatsrechtlich gedacht haben und den Unrechtcharakter offensichtlich von Anfang an erkannt haben.

Und dann ist die Familie eben geflüchtet. Konnten Sie Ungarisch?
Nein, damals nicht. Ich habe es als Kind gelernt, ohne Mühe, vielleicht habe ich es einmal besser gesprochen als Deutsch, in einem Moment.

Als Sie dann wieder zurückkamen?
Richtig.

Doch da war noch eine Station dazwischen. Denn Sie wurden tatsächlich verhaftet und mussten die letzten Kriegsjahre in Konzentrationslagern verbringen, mit der Familie.
Ja, die letzten neun Monate waren es.

Sie waren erst in Sachsenhausen, dann in Flossenbürg und dann in Dachau. Wieso wurden Sie von Konzentrationslager zu Konzentrationslager geschickt?
Also meine Eltern und meine Geschwister, wir wurden in Ungarn verhaftet, das weiß ich noch, wurden über Weimar nach Oranienburg/Sachsenhausen gebracht. Waren da ein paar Monate, ich glaube, dass dann die russische Armee nähergekommen ist, deswegen hat man uns verlagert nach Flossenbürg, und da war dann die gleiche Situation, da ist die Front immer näher gekommen. Man hat sogar schon von Weitem das Schießen gehört. So wurden wir von dort nach Dachau verlegt. Das hat aber dort auch nur zwei Wochen gebraucht, bis wir wieder abtransportiert

> „Ich finde, dass wir die letzten 60 Jahre eigentlich eine sehr glückliche Zeit gehabt haben."

wurden. Ich glaube, am Tag nach unserem Abtransport ist Dachau gefallen.

Waren Sie dort anders untergebracht als die anderen Häftlinge?

Das waren wir, und das war wohl unser Glück. Wir waren in Oranienburg in einer Art von kleinem Reihenhaus untergebracht, im Nachbarhaus die Schwestern meines Vaters, die in Italien verhaftet worden waren. Der Kommandant in Oranienburg war meinem Vater eigentlich eher gut gesinnt, der wollte nicht recht akzeptieren, dass er uns in seinem Lager vorfindet, und hat erlaubt, dass wir zusammengelegt worden sind. Und das hat sicher meine Tanten und uns gerettet am Ende, und von da an waren wir eine Gruppe. Aber es war irgendwie spürbar eine sehr große Angst, auch bei der Gestapo und bei der SS, dass bekannt wird, dass wir in diesem KZ sind. Daher sind wir unter anderem Namen gereist, es war also strengstens verboten, unseren eigenen Namen jemals zu benützen.

Wussten Sie das? Also, haben Ihre Eltern Ihnen auch selber gesagt, dass Sie …

Das wurde jedem von uns, auch von der Gestapo, von der SS gesagt, da wurden wir wirklich bedroht, dass wir nie unseren Namen benützen. Es mussten nur die Initialen stimmen. Also wir haben Buchholz geheißen, das wurde uns halt als Name gegeben, also wir waren in dem Sinn Sonderhäftlinge.

Sie haben gerade vorhin gesagt, Sie haben noch genaue Erinnerungen. Gibt es noch Bilder, die Sie – vielleicht auch nachts – verfolgt haben aus dieser Zeit?

„… ich war Student und hatte sehr wenig Geld …"

Nein, verfolgen tut mich nichts, aber die Bilder habe ich natürlich in mir.

Was sind das für Bilder?

Manchmal keine schönen. Das stimmt schon, ich meine, man hat doch alles gesehen, was da vor sich geht, in Flossenbürg waren wir isoliert, aber da ist ein Lastwagen gefahren, der das Essen gebracht hat, mit großen Essenstonnen, da war ein Steinbruch, in dem viele Häftlinge gearbeitet haben, und wir haben immer in der Früh diesen Lastwagen unterm Fenster vorbeifahren sehen, mit den Essenstonnen, und danach ist er zurückgekommen mit leeren Tonnen, und zwischen den Tonnen waren immer ein paar Tote gelegen. Und solche Dinge. Also Bilder gibt es genug, die man gesehen hat.

Haben die auch Ihr politisches oder soziales Denken beeinflusst, diese Bilder und diese Zeit?

Ich glaube nicht. Ich glaube die Bilder selber nicht. Das ist eine Frage, die ich oft gefragt werde. Ich glaube nicht, dass diese Erlebnisse mich oder auch meine Geschwister direkt beeinflusst haben. Aber die Folgen dieser Zeit, die haben natürlich uns allen, Ihnen genauso, unser Leben bestimmt.

Hatten Sie jemals in dieser Zeit, als Sie mit den Eltern im KZ waren, Angst?

Gut, es hat Momente gegeben, wo man echte Angst gehabt hat. Aber eine Erinnerung war bei mir ganz klar, wie wir in Oranienburg eingezogen sind, oder abgegeben worden sind, und in den Räumen waren, wo wir geblieben sind. Ich habe bis dahin als Kind überhaupt nicht kapiert, was da passiert, und in dem Augenblick habe ich plötzlich ganz klar gewusst, da

Franz Herzog von Bayern

komme ich nicht mehr lebend raus. Aber als Kind gewöhnt man sich an so eine Situation.

Nach dem Krieg und den Konzentrationslagern, was Sie glücklicherweise überlebt haben, gingen Sie in die Schweiz und dann ins Internat nach Kloster Ettal. Hat man da in der Schule über diese Kriegszeit gesprochen?

Eigentlich nicht viel. Ettal ist ein Benediktinerkloster, und die haben ja selber, glaube ich, einiges zu leiden gehabt unter den Nationalsozialisten.

Herzog Franz von Bayern mit dem Volksmusiker Kiem Pauli (stehend) in Wildbad-Kreuth

Jetzt waren Sie dort eben als Kind aus dem Hause Wittelsbach. Hat das dort eine Rolle gespielt?

Nein, das hat überhaupt keine Rolle gespielt. Ich glaube, da haben auch die Erzieher dort sehr darauf geachtet. Das war vollkommen normal, und man war genauso Schüler wie jeder andere.

Wurde auch ermahnt wie jeder andere ...

In jeder Form.

Waren Sie denn auch einmal frech?

Ich fürchte meistens. (lacht)

Was heißt das?

Ja gut, wie man halt als Bub war.

Das war eine Zeit, wo es heißt, dass es noch Schläge gab. Gab's die da auch?

Am Anfang. Ganz selten. Eine gescheite Ohrfeige habe ich schon einmal gekriegt, die war berechtigt und hat mir auch überhaupt nicht geschadet.

Die Ohrfeige ist das eine, aber der Ruf Ihres Internats hat sich doch geändert in den letzten Jahren. Es heißt, es habe Übergriffe gegeben. Wie sehr hat es Sie berührt, als Sie das gehört haben?

Das hat mir sehr wehgetan, denn ich habe nur beste Erinnerungen. Ich habe von derartigen Dingen nie etwas gespürt. Da waren keinerlei Härten oder Dinge, wie sie jetzt vorgeworfen werden.

Sexuelle Übergriffe eben ...

Von alledem war nichts zu spüren, war, glaube ich, auch wirklich nicht vorhanden, und ja, ich möchte jetzt einmal mit den Patres dort sprechen, um zu sehen, was wirklich war.

Sie waren ganz nah bei Schloss Linderhof. Waren Sie der Einzige, der wusste, dass Sie einen Bezug zu Schloss Linderhof haben?

Nein, ich war einer von denen, die es nicht gewusst haben.

Franz Herzog von Bayern zu Gast bei Daniela Arnu im BR2-Studio.

Ach, Sie wussten das damals gar nicht?
Als Schüler hat mich das wenig berührt.
Ab wann hat Sie das eigentlich interessiert? Sie hatten ja auch Geschichtsunterricht, und da tauchten doch sicher auch Ihre Vorfahren auf?
Ja, aber nicht nur Ludwig II., sondern viele viele andere auch. Ludwig II. hat mich eigentlich erst interessiert, wie die erste Ausstellung hier in München war, die Michael Petzet ausgerichtet hat in der Residenz. Und da wurden das erste Mal die ganze Zeit und die ganzen Projekte von Ludwig II. kunstgeschichtlich aufgearbeitet, und das hat mich fasziniert.
Wie hat sich denn Ihr Bild entwickelt von König Ludwig?
Es gibt das tragische Bild vom Menschen. Es gibt das sehr schwierige Bild vom Monarchen, was der eigentlich für sein Land hätte tun können und nicht getan hat, aber das sind ganz verschiedene Aspekte.
Und was hat Sie am meisten fasziniert, oder was fasziniert Sie am meisten an ihm?
Schon der kreative Anteil an seiner Fantasie. Diese fast zwiespältige Sehnsucht nach Bildern der Vergangenheit. Ludwig XIV. von Frankreich auf der einen Seite, auf der anderen Seite eine Faszination neuester technischer Möglichkeiten. Die Beleuchtung der Grotte in Linderhof, die erste elektrische Bühnenbeleuchtung der Geschichte.
Sie sind schon lange ein großer Kunstförderer. Was war Ihre erste Begegnung mit der Kunst, wo Sie so gemerkt haben, die macht was mit mir?
Gut, ich bin natürlich seit relativ früher Jugend mit guter Kunst aufgewachsen. Ich erinnere mich, dass ich noch in Ettal in der Schule war, und da hat mir mein Großvater, Kronprinz Rupprecht, Bilder in mein Zimmer gehängt, und die Bilder haben mir nicht gefallen.
Was waren das für Bilder?
Das waren Holzstiche von Dürer. Wunderbare, das gebe ich zu, aber für einen jungen Buben eigentlich nicht so das Geeignete. Und da war ich eben wieder frech genug und habe die eingepackt und bin zu mei-

Franz Herzog von Bayern

nem Großvater gefahren und habe sie ihm zurückgegeben. Er war ziemlich sprachlos darüber, das ist ihm, glaube ich, noch nie passiert und in seiner Sprachlosigkeit war er unvorsichtig genug mich zu fragen: „Ja, was möchtest du denn dann?". Und da habe ich ihm dann drei Bilder gezeigt und gesagt: „Die hätte ich gern." Und da hat er geschmunzelt und hat sie mir gegeben. Und das waren wirklich sehr schöne Bilder, und damit bin ich aufgewachsen.

Was waren das für Bilder, die drei?
Das war eine wunderbare Skizze von Rubens.

Ab dann, sagen Sie, haben Sie sich mehr mit Kunst beschäftigt und sind zum Sammler geworden.
Ja, das hat sich irgendwie so entwickelt. Gut, ich war Student und hatte sehr wenig Geld, aber Gott sei Dank haben damals ja viele Dinge auch sehr wenig Geld gekostet. Also, ich erinnere mich, Zeichnungen von Alfred Kubin waren so nach Größe und Qualität eine Frage von fünf bis 20 Mark. Und das konnte ich mir leisten, wenn ich nicht ins Restaurant gegangen bin, sondern halt ein Wurstbrot gegessen habe. Das ist ganz natürlich gekommen, das war nie reflektiert und nie geplant.

Es ist interessant, Sie haben einmal gesagt, dass Bilder Gesprächspartner für Sie sind.
Ja, das sind sie auch. Gesprächspartner, oder, ja, es ist ein Dialog. Wenn ich heute in die Alte Pinakothek gehe, berührt mich plötzlich irgendein Bild oder eine Situation, und wenn ich nächste Woche hineingehe, berührt mich vielleicht etwas anderes. Es kommt auch immer darauf an, was mich gerade beschäftigt.

Mit dieser Liebe zur Kunst sind Sie auch sehr engagiert in Gremien, aber nicht nur in Gremien, die sich mit Kunst befassen, sondern auch das Soziale ist Ihnen sehr wichtig. Für was engagieren Sie sich besonders?
Ein Engagement wäre der Hilfsverein Nymphenburg, das ist eine karitative Organisation, die meine Eltern gegründet haben, die sehr viel geholfen hat, in den osteuropäischen Ländern Dinge aufzubauen, auch individuelle Hilfe zu leisten, die das heute noch machen, aber inzwischen auch in Afrika engagiert sind. Ich habe das jetzt an einen Neffen weitergegeben, der das sehr gut weiterführt.

Sie haben ja auch Menschen um sich, die Sie täglich begleiten, einen Fahrer, jemand der bei Ihnen im Vorzimmer ist, einen Berater. Sind das auch sehr vertraute, freundschaftliche Verhältnisse?
Durchaus. Das war, glaube ich, sogar eigentlich eine Tradition, nicht nur in unserer Familie, dass man mit den engen Angestellten im Haus, im Haushalt, ein durchaus vertrautes Verhältnis hat. Es wird auf Formen durchaus geachtet, und das gehört zur gegenseitigen Achtung dazu. Trotzdem, die sind für mich eine enge Verbindung. Jetzt ist vor ein paar Tagen ein neunzigjähriger ehemaliger Gärtner von uns gestorben, und das berührt mich so, wie wenn's ein naher Verwandter gewesen wäre.

Ja, das klingt so, als ob man sich sehr wohlfühlen könnte im Schloss Nymphenburg bei Herzog Franz im Seitenflügel. Ich wünsche Ihnen alles Gute.
Ich hoffe, dass das stimmt, ich hoffe, dass sich wirklich alle bei uns wohlfühlen. Ich wünsche es mir jedenfalls.

Zu Gast bei Daniela Arnu war am 20. März 2014 Franz Herzog von Bayern.

Stefan Dettl

Das Wort „Pause" ist ein Fremdwort für den leidenschaftlichen „Rockstar" aus dem Chiemgau. Ein Tag ohne Gitarre ist kaum denkbar in Stefan Dettls Leben. Die Extreme reizen den 34-jährigen Musiker aus dem Chiemgau; die Spannung zwischen barocker und neuer Musik und die Mischung aus bayerischer Volksmusik, tanzbaren Balkanklängen und mexikanischen Elementen. Dieser Mix gelingt mit seiner Band „LaBrassBanda". Die neun Musiker vom Chiemsee begeistern Jung und Alt, von Bayern bis Sibirien. Stefan Dettl, der Trompetenspieler und Sänger der Band, hat auch bereits eine Solo-CD veröffentlicht. Als Kind träumte er davon, Symphonien im Auftrag des Königs zu schreiben. So weit ist er davon seiner Meinung nach heute nicht entfernt, obwohl es ihm jetzt – nach Jugendsymphonieorchester und Studium der klassischen Musik – die Pop- und Rockmusik angetan haben. Im Auftrag der Deutschen Welle spielte „LaBrassBanda" in Novosibirsk und in Afrika. Seit Ende 2011 ist er Herausgeber der Zeitschrift „MUH", die sich mit bayerischer Gegenwartskultur auseinandersetzt. Im Frühjahr 2016 soll sein neues Album „Soul Train" herauskommen, das „funky" werden wird, so verspricht es Stefan Dettl auf seiner Homepage.

Herr Dettl, „Rockstar" heißt das gerade erschienene Soloalbum von Ihnen, von „LaBrassBanda". Was haben Sie von einem Rockstar?
Ja Erfolg, es macht halt wahnsinnig viel Spaß gerade. Das ist schon etwas ganz Einzigartiges, die vielen Konzerte zu spielen mit den vielen Leuten.

Haben Sie schon mal einen Fernseher durch ein Hotelfenster geworfen oder wenigstens eine Fernbedienung?
Nein, da bin ich leider zu brav. (lacht)

Kommt vielleicht später noch in der Karriere. Immerhin sind Sie durch Ihre Band „LaBrassBanda" in kurzer Zeit um die ganze Welt gekommen. Nennen Sie uns vorab mal ein paar Stationen, wo diese Reise hingeführt hat mit der Band?
Wir wollten eigentlich gar nicht aus Bayern raus, aber nach dem Musikstudium haben wir gesagt, wir möchten einfach keine anderen Jobs mehr annehmen, möchten in keinen Orchestern mehr spielen, sondern uns komplett auf das Projekt „LaBrassBanda" konzentrieren. Dann haben wir bei den Clubs angefragt, ob sie jedem von uns 100 Euro bezahlen werden, weil wir sonst nicht leben könnten. In Bayern war es ziemlich schnell klar, dass kein Clubbesitzer 500 Euro für uns übrig hatte. So haben uns die ersten Konzerte nach London geführt, in die Clubs, weil die gesagt haben: „Spielt einfach mal eine Nacht, und wenn am zweiten Tag mehr Leute kommen, dann zahlen die Eintritt, und den Eintritt bekommt ihr dann." Das fanden wir einen fairen Deal. Durch die London-Auftritte haben wir Kontakte bekommen nach Kroatien und Bosnien. So ging die erste Tour auch nicht durch Bayern, sondern durch Kroatien, Bosnien und Italien. Da haben wir dann die Instrumente gepackt, haben hinten die Trommel aufgeschraubt und die Tuba und alles reingetan und sind mit einem Passat auf eine zweiwöchige Tour gegangen durch den Balkan und durch Italien. Nach dieser Tour war uns klar: Das macht

uns wahnsinnig viel Spaß, und die Clubbesitzer aus Bayern müssen uns jetzt endlich spielen lassen.

Das hat geklappt, auch hierzulande waren Sie dann sehr erfolgreich, also beispielsweise war in München vier Mal hintereinander der Circus Krone ausverkauft. Wo waren die meisten Zuschauer bei einem Konzert von „LaBrassBanda"?

Das war komischerweise in Rudolfstadt in Thüringen. Auf der Hauptbühne war „Oasis", und wir waren in einem Zelt. Wir sind auf die Bühne gegangen ohne Soundcheck aus Zeitmangel, und dann gehen die Lichter an und auf einmal stehen 15 000 Leute vor uns. Da haben wir uns echt nicht mehr ausgekannt.

Sie haben im Januar dieses Jahres auf dem Eurosonic Festival in Holland gespielt, einem sehr angesagten Indoorfestival mit 200 Bands aus ganz Europa. Alle öffentlich-rechtlichen Radioanstalten schicken europaweit eine Band aus ihrem Land hin, als Vertreter. Die ARD hat für Deutschland „LaBrassBanda" geschickt. Erstaunlich eigentlich?!

Das war für uns auch überraschend. Wir haben keinen Ansprechpartner bei der ARD. Das läuft alles über die Label-Geschichte. Wir sind hingekommen und haben die Leute gesehen, und es war eine echte Gaudi, und ich habe mit ein paar Journalisten und ein paar Radioleuten aus Italien geredet, das war recht lustig.

Stefan Dettl, Sie sind Frontmann und Sänger der Band „LaBrassBanda" aus dem Chiemgau, wo Sie in Traunstein 1982 geboren sind, aufgewachsen in Grassau beim Chiemsee mit 6388 Einwohnern. Was sollten wir noch wissen?

Wenn ich jetzt sage, es ist dort total normal, dann stimmt es nicht. Wir haben zum Beispiel einen SPD-Bürgermeister; schon immer. Es ist eine ziemlich aufgeweckte und eine ganz entspannte Ortschaft in den Bergen. Es war eine schöne Zeit, eine schöne Kindheit, und ich komme immer wieder gerne dorthin. Es gibt auch ein bayerisches Torf- und Moormuseum.

Wann haben Sie das Trompetenspiel entdeckt?

Meine Eltern haben gesagt, ich habe mir immer die Trompete von meinem Opa geschnappt und bin damit vor dem Fernseher hin- und hermarschiert und habe immer bei den Musiksendungen wie „Hitparade" und „Musikladen" mitgespielt. Da haben sie mich gleich mit zehn in die Musikschule gesteckt.

Sie haben sogar Ihre Trompete mitgebracht. Die schaut ziemlich prähistorisch aus, wie alt ist die?

Das weiß ich nicht genau, ich habe sie in einem kleinen Antiquitätenladen in Berlin gefunden. Die ist anscheinend ein Orchesterinstrument aus den 20er Jahren, ist handgemacht. Die handgemachten Instrumente von früher sind einfach widerstandsfähiger. Dadurch, dass die handgehämmert sind, halten die ein bisschen mehr aus, und das ist für das Tourleben mit „LaBrassBanda" ganz gut.

Schauen wir noch einmal in Ihre Kindheit und Jugend nach Grassau zurück. Was war das erste Pop- oder Rockkonzert, das Sie gesehen haben?

Hubert von Goisern. Da ist mein Vater mit mir hingegangen, weil er gesagt hat, den versteht er auch. Meinem Vater war es natürlich viel zu laut, und mir hat es total gut gefallen mit der E-Gitarre und dass sich was rührt.

> „Die handgemachten Instrumente von früher sind einfach widerstandsfähiger."

Stefan Dettl

Was hatten Sie damals für ein Bild vom Rockstar? Ihre neue Soloplatte trägt den Namen „Rockstar".
Diese Frage habe ich mir eigentlich nie gestellt. Was bei mir auffällig war in der Jugend, immer, wenn ich fortgegangen bin – zu Konzerten oder zu Partys – immer, wenn eine Band gespielt hat, die langweilig war oder ein DJ, der nicht gut aufgelegt hat, dann habe ich das totale Bedürfnis gehabt, auf die Bühne zu gehen und das zu ändern.

LaBrassBanda, die Musiker vom Chiemsee begeistern Jung und Alt, von Bayern bis Sibirien.

Wie zu ändern? Einfach den DJ rauszuschmeißen oder was?
Meine damalige Freundin hat ziemlich mit mir zu kämpfen gehabt, weil ich mich dann aus Protest einfach ausgezogen habe. Ich wollte auf alle Fälle selbst die Party schmeißen, habe mir manchmal sogar das Mikrofon geschnappt und versucht, alles zu machen.

Wie lief der Plan für das Leben nach der Schule, also nach dem Abi?
Ich habe Fachabitur gemacht. Mit elf Jahren bin ich zu einem Musiklehrer gekommen, der eigentlich Kinesiologe war und nebenbei noch Posaune gespielt hat. Bei ihm habe ich weniger Trompetenspielen als Kinesiologie gelernt. Die Jahre waren total interessant, weil ich so ein bisschen mit meinen Gefühlen experimentieren konnte, zum Beispiel wie der Klang im Raum wirkt, welche Phrase du wie spielen kannst. Mit 14 bin ich ins Landesjugendorchester gekommen, das war ein klassisches Orchester, und habe die Ferien immer damit verbracht, Touren zu spielen oder Konzerte zu machen. Die Schule ist nach und nach in den Hintergrund geraten und die Musik immer mehr in den Vordergrund.

Vorher sind Sie mit dem Jugendblasorchester auch schon auf Tourneen gegangen und herumgekommen?
Genau, das war das Jugendsymphonieorchester, bei dem ich mit 15 angefangen habe. Das läuft dort ziemlich professionell ab. Du kriegst die Noten per Post zugeschickt und eine CD dazu, wie sich das Stück anhört, 4. Symphonie oder Tschaikowsky oder Ähnliches. Dann bereitest du es vor, dann wird das eine Woche lang zusammen einstudiert. Danach geht es sofort auf Tour. Die ersten Touren waren total schön. Wir waren mit dem Orchester in Kopenhagen und in Spanien. Da habe ich schon unheimlich Blut geleckt und wusste, dass Musik mein Leben bestimmen wird und dass ich daraus beruflich etwas machen möchte.

Damals war es natürlich noch die klassische Musik, was ist heute Ihre Lieblingsrichtung?
Ich habe klassische Musik studiert, mag aber die klassische oder die romantische Musik nicht so gerne. Ich bin mehr

Foto: LaBrassBanda/Gulliver Theis

Einen Tag ohne Musik gibt es bei Stefan Dettl nicht.

der barocke Typ. Ich bin ein Liebhaber von ganz alter und ganz neuer Musik.

Wie kam es zu „LaBrassBanda" – eine Mischung aus bayerischer Blasmusik, Mariachi- und Balkan-Musik? Es erinnert vielleicht im weitesten Sinne an Haindling, allerdings mit wesentlich mehr PS?

Ich habe nach dem Studium ein Praktikum gemacht bei den Nürnberger Symphonikern und habe die Chance gehabt, in einem Symphonieorchester zu spielen. Mir war schnell klar, dass mir das ein bisschen zu ruhig ist. Dann habe ich mit Solokonzerten angefangen, habe in Kirchen Barockmusik gespielt, was mir sehr viel Spaß macht. Ein Konzert in New York war auch dabei. In der Zeit in New York habe ich eine Band in einem Studentenclub gehört, und da habe ich mit 300 Leuten mitgefeiert. Die Mädels in Tank-Tops haben zu der Blasmusik getanzt. Da habe ich mir gedacht: „Ja, genau, das möchte ich auch machen, mit Blasmusik den Club aufwirbeln." Und dann bin ich heimgeflogen, und eine Woche später war „LaBrassBanda" da.

Wie haben Sie die anderen Bandmitglieder kennengelernt?

Das lief fast automatisch. Ich habe einige Leute noch vom Studium gekannt, paar Leute vom Jazz. Alle, die ich angerufen habe, haben zugesagt. Genauso ist dann „LaBrassBanda" entstanden.

Nach den Anfängen in London und der Balkan- und Italien-Tour ging es mit den Erfolgen auch in Bayern los. Erinnern Sie sich noch an bestimmte Momente, bei denen Sie gemerkt haben, dass auch bei Ihnen schon die durchgeschwitzten Mädels im Publikum jubeln?

Ein sicherlich total schöner Moment war das „Theatron" im Olympiapark in München. Das ist ein kostenloses Festival, und da haben wir spielen dürfen. Der Veranstalter hat gesagt, okay, schauen wir mal, ob da Leute kommen. Und dann waren da gleich am ersten Tag 3500 Leute, eine totale Gaudi – und das war sicherlich eines der schönsten Konzerte am Anfang.

Ich will noch ein paar andere Stationen nennen. Es gibt zum Beispiel in St. Pauli in Hamburg ein Hafenfestival, auf dem normalerweise ganz viele linksgedrehte autonome Punks rumhängen, die alles Bayerische grundsätzlich für CSU halten, die Sie „missioniert" haben. Was ist da passiert?

Wir wollten unbedingt in dem Pudel-Club, das ist ein ganz kleiner lustiger Punkschuppen, ein Konzert geben. Da

Stefan Dettl

haben wir angerufen, um uns vorzustellen als Band aus Bayern mit lustiger Musik. Dann haben die gesagt: „Das geht nicht!" Aber sie haben uns angeboten, bei dem Kinderfest am Nachmittag spielen zu dürfen, um 16 Uhr. Als wir bei dem Kinderfest gespielt haben, auf dem so 12-13 kleine Kinder waren, kommen lauter Leute dazu, angelockt von den lauten Trompeten- und Tubaklängen. Auf einmal stehen da mehrere Hundert vor uns. Dann geht der Clubbesitzer auf uns zu und sagt, dass wir jetzt doch in der Nacht im Club spielen dürften. Daraus hat sich eine super Freundschaft entwickelt, und ich glaube, ich habe mittlerweile viermal im Pudel-Club gespielt und auch sonst in Hamburg unglaublich lustige und schöne Konzerte gefeiert.

Wie kam es zu der Idee Soloprogramm? Waren Sie noch nicht ausgelastet mit 350 Konzerten in den vergangenen drei Jahren? Eigentlich könnten Sie mal die Füße hochlegen, aber …

… das trifft auch für die anderen Bandmitglieder zu. Da hat ein jeder seine Nebenprojekte und seine kleinen Jobs, die er nebenbei macht. Bei mir ist es so, ich mag jeden Tag Musik machen. Wenn ich einen Tag frei habe, wenn ich von der Tour komme, dann mag ich gleich wieder etwas aufnehmen oder mag mich mit der Gitarre hinsetzen.

Das Soloalbum ist tatsächlich in die Charts gegangen – bis auf Platz 20. Wie hat sich das angefühlt, diese Liste mit dem eigenen Namen darauf zu sehen?

Das ist ein bisschen emotionslos bei mir, aber dadurch, dass wir mit einer ganz kleinen Plattenfirma angefangen haben, bin ich jetzt auch nicht so der Charts-Typ. Ob ich Platz eins oder Platz 100 bin, bedeutet mir nicht viel. Viel wichtiger ist, wenn ich auf meinen Konzerten merke, dass es den Leuten gefällt und die Tour schön ist über einen längeren Zeitraum. Das ist für mich Erfolg.

Im Dank von dieser CD ist mir aufgefallen, dass Sie sich bei der Alz bedanken (Anm. d. Red.: Abfluss des Chiemsees). Das müssen Sie uns noch kurz erklären.

Ja, die Alz ist ein total schöner naturbelassener Fluss, der vom Chiemsee aus in die Donau fließt. Am Ufer kann man unheimlich gut entspannen, weil es so ruhig ist. Da habe ich ziemlich viel Energie geschöpft auch für die Platten, und deswegen: Danke an die Alz!

Sie sind eine Art Kulturbotschafter von Bayern. Was für ein Bayern möchten Sie gerne repräsentieren, wenn Sie rausgehen?

„Wir wollten unbedingt in dem Pudel-Club, […] ein Konzert geben."

Ich habe total schöne Erfahrungen gemacht mit jungen Leuten, die aufgeweckt und weltoffen sind. Wenn das Lebensgefühl eines Bayern, der offen ist und seine Heimat liebt, aber trotzdem keine Scheu hat, nach draußen zu gehen, transportiert wird, dann finde ich das gut.

Wenn Sie auf Reisen gehen, zum Beispiel nach Afrika, wo Sie auch bereits waren mit „LaBrassBanda", an was denken Sie, wenn Sie dann an den Chiemgau denken?

Das ist jetzt total klischeehaft, aber ich denke mir wirklich, dass ich irgendwo in einem Biergarten sitze und mir ein Weißbier aufmache. Das ist für mich schon ein bayerisches Meditieren, das gehört einfach dazu.

Zu Gast bei Achim Bogdahn war am 23. März 2011 Stefan Dettl, Musiker und Frontmann von „LaBrassBanda".

Klaus Doldinger

Mit der „Tatort-Titelmelodie" hat er einen Ohrwurm in den deutschen Wohnzimmern platziert, die jeden Sonntag wieder ertönt. Diese Komposition ist ein Frühwerk von Klaus Doldinger. Und was wäre Wolfgang Petersens Film „Das Boot" ohne die berühmte Filmmusik des führenden Jazzmusikers? Seit 60 Jahren komponiert Klaus Doldinger musikalische Stimmungen und Sounds und steht regelmäßig mit seinem Saxofon auf den Bühnen. Außerdem ist seine Jazz-Rockband „Passport", bei der auch Udo Lindenberg Spuren hinterlassen hat, international bekannt. Ein ganzes Buch wäre mit den bewegenden Erlebnissen des über 79-Jährigen zu füllen, der auf seinen vielen weltweiten Konzerttourneen eine besondere Liebe zu Marokko entwickelt hat. Seine Liebe zur Musik konnte er schon als Oberprimaner in der frühen Nachkriegszeit in Düsseldorf bei Jazz-Sessions in verruchten Abendkneipen ausleben.

Klaus Doldinger, Jazz-Klassiker, Sie komponierten nicht nur die „Tatort"-Melodie, sondern auch das, was wir grade gehört haben (Anm. d. Red.: Klaus Doldinger hat im Studio auf seinem Saxofon etwas vorgespielt), die Titelmelodie von „Das Boot". Unverkennbar! Sind Sie eigentlich jemals ohne Saxofon unterwegs, oder kriegen Sie dann Entzugserscheinungen?
Na ja, an wichtigen Orten habe ich dann ein Instrument bereitliegen, aber ich habe meistens auch ein Instrument dabei – sogar im Winterurlaub habe ich es oft mitgehabt.

Sie sind immer an den gleichen Orten, zum Beispiel im Winterurlaub in St. Moritz.
Ja, genau, in dem Ort in dem Hotel gibt's auch eine sehr schöne Künstlergarderobe im Keller, damit die Gäste nicht belästigt werden, schalldicht. Da kann ich dann üben. Je unbekannter man so durchschlüpfen kann, desto angenehmer ist das eigentlich.

Wahrscheinlich ist das sowieso selten der Fall bei Ihnen, oder?
Ja, nicht allzu oft. Ich hab mir den Luxus gegönnt vor zwei Jahren – und letztes Jahr dann nochmals –, auf einer Jazz-Kreuzfahrt mitzumachen, mit 50 weiteren Mitstreitern, unter anderem auch Paul Kuhn, und 500 Gästen. Da ist man natürlich dann ziemlich bekannt.

Wohin sind Sie da gefahren?
Einmal um England herum, und das letzte Jahr waren wir in Norwegen, in den Fjorden. Das war ganz schön. Wann kommt man schon mal nach Bergen und hat die Gelegenheit, das ehemalige Wohnhaus von Edvard Grieg zu besichtigen mit anschließendem Klavierkonzert.

Herr Doldinger, jetzt wissen wir also, in der Schweiz haben Sie ein Saxofon dauerdeponiert, Süd-Frankreich ist ein Domizil. Da sind wahrscheinlich auch Musikinstrumente ohne Ende?!
Ja, also das, was ich benötige. Ich habe ja meistens in den Ferien auch ein Arbeitsprogramm. Ich habe Riesenspaß dran, mich auch von dem Fluidum der

Foto: Warner Music/Peter Hönnemann

Umgebung, von dem Duft der Pinien inspirieren zu lassen.

„In den Ferien hab ich mein Arbeitsprogramm", sagt ein Mann, der 1936 geboren ist. Respekt! Sie sind seit über 60 Jahren als Musiker unterwegs, schon in der Schulzeit haben Sie angefangen. Gab es eigentlich ein Schlüsselerlebnis?

Natürlich, der erste Auslöser war, als ich die erste Jazzband hörte, kurz nach Kriegsende. Das muss so um den 10./12. Mai 1945 gewesen sein, als ich in Schrobenhausen bei einem entfernten Onkel Zwischenstation machte, bevor meine Mutter, mein Bruder und ich nach Düsseldorf reisten Ende ´45. Das war die amerikanische Zone, und diesem Umstand habe ich es zu verdanken, dass ich die ersten schwarzen Musiker und eben auch Jazz hören konnte.

Da waren Sie knapp zehn Jahre alt, Flüchtlingskind, in Berlin geboren. Nach einem Zwischenstopp in Wien, in Schrobenhausen bei der Verwandtschaft. Was hat Sie so begeistert an der Musik?

Mir wurde von meiner Mutter immer wieder erzählt, dass wenn wir in einem Caféhaus waren, und da spielte jemand, dass ich dann zu Hause sofort Kochtöpfe auspackte und mit Löffeln drauf rumtrommelte. Da war ich so vier oder fünf. Und die Großeltern hatten einen Flügel, da habe ich dann auch ziemlich lange darauf so vor mich hin improvisiert. Diesem Umstand verdanke ich auch, dass meine Eltern mit elf beschlossen, „der Bub, der muss jetzt auch Klavier lernen!" Und da haben sie mich gleich aufs Konservatorium gesteckt, neben dem Gymnasium. Das war absolut bestimmend für mein weiteres Leben. Denn ein Konservatorium-Schüler genießt natürlich einen professionellen Unterricht.

Herr Doldinger, Sie haben dann das Kontrastprogramm erlebt. Auf der einen Seite die sogenannte Ernste Musik, Konservatorium, und auf der anderen Seite haben Sie sich in verruchten Kneipen rumgetrieben als Primaner.

Das war dann schon ein paar Jährchen später, mit 16/17 bin ich des Öfteren nachts ausgebüxt. Es gab in Düsseldorf die einschlägigen Kneipen, und der Inhaber war auch großer Jazzfan. Somit wurde dort auch zweimal in der Woche gejazzt. Und ich bin dann da auch aufgetreten. Man bekam 17,50 Mark, zwei Freibier und ein serbisches Reisfleisch.

Und in der Schule haben Sie sich dadurch einen Schiefer eingezogen. Sie waren eigentlich mal der Klassenprimus, Vokabelkönig, und dann ging es bergab.

Kann man so sehen, ja. Ich wurde dann vom Abitur zurückgestellt – zunächst einmal. Ich wollte natürlich die Schule sofort verlassen, aber wurde wieder überredet und habe die Oberprima dann ein zweites Mal gemacht – und zwar mit großem Erfolg.

Was war das größte Wagnis in Ihrem Leben?

Sagen wir mal, überhaupt auf die Bühne zu steigen ist ein Wagnis. Ich empfinde jede Komposition, die ich schreibe, als Wagnis. Wird es den Leuten, die das abnehmen sollen, auch gefallen oder nicht? Wird's mir gefallen? Denn mir gegenüber muss ich ja auch

> *„Ich empfinde jede Komposition, die ich schreibe, als Wagnis."*

Klaus Doldinger

Klaus Doldinger mit seiner Band „Passport" bei einem Konzert in Vaterstetten.

bestehen können.

Eine Melodie, die haben wir jeden Sonntagabend bei uns im Wohnzimmer, und zwar die da... (Anm. d. Red.: „Tatort"-Thema wird eingespielt) Wie kam es zu dieser Komposition?

Das war eine Auftragskomposition vom Westdeutschen Rundfunk seinerzeit.

Der Hintergrund meiner Frage war der, dass Ihr erster Auftrag für die ARD lautete, eine Melodie für die Einführung des Farbfernsehens zu komponieren.

Richtig, das war im Jahr 1966. Ich hab das damals rein zufällig gemacht, weil ich mal in einem Leichtathletik-Club Mitglied war, und einer der Mitstreiter bei diesen Sportfesten ein späterer Fotograf namens Horst Baumann war, der den Auftrag zur Einführung des Farbfernsehens erhielt, einen Trailer zu entwickeln. Der suchte auch einen Komponisten und dann habe ich diese Musik als Entrée fürs Farbfernsehen geschrieben. Das lief einige Jahre mit großem Erfolg.

Als daraufhin die Idee kam zum „Tatort", wurde ich aufgefordert, auf Grund des Erfolges der anderen Musik, mir auch was zu überlegen.

Sie haben so völlig verschiedene Dinge vertont, völlig verschiedene Stimmungen – also mal abgesehen von den vielen Filmmelodien: die frische Margarine für den Frühstückstisch, den Kaffeeduft in die Tasse rein und so weiter Wie schafft man das, so eine Stimmung zu komponieren, die was Bestimmtes an Botschaft transportiert?

Ich will jetzt keinen Hehl daraus machen: Ich habe gerne für kleine Miniprojekte gearbeitet, darunter versteh ich Erkennungsmusiken in einer Länge von 10, 20 oder 30 Sekunden, manchmal 45 oder 60. Das mache ich aber seit Jahr und Tag nicht mehr. Ich hab ja immer mein Jazzmusikerdasein voll ausgefüllt mit vielen Konzerten und Platten. Ich muss sagen, es hat mir auch immer was bedeutet, denn was macht einen Musiker letztendlich aus? Dass man seine Handschrift erkennt. Das ist bei einem Instrument wie dem

Klaus Doldinger und seine Jazz-Rock-Band „Passport", wo einst auch Udo Lindenberg die Trommeln schlug.

Saxofon, oder was auch immer man spielt, schon mal eine Sache für sich. Man muss an der Spielweise erkannt werden. Beim Komponieren kommt es eben auf die Merkfähigkeit einer Melodie an.

Klaus Doldinger, wie viele Instrumente spielen Sie eigentlich?

Och, mein Hauptinstrument war ursprünglich mal Klavier. Dann hab ich Klarinette studiert so anderthalb Jahre, und als Saxofonist bin ich Autodidakt. Aber das Klavierspielen führt mit sich, dass ich übers Keyboard verschiedene Klangelemente und Instrumente ansteuern kann.

War eigentlich „Das Boot" mit Wolfgang Petersen Ihr Durchbruch?

Ich habe den Wolfgang Petersen ja bereits 1973 kennengelernt. Da hatte er seinen ersten Kinofilm gedreht, der hieß „Einer von uns beiden" und die suchten damals einen Komponisten. Und so haben wir uns über diese Produktion kennen- und schätzen gelernt, und ich habe dann im Laufe der Jahre verschiedene Filmprojekte für ihn vertont.

Der hat Sie mitgerissen, Sie beide, mit positiver Ausstrahlung. Warum sind Sie nicht mitgerissen worden bis nach Hollywood und mitgegangen?

Ich war da reichlich auf Tournee, und ich kenne das amerikanische Umfeld nur zu gut und war das erste Mal 1960 bereits in New York. Ich muss sagen, so sehr ich die USA und die Menschen dort schätze, ich bin einfach nun mal Mitteleuropäer. Auch im Sinne der Familie natürlich wollte ich da nicht leben. Unsere drei Kinder gingen ja hier zur Schule, dann wären wir ja rausgerissen worden.

Sie komponierten schon früh für die Amerikaner, wie gerade gehört auch „Ocean 13". Das war ja so eine Art von Heiligsprechung: „Deutscher

Foto: Warner Music

Klaus Doldinger

Musiker komponiert für Hollywood", oder?
Ich hatte ja auch eine ganze Reihe von Angeboten. Nur musste ich dann feststellen, dass man nicht gleich in der Oberliga beginnt, wenn man dort arbeitet. Das waren zum Teil Projekte, da hätte ich dann nach Cleveland und was weiß ich hinfliegen müssen, denn die Regisseure wollen dann den Komponisten um sich rum haben. Ich hatte einfach nicht den Nerv, ganz ehrlich gesagt.

Im Moment liegen Ihnen auch andere Länder mehr am Herzen. Marokko, da haben Sie sich eine richtige Abenteuerreise gegönnt, zum 70. Geburtstag.
Ich habe das große Glück gehabt, bereits in ganz frühen Jahren den Nahen und Fernen Osten und Südamerika zu bereisen. Ein Land, das mir ganz besonders gefiel, da war ich 1964 das erste Mal, war eben Marokko. Und ich dachte, ich versuche, diesen Kontakt, diese Erfahrung noch einmal aufzunehmen. Wir haben dann eine kleine Tournee gemacht mit meiner Band und Konzerte gespielt.

Mit welcher Band jetzt?
Mit „Passport". Dort sind wir auch marokkanischen Musikern begegnet. Ich habe ein Album aufgenommen, das wurde Basis unseres Konzertprogramms, das wir zu meinem runden Geburtstag eingespielt haben. Dieses Zusammentreffen mit einheimischen Musikern war wirklich eine große Inspiration.

Zu was hat Sie das jetzt inspiriert, diese Marokkoreise?
Eben zur Musik und zu meiner Frau, die mich begleitet hat, sie hat das auch sehr gemocht. In Marrakesch gabs zum Beispiel ein Hotel, das hat mir besonders gefallen. Es war in der Medina, der Altstadt von Marrakesch, es heißt „Riyad El Cadi", und danach hab ich dann auch ein Stück benannt, das wir bis heute immer auf unseren Konzerten spielen.

Mit Ihrer Frau, ich habe nachgerechnet, sind Sie fast 50 Jahre verheiratet, da steht also die Goldene Hochzeit an. Feiern Sie so etwas?
Ja natürlich! Das wäre ja albern, wenn wir das nicht begehen würden. Wir haben auch unsere Silberne Hochzeit gefeiert, da waren wir in Venedig.

Aber schon total faszinierend irgendwie, fast 50 Jahre verheiratet mit der gleichen Frau in Ihrer Szene. Es gibt ja auch viele Groupies, und Sie haben unheimlich viel Veränderung erlebt in Ihrem Leben. Was ist das Erfolgsgeheimnis, so lange glücklich zusammen zu bleiben?
Gegenseitiger Respekt und die gemeinsame Liebe, auch für eine gemeinsame Sache wie die Musik und die Kunst. Lebenseinstellung. Es kommen viele Elemente zusammen, und sich immer wieder neu erfinden können. Ich denke, unsere Kinder haben auch dazu beigetragen, was auch eine große Überraschung war. Denn wir waren ja zunächst einmal zehn Jahre ohne Kinder verheiratet, und uns hat eigentlich auch nichts gefehlt, muss ich ganz ehrlich sagen. (lacht) Als die Kinder dazukamen, war das plötzlich ein ganz neuer Lebensabschnitt voller Überraschungen. Es war ein großer Gewinn für uns.

Klaus Doldinger, Sie sind Ehrenbürger von New

> „Das ist das größte Glück, was einem widerfahren kann."

Orleans. Wie kam das?
Das war eine nette Geste unserer Gäste, seinerzeit, unserer Gastgeber vielmehr, die uns was Gutes tun wollten.
Sehr bescheiden. Sie gelten als der amerikanischste unter den deutschen Jazzmusikern. Was heißt das?
Ja gut, das hat ja mit der Stilistik meines Spiels etwas zu tun. Bei mir waren die großen Vorbilder doch sehr prägend. Und ich hatte auch das Glück, mit vielen Amerikanern zu spielen.
Die großen Vorbilder heißen? Oscar Peterson?
Jaaa... ganz früher einmal, oder Charlie Parker, Lester Young ... Also ich müsste jetzt 100 Musiker aufführen. Und ich habe ja auch in den 90er Jahren zwei Jazzalben in New York eingespielt. Das waren ausschließlich amerikanische Musiker, mit denen ich dort gespielt habe. Und das hat bei mir schon eine prägende Wirkung gehabt.
Sie haben Preise bekommen ohne Ende, jetzt mal ganz abgesehen von den vielen Schallplatten und Titeln, die Sie haben, haben Sie schon einen Anbau zu Hause in Icking bei sich für diese ganzen Trophäen?
Nein, nein, so schlimm ist das nicht. (lacht)
Wieso sind Sie so bescheiden geblieben, was hat Sie immer geerdet?
Ach, man muss das nicht überbewerten. Jede Auszeichnung ist natürlich sehr positiv für mich, aber die Realität holt einen immer wieder zurück. Außerdem muss ich immer wieder einen Neubeginn wagen, von Mal zu Mal, von Tag zu Tag, jedes Konzert ist wieder eine neue Herausforderung. Und ich arbeite halt dran, nicht wahr. Also ich finde mich eben weiß Gott nicht perfekt, aber entwicklungsfähig.
Wenn man dann doch ein bisschen über 70 ist, auch wenn man Ihnen das gar nicht anmerkt, denken Sie manchmal: „So, die Zeit läuft davon, jetzt muss ich ganz schnell noch dies und das machen"?
Vielleicht tritt das noch ein. Also bisher hab ich das in

Foto: Warner Music/ Marc Dietenmeier

Klaus Doldinger

dem Sinne nicht. Abgesehen davon hatte ich aber immer das Gefühl, das kann sowieso alles sofort zu Ende sein. Ich hatte ja ein paar schwere, unverschuldete Unfälle in frühen Jahren.

Sie haben mal eine Maschine verpasst, die dann verunglückt ist.

Abgestürzt ist. Und schwerste Autounfälle, wo auch einer meiner Mitspieler aus den frühen Jahren tödlich verunglückt ist. Seine Frau hat das Auto gelenkt, ich saß dahinter mit meiner späteren Frau.

Wem verdanken Sie am meisten im Leben?

Meiner Mutter. Na ja, sie hat mir das Leben geschenkt und mein Vater natürlich auch. Meiner Frau natürlich, der Familie und …

Und musikalisch?

Dieses Umfeld zu Hause zu haben, das ist schon ein großes Privileg, das einem geschenkt wurde. Also ich glaub die Begegnung mit meiner Frau war sicherlich auch eine Art Vorbestimmung. Aber möglicherweise hat man auch besonders Glück. Ich kannte sie schon ein paar Wochen, bevor ich es wagte, sie anzusprechen. Das war eine Matinee-Veranstaltung in Düsseldorf, wo ich selber aufgetreten bin, und ich hab sie auf der Treppe erwischt, als die Gäste reinkamen, und hab sie einfach angesprochen.

Und es ging relativ schnell, dass es gefunkt hat. Ihre Frau war damals besser im Geschäft als Model als Sie als Musiker. Die hat Sie mit über Wasser gehalten.

Ja, sie hatte ja erst mal eine Ausbildung gemacht und war dann später Mannequin und Fotomodell. Sie hat sehr viel Geld verdient, und das hat uns sehr geholfen.

Eine Geschichte noch ganz kurz angesprochen: „Passport"! Der erste Schlagzeuger war Udo Lindenberg. Wie haben Sie den entdeckt?

Das wäre eine viel längere Geschichte. Ich hatte ja mein Quartett in den 60er Jahren, und mein holländischer Schlagzeuger stieg eines Tages aus, also suchte ich einen neuen Trommler. Da hörte ich in Hamburg, da hängt einer aus Gronau, Nordrhein-Westfalen, und dachte, ich schau mir den mal an, weil der spielt nicht nur Jazz, sondern auch Rock´n´Roll, so hab ich ihn angerufen. Der Udo kam dann mit einem verbeulten R4, so einem Renault, nach München, hat mir vorgetrommelt und war mir auf Anhieb sympathisch. Und so kamen wir zusammen. Daraus entwickelte sich dann dieses Projekt „Passport".

Klasse! Klaus Doldinger, letzte Frage: Es gibt einen Priester in Brasilien, der mal zu Ihnen gesagt hat, Sie seien ein Auserwählter. Was heißt denn das? Lebenslanges Glück? (lacht)

Da müssen Sie den fragen, was er damit gemeint hat. Unbestritten ist, dass ich besonders viel Glück hatte in meinem Leben, und inwieweit da Zusammenhänge bestehen zwischen den Sternzeichen, der Geburtsstunde, -minute und all dem, was einem das spätere Leben dann versüßt oder versalzt, ja, das wage ich jetzt nicht festzumachen.

Und wir wünschen Ihnen ganz viel Glück und hoffen, dass das mit dem Auserwählten stimmt.

Das größte Glück für mich ist immer noch, wenn mir was wirklich gelingt, woran ich arbeite. Das ist das größte Glück, was einem widerfahren kann.

Zu Gast bei Ursula Heller war am 31. Juli 2008 Klaus Doldinger, Jazzmusiker.

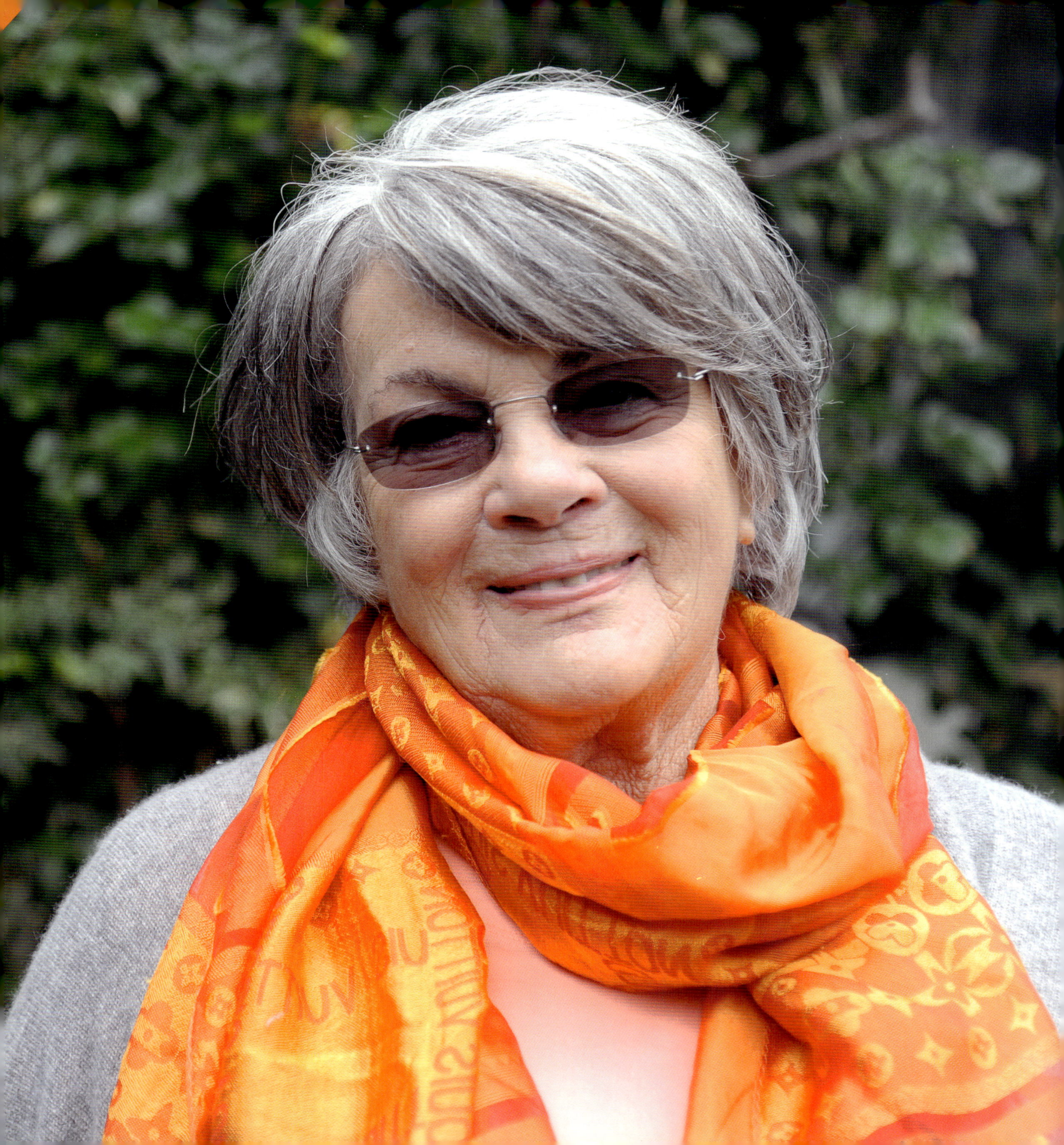

Irmes Eberth

Als erste Frau wird ihr der Frankenwürfel verliehen für ihre Mundartgedichte in fränkischem Dialekt – die 1926 geborene Aschaffenburgerin Irmes Eberth ist auch mit der Bürgermedaille ihrer Stadt und anderen Preisen ausgezeichnet worden. Der Grund: Sie dichtet, wie die „Ascheberscher babbeln".

„Wie's halt so war" lautet der Titel des mittlerweile siebten Buches, das die ehemalige Musikpädagogin im Selbstverlag herausgebracht hat. Darin erinnert sie sich an den „Mee" – den Main, den Fluss, der ihr Leben geprägt hat wie das so vieler Aschaffenburger, die im Grenzgebiet zwischen Hessen und Bayern aufgewachsen sind. Die Liebe zur Mundart hatte sie schon immer, aber Dichten und Veröffentlichen hat sich die Mutter dreier Kinder erst mit Ende 50 getraut. Daraus ist eine echte Leidenschaft bis ins hohe Alter geworden. Schräge Käuze wie den Eierotto oder die Weißnäherin und den Wanzen-Sammler beschreibt sie genauso wie die EHEC-Epidemie. So hält sie sich fit und nimmt in ihren wöchentlichen Kolumnen im „Main-Echo" kein Blatt vor den Mund.

Frau Eberth, wann waren Sie zuletzt in München?
Ich war, ob Sie es glauben oder nicht, das letzte Mal bei der Fußballweltmeisterschaft vor fünf Jahren in München. Da hatten mich meine drei Enkeltöchter auf ein Wochenende eingeladen. Das war eine Riesengaudi, die haben mir nämlich am Hauptbahnhof gleich die Nationalfarben auf die Wange gemalt.

Ihre Stadt liegt zwischen Frankfurt und Würzburg. Wenn jemand seine Bahnfahrt unterbricht, für ein paar Stunden, wo sollte er hin, an einem schönen Sommernachmittag?
Zunächst einmal natürlich ans Schloss, oder in die Altstadt, ans Stift, und auch der Blick auf den Main von der Schlossterrasse aus ist unerlässlich.

Das ist Ihr Lieblingsplatz, oder?
Da bin ich ganz besonders gerne, weil einen da der Hauch des Vergangenen anweht. Da waren sie alle, gewesen, die Großen …

… die Bischöfe, die Könige, die waren alle mal da.
Und der König Ludwig I., der ist auch oft bei uns herumspaziert und hat am Dalberg, in der Bäckerei, so sagt man, morgens selbst seine Brötchen geholt.

Ihr Herz hängt nicht nur an den alten Gassen, es hängt auch am Dialekt, mit dem schon einige Menschen ihre Mühe haben, oder?
Das stimmt. Vor etlichen Jahren noch war der Dialekt, den wir hier sprechen, sehr verpönt. Dann habe ich mir eines Tages gedacht, jeder Dialekt hat doch seinen besonderen Charme, wenn man ihn entsprechend rüberbringt. Und die anderen gebrauchen ihn alle stolz: die Oberbayern, die Niederbayern, auch die Norddeutschen. Da habe ich mir gedacht, warum denn wir nicht auch? Wir sind ja schließlich auch wer.

„Auch amal", sagt man in dieser Variation des Unterfränkischen. Da spielt das Hessische schon leicht mit hinein?
Wir sind irgendwie eine Mischung. Die Sprachgrenze

Foto: MünchenVerlag/Maren Willkomm

verläuft bei Lohr. Was davor ist, also Aschaffenburg und so, das ist auch ein anderer Menschenschlag. Und die Würzburger sind schon gleich ganz und gar anders als wir.

Ich bitte Sie aber, mal eines Ihrer Gedichte vorzulesen. Da steckt viel Gemüt drin.

(Quelle: Irmes Eberth privat)

Wie is e Mundard doch so kräfdich,
so ganz nadierlich korz un defdich!
Da wird kään Schmu drumrum gemachd
Un wie's gemäänd, so wird's gesachd.
Die Sprach'is Lewe un Bewechung
Un Ausdruck uns'rer Herzensrechung
Un nur de Simbel bild`sich oi,
dass Mundard bloß fer Dumme soi.

Seit über 16 Jahren schreibt Irmes Eberth auch für das „Main-Echo", ihre Kolumne kennt hier jeder.

Zwischen uns liegt Ihr siebtes Buch, schön im Druck, gutes Papier, geschmackvolle Illustrationen. Titel: „Wie's halt so war". Thema: Waschen vor 80 Jahren. Waschweiber gab es noch, und vor allem Wäscheberge. Wie lief das ab bei Ihnen daheim?

Die Wäsche ist angesammelt worden über Wochen und wurde dann in eine Kiste, also so eine selbstgezimmerte Truhe, reingestopft, und das war mein Rückzugsort. Wenn irgendwie was los war daheim und ich mich ungerecht behandelt gefühlt habe, bin ich dann da reingestiegen …

In die müffelnde Kiste …?

… und habe den Deckel über mir zugemacht. Obwohl es nicht gut darin gerochen hat. Wir hatten natürlich eine Waschküche, wie das so üblich war, und eine Waschfrau haben wir aber auch gehabt.

Hieß es dann tagelang von Mittag bis Nacht antreten und helfen?

Tagelang! Die Wäsche ist gekocht worden, und dann sind die dicken Dampfwolken aufgestiegen. Später, als ich größer war, musste ich auch mithelfen. Wir haben mit der Wurzelbürste die Wäsche gebürstet.

Was mich immer wieder zusammenzucken lässt, mit welcher Beiläufigkeit ältere Menschen von den Prügeln in der Schule schreiben; als sei es ganz normal.

Foto: MünchenVerlag/Maren Willkomm

Irmes Eberth

Das war damals halt so üblich. Da ist fast überall geschlagen worden, immer auch mit dem Stock.
Daheim bei Ihnen auch?
Na ja, wenn ich ganz ehrlich sein will, meine Brüder haben schon manchmal eine ordentliche Tracht verpasst bekommen. Aber wir Mädchen, ich hatte noch eine Schwester, weniger. Da hat es manchmal Ohrfeigen gesetzt.
Wie haben Sie es, wenn Sie das gelernt haben, mit Ihren Kindern später gehalten?
Ich habe gedacht, das machst du nie. Manchmal hat es schon ein bisschen was gesetzt. Aber es hat keinem geschadet, und es ist keiner daran zugrunde gegangen. Was mich oft entsetzt, dass sich viele junge Eltern mangelhaft und nur sehr dürftig um ihre Kinder kümmern. Wo wird noch wirklich erzählt und sich mitgeteilt?
Das alles gab es bei Ihnen noch?
Ja, und bei meinen Kindern auch, und ich habe auch meinen Enkelkindern sehr viel erzählt, Geschichten, Märchen und Selbsterfundenes.
Bombenhagel im November 1944, da waren Sie 18½ und kauerten mit Ihren beiden jüngeren Brüdern im Schulkeller. Haben Sie noch Erinnerungen?
O ja! Das hat 32 Minuten gedauert, eine Ewigkeit. So ein Gefühl hat man da gehabt, das nimmt nie ein Ende, und wann ist man endlich tot? Wann stürzt es über einem zusammen, das ganze Gebäude? Es war sehr schlimm.
Wo waren Ihre Eltern zu dem Zeitpunkt?
Meine Eltern waren im Elternhaus geblieben, die hatten gedacht, es gäbe nur so einen Voralarm. Ich kann mich gut erinnern, als ich dann zurückgegangen bin über die Straße und sah das Elternhaus, da waren alle Fenster und Türen weg, und da habe ich das Gefühl gehabt, ich bin in einem schrecklichen Traum.
Ich darf Sie heute besuchen in Ihrem schönen Häuschen samt wunderschönem Garten am Stadtrand von Aschebersch. Dort pflegen Sie Blumen und Ziersträucher. Sieht nach viel Arbeit aus.
Ja, ist es auch. Aber der Buckel tut mir doch schon ziemlich weh, wenn ich länger drin arbeite.
Es ist gar nicht so lange her, als Dialekt als hässlich und hinderlich für den Beruf galt. Wie haben Sie es denn als Lehrerin in den 70ern gehalten?
Ich habe natürlich Hochdeutsch gesprochen und habe den Kindern auch Hochdeutsch beigebracht. Aber ich bin nach wie vor der Meinung, der Dialekt ist die eigentliche Muttersprache, und das Hochdeutsche wird oben drauf gesetzt. Der Dialekt hat doch so viel Herzlichkeit und Charme und drückt viel mehr aus als das Hochdeutsche; ob das jetzt etwas Fröhliches, Positives oder auch Schmerzhaftes ist. Man kann bei Wut im Dialekt viel besser schimpfen.
Sie haben viel Vergnügen an der Mundart, aber erst spät mit dem Schreiben und dem Veröffentlichen begonnen. Sie waren bereits 57, als es mit dem ersten Buch im Eigenverlag losging. Warum so spät?
Ich habe das wohl immer schon in mir gehabt und wollte es auch immer schon gerne machen, aber habe

> „Wir haben mit der Wurzelbürste die Wäsche gebürstet."

Für Irmes Eberth gehört der Dialekt einfach zum Leben dazu.

mich nie getraut. Es ist dann durch einen Zufall entstanden.

Wieder einmal die Frauen, die es sich erst nicht zutrauen?

Ja, möglicherweise. Ich habe angefangen mit der Großmutter und dem Leiterwagen. Das habe ich einmal aufgeschrieben, und zwar in Mundart, weil ich gedacht habe, das war so eine komische Geschichte, die muss man mal festhalten. Und da ging es los. Da bin ich dann „entdeckt worden". (lacht)

Das hat reißenden Anklang gefunden hier in der Stadt. Es kamen Preise: Der Frankenwürfel, die Bürgermedaille, zum ersten Mal, der Kulturpreis von Unterfranken. Ist das ein schönes Gefühl?

Ja, doch, da freut man sich schon sehr, das muss ich ehrlich gestehen.

Das meiste, worüber wir bislang gesprochen ha-ben, klang sehr gemütvoll, heiter und idyllisch. **Aber jetzt müssen wir über große schwere Schläge reden. Ihr Mann war als Jagdflieger abgeschossen worden und hat danach lange an einer schweren Kopfverletzung laboriert.**

Er war dann mit Leib und Seele Lehrer, und als unser drittes Kind unterwegs war, ist unter der großen Schädelnarbe ein Gefäß geplatzt im Kopf und hat eine ganz schwere Gehirnblutung hervorgerufen, die 60 Prozent des Gehirns ausgeschaltet hat. Er hat monatelang mit dem Tod gerungen. Dann war von einer Sekunde auf die andere das Glück plötzlich dahin. Einfach fort. In dieser Zeit ist dann unsere kleine Tochter geboren worden.

Ihr Mann hat vermutlich auch das Geld verdient?

Ja natürlich. Ich war nicht mehr im Schuldienst, sondern daheim mit drei Kindern. Abgesehen davon war es damals für ein Ehepaar nicht gestattet, dass zwei gleichzeitig im Schuldienst waren. Es musste also einer von uns aufhören.

Aber um 1960 herum war das Ministerium noch großzügiger?

Das war großzügiger und hat meinem Mann noch einige Jahre das Gehalt weitergezahlt. Nachdem er wieder sprechen, lesen und schreiben gelernt hatte, das alles musste er wieder neu lernen, passierte der Radunfall mit unserem Sohn Matthias: Der hatte einen doppelten Schädelbasisbruch und Gehirnblutungen. Schädel-Hirn-Trauma würde man das heute nennen, und er ist dann nach sechs Tagen Bewusstlosigkeit aufgewacht. Als er aufwachte, war sein linkes Auge gelähmt, das konnte er nicht mehr bewegen, und die ganze linke Seite – ein Jahr lang. Na ja, da war dann

Foto: MünchenVerlag/Maren Willkomm

Irmes Eberth

mein Mann rechts gelähmt und mein Sohn links.

Konnte sich Matthias zurückkämpfen ins Leben?
Er hat sich zurückgekämpft, genauso wie mein Mann. Wir haben sehr zusammengehalten, wir haben einander gegenseitig aufgebaut und gestützt; immer nur die Familie. Deswegen sind wir ja auch kaum irgendwo hingekommen.

Von daher erklärt sich auch der eine Buchtitel von Ihnen: „Allein bin ich nichts"?
Ja, allein bin ich nichts. Allein ist der Mensch auch nichts.

Einige Bilder hier im Haus zeigen auch Matthias. Der bekam dann mit 30 noch einen Hirntumor und kämpfte noch mal fast fünf Jahre dagegen an. Sie als Mutter wieder daneben, halb verrückt vor Kummer.
Man meint, das Herz bricht tausend Mal entzwei, wenn man erfährt, sein Kind muss sterben. Das ist so unvorstellbar. Damals habe ich schon mit Gott gehadert und habe gesagt: „Warum tust du mir das an?" Ich habe immer wieder auch gearbeitet und habe geschrieben und habe mir vieles von der Seele geschrieben. Das Schreiben sollte auch ihm signalisieren, es geht weiter, die Mama, die schreibt, folglich kann es um ihn nicht so schlimm bestellt sein.

Sie waren eine lange Zeit, bis 1979 Musiklehrerin. Dann erst haben Sie angefangen zu schreiben. Hatten Sie keine Lust mehr auf das Lehramt mit 53 Jahren?
Ich bin schon gerne Lehrerin gewesen. Es hat mir Freude gemacht, mit jungen Leuten zusammen zu sein. Aber ich habe dann eines Tages – mein Mann war auch immer wieder krank und sehr hilfsbedürftig – gedacht, warum soll ich mich eigentlich nicht zurückziehen von dem Ganzen und mir auch einmal ein bisschen Ruhe gönnen, und ihm auch? Und dann habe ich gedacht, jetzt mache ich's, jetzt gebe ich einmal Ruhe und setze mich in meinen Garten unter den Kirschbaum und gucke in die Welt.

Verdientermaßen. Jetzt gibt es noch eine Besonderheit. Sie schreiben eine Kolumne, seit über 16 Jahren. Im „Main-Echo" hier in Aschaffenburg. Worum geht es Ihrer Kunstfigur, der Meiers Kätt?
Das ist die eine Kunstfigur, dann habe ich noch drei weitere Kunstfiguren: das Gretchen, das Finchen und den Kurt. Die reden halt miteinander, und da greife ich das auf, was gerade so im großen und im kleinen Weltgeschehen los ist. Ich muss jede Woche mein Hirn anleiern, dass ich da wieder was herausbringe.

Laufen Sie noch jeden Donnerstag in die Redaktion, in die Altstadt? Oder schicken Sie es per E-Mail?
Ich habe doch kein E-Mail, ich bin ganz altmodisch, habe keinen Laptop und kein gar nichts. Ich schreibe es erst mit der Hand, und dann tippe ich es in die Maschine.

Norbert Joa war am 28. Juni 2011 auf Hausbesuch bei Irmes Eberth, Mundartdichterin und Zeitzeugin, in Aschaffenburg.

> *„... da war dann mein Mann rechts gelähmt und mein Sohn links."*

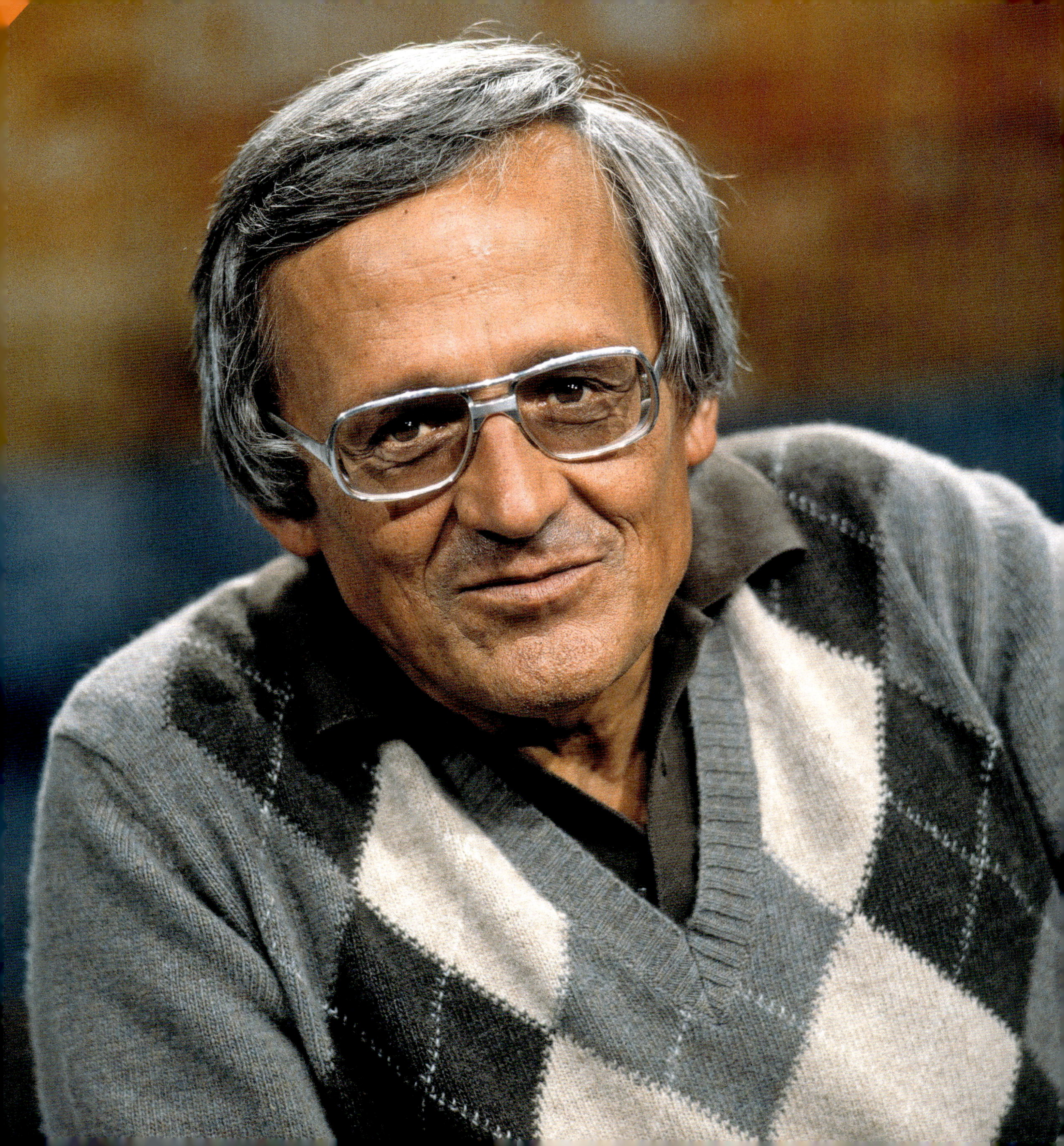

Dieter Hildebrandt

Ohne ihn wäre das Kabarett nicht geworden, was es heute ist. Dieter Hildebrandt hat mit seinem wachen Geist und seiner pointierten Art wie kein anderer die Politik und deren Akteure kritisiert und vorgeführt. Als Student träumte er von der großen Karriere am Theater und wollte so berühmt werden wie der Theaterregisseur Max Reinhardt. Aber aus der Theaterlaufbahn wurde nichts. Stattdessen finanzierte sich der gebürtige Schlesier sein Studium als Kartenabreißer in einem Kabarett im Münchner Stadtteil Schwabing, der „Kleinen Freiheit". Dort hatte er genug Zeit, sich die Tricks der Profis abzuschauen: zum Beispiel Werner Fincks absichtliche Versprecher und verstolperte Satzenden, die Dieter Hildebrandt später zu seinem Markenzeichen machte. 1956 gründete Hildebrandt mit Sammy Drechsel die Lach- und Schießgesellschaft. Deren Fernsehübertragungen wurden in den 60ern zu echten Straßenfegern. Später brachte er „Notizen aus der Provinz" und „Scheibenwischer" regelmäßig in die deutschen Wohnzimmer. Bis kurz vor seinem Tod im November 2013 war der 86-Jährige vorwiegend solo unterwegs und füllte die Häuser bis auf den letzten Platz.

Bekommen Sie eigentlich Rente, Herr Hildebrandt?
Nein, als ich anfing, diesen Beruf zu ergreifen, hab ich gesagt: Aber ich will keine Rente, weil mir wurde natürlich angeboten, Bibliothekar zu werden oder Dramaturg, also alles mit Alterssicherung. Aber ich hatte vor diesen Berufen immer ein wenig Angst, weil ich so viele kannte, die das machten. Die sahen so abgekämpft aus, und da habe ich mir gedacht: Vielleicht könnte man das Leben ein wenig anders gestalten, sodass man in seinem späten Auslauf noch ein wenig frischer aussieht. Meine eigene Rente verdiene ich mir ja immer noch. Ich gehe über die Lande, und wenn ich eine Gage kriege, denke ich mir jedes Mal: „Es ist mehr als die Rente!"

Sie sind vielbeschäftigt, auch gestern waren Sie wieder im Einsatz, was haben Sie da gemacht?
Gestern habe ich eine Lesung gehabt mir Christoph Well (Anm. d. Red.: Bayerischer Musiker der ehemaligen Biermösl Blosn). Wir haben gelesen, Dichtungen oder aus den Werken von Emigranten, von damals hinausgeworfenen jüdischen Schriftstellern. Aber ich habe mir Robert Neumann ausgesucht, den ich noch kennengelernt habe, damals, einer der größten Satiriker deutscher Sprache. Und das war in der „Akademie der Schönen Künste". Da bin ich ehrenhalber Mitglied, worauf ich ganz stolz bin.

Im Moment gibt's ja viele Themen, Dieter Hildebrandt, die auf der Straße liegen und die Sie im Besonderen beschäftigen, als Politikinteressierten. Wollen wir's mal angehen: Obama in Berlin: Was könnte aus dem berühmten „Ich bin ein Berliner" werden?
Das ist einer von diesen Gipfeln, die ich für überflüssig halte. Es ist ein kurzer Besuch und rüttelt eine ganze

Stadt durcheinander. Da wird alles zugenagelt, und unter den Gullideckeln lauern Polizisten. Wenn Sie aus dem Fenster schauen, dann ist sofort ein Scharfschütze da und schießt ihnen die Locken weg. (lacht) Ich verstehe nicht, wieso die Leute sich besuchen. Ich hab mal einen Vorschlag gemacht, der wird leider nicht angenommen. Es ist doch heute alles künstlich herzustellen. Man kann doch zum Beispiel eine Insel bauen, eine künstliche Insel, so wie eine Bohrinsel, die man als Gipfelinsel festlegt. Da fliegen sie dann alle hin, und die „Gipfler" können dort alle reden miteinander, und hin und wieder kann man vielleicht auch mal Presseleute dahin schicken. Ich bin der Meinung, alle Staatsbesuche sind zu teuer, sind sinnlos und führen nur zu Irritationen.

Dann haben wir die SPD, die trotz oder wegen Steinbrück nicht auf die Beine kommt. Sie haben ja große Sympathien für die SPD immer wieder gehabt, vielleicht auch immer noch?

Beharrlich, ja, mir fällt keine andere Partei ein. Es ist vielleicht so, dass die SPD ein wenig verstört ist, und das kann ich verstehen. Die Politik dieser Regierung lässt eigentlich keine großen Fortschritte erkennen. Das heißt, sie bleibt auf der Stelle stehen, aber die Beliebtheitswerte der Institute zeigen, dass das die SPD nicht vorwärts bringt, sondern rückwärts. Das heißt, sie verlieren sogar noch einen Punkt oder zwei. Ich verstehe die Wähler nicht in diesem Lande. Ich hab manchmal den Verdacht, dass das wirklich mit den Wählern zusammenhängt.

Unverkennbar Dieter Hildebrandt. Sie sind geboren 1927 im niederschlesischen Bunzlau. Was hat denn der Vater da beruflich gemacht, Herr Hildebrandt?

Mein Vater war einer von vier Söhnen einer kinderreichen Bauernfamilie aus Brandenburg: Und da waren die Regeln sehr streng. Der erste Sohn bekam den Hof. Der zweite Sohn wird Rechtsanwalt oder Pfarrer, und der vierte Sohn wandert aus. Und mein Vater war der dritte Sohn und musste nach Frankreich, Jura studieren, mochte aber nicht. Er wollte den Hof haben. Er war ein Bauer, ein leidenschaftlicher Bauer, und dann hat er heimlich sein Studium abgebrochen und ist nach Berlin zurück und hat Landwirtschaft studiert. Ja, und er war also 60 Kilometer von seinem Vater weg, der immer gedacht hat, sein Sohn studiert in Grenoble Jura und wird dann ein reicher Mann und kann die Pleite des Hofs aufhalten. Dabei war der Landwirt dann Landwirtschaftslehrer und wurde dann Direktor von einer Landwirtschaftsschule, und zwar in Niederschlesien. Und da bin ich dann geboren. Und mein Vater hat dort einen Bauernhof gekauft.

„Ja ein Leben auf dem Bauernhof ist gar nicht so schön."

Echte Leidenschaft ist das. Wie war das Leben auf dem Bauernhof für Sie?

Es war ziemlich harte Arbeit, auch als Kind musste man ja mitarbeiten, ist klar. Wir waren dadurch, dass er ihn gekauft hat, praktisch arm geworden. Man musste Kühe hüten. Und diese Kühe habe ich von da an angefangen zu hassen, weil die haben mich immer so treu angeschaut, dann hoben sie den Schwanz und galoppierten in die Rüben des Nachbarn. Und dafür

Dieter Hildebrandt

kriegte ich immer Ohrfeigen von meinem Vater. So ist mein Bauernleben ausgegangen.

Und der Sport. Sie sind großer Fußball-Fan, wann ist der in Ihr Leben getreten, Herr Hildebrandt?

Da war ich acht. Mit acht Jahren hatte ich einen guten Freund, und der spielte fabelhaft Fußball, und das wollte ich auch. Und als ich neun war, habe ich zum Geburtstag ein Abonnement gekriegt vom „Kicker". Und von dem Tag an war ich fasziniert vom Fußball.

Als Sie elf waren, ging der Zweite Weltkrieg los. Als Sie 18 waren, ging er zu Ende. Wann sind Sie denn eingezogen worden?

Es war so: Die deutschen „Jungs", die in Familien aufgewachsen sind, die dem Nationalsozialismus nicht so ferne waren – meine Eltern waren dem nicht sehr fern – wuchsen natürlich in der Verpflichtung auf, in den Kreislauf einzutreten. Vom 10. bis zum 14. Lebensjahr Jungvolk, also Pimpf, in Uniform. Wechseln

Das Team der Münchner Lach- und Schießgesellschaft Anfang der 1960er-Jahre: untere Reihe: Klaus Peter Schreiner, Hans Jürgen Diedrich, Dieter Hildebrandt; mittlere Reihe: Klaus Havenstein, Ursula Noack, Jürgen Scheller; obere Reihe: Sammy Drechsel, Walter Kabel.

Foto: Roba Archiv/United Archives/Süddeutsche Zeitung Photo

Dieter Hildebrandt war schon zu Lebzeiten eine Kabarettlegende.

der Uniform, 14 Jahre bis 18 Jahre Hitlerjugend. Und vom 18. Lebensjahr an Arbeitsdienst, nach dem Abitur, oder vor dem Abitur, und dann in die Wehrmacht. Und dann war inzwischen der Krieg in eine negative Phase geraten, die Stimmung sank, und so auf diese Weise wurden wir dann Luftwaffenhelfer, weil ja Göring gesagt hat, er will Meier heißen, wenn die englischen Flieger je eine Bombe hier in Deutschland werfen. Und er hieß dann Meier, Feldmarschall Meier, haben wir uns immer gedacht – der Meier –, und dann kamen die Flieger, und wir wurden Luftwaffenhelfer, wir kleinen Bunzlauer, wir aus diesem niederschlesischen Kaff, wir mussten nach Berlin. Das waren auch Maßnahmen, die wir nicht begriffen haben. Da lagen wir dann in einer Stellung in Berlin und warteten, bis die Bomber kamen, jeden Abend um halb acht kamen sie. Ja, und dann war ich Soldat. Da war ich 17.

Ein bisschen etwas haben wir übersprungen nach dem Kriegsende. Über Umwege hat es Sie nach Bayern verschlagen. Es ist eine komplizierte Geschichte. Sie haben tatsächlich am Ende Ihre Eltern wiedergefunden, nach den Wirren, nämlich wo?

In Windischeschenbach in der Oberpfalz, ein wunderschöner kleiner Ort hinter Weiden. Und da war eine Rot-Kreuz-Sammelstelle, also ein Archiv. Ich hatte mich in das Denken meines Vaters eingeblendet, und gedacht: „Wo würde mein Vater hingehen?" Na ja, er wird wahrscheinlich da hingehen, wo er am schnellsten wieder in Schlesien ist. Weil er glaubt nicht daran, dass der Krieg verloren ist.

Sie sind also aus Intuition aus Niedersachsen über Umwege da runter gefahren, einfach nur, weil Sie geglaubt haben, Ihr Vater könnte da sein?

Nein, ich habe es mir ausgerechnet. Ich hab's wirklich ausgerechnet. Und ich dachte, er kann nur in der Oberpfalz sein. Und er war in der Oberpfalz, und da bin ich nach Weiden, und nachmittags um drei Uhr habe ich dann meine Eltern wiedergefunden. Da stand in den Papieren Walter Hildebrandt, Gertrud Hildebrandt, Bernd Hildebrandt. Die drei in Windischeschenbach, 17 Kilometer von Weiden entfernt. Da

Foto: Dieter Hildebrandt Archiv/Christoph Vohler

Dieter Hildebrandt

sind wir dann hin marschiert auf den Bahnlinien.

Und wie lief dieses Wiedersehen?

Erschütternd. Ja, mein Vater kam mit zwei Wassereimern, um die Pferde zu tränken, grade zurück. Die Eimer waren leer, er sah mich und ließ die Eimer fallen. Das hat einen Krach gemacht. Er hatte nicht mehr damit gerechnet, dass ich überlebt habe, weil es war Oktober, und der Krieg war im Mai schon zu Ende. Und meine Mutter hatte auch schon damit gerechnet, dass ich da nicht mehr wiederkomme. Ich galt als vermisst, sagen wir mal so. Aber ich war kein Einzelfall, das waren ein paar Millionen in dem Zustand. Das muss man übrigens sagen, weil wir über Flüchtlings- und Asylprobleme und Immigranten reden, so als ob das ganz furchtbar wäre. Es sind damals in Deutschland sieben Millionen Ostpreußen, Pommern, Schlesier und Sudetendeutsche integriert worden – mühelos. Ich weiß nicht, wovon immer die Rede ist, wenn sie heute in irgendeinem Ort 50 Migranten nicht aufnehmen wollen.

Sie haben dann tatsächlich noch ein Notabitur hingelegt, beziehungsweise ein ganz schnelles Abitur. Sie haben sich einige Jahre Schule gespart. Korrekt?

Ja, ich habe einfach zwei Schuljahre weggeschwindelt. Ich habe behauptet, die hätte ich alle mit Erfolg bestanden. Ich bin ja ein Flüchtling, die Papiere sind alle verbrannt und so. (lacht)

Was haben Sie dann in München studiert?

Theaterwissenschaft bei Artur Kutscher, und Zeitungswissenschaft und Volkskunde.

Was wollten Sie denn werden?

Ich wollte Max Reinhardt werden. Selbstverständlich, ganz klar. Oder Jürgen Fehling, oder später wollte ich Kortner werden. Und dann habe ich die Schauspielprüfung gemacht, da bin ich durchgefallen, an der Otto-Falckenberg-Schule, und da habe ich angefangen, selber was zu machen. Ich bin auf eine Bühne gestiegen, die wir selber gebaut haben. Das waren Bierkisten, in der Leopoldstraße, in einer Kneipe, und da haben wir uns draufgestellt, haben gerufen, dass wir das nicht gut finden, wie das hier läuft.

War das dann schon Kabarett und mit welchen Themen?

Politisches Kabarett, beinahe, natürlich, klar. Die Themen waren selbstverständlich die Neugründung dieser Demokratie. Das Ende der Nazizeit und die klägliche Beendigung der Lebensläufe von vielen Deutschen, die verantwortlich waren für diesen Nationalsozialismus und die dann gerade mal so entnazifiziert wurden.

Herr Hildebrandt, jetzt erzählen Sie uns doch mal, wie Sie eigentlich die Lach- und Schießgesellschaft gegründet haben mit Sammy Drechsel.

Wir hatten ein Studentenkabarett, das hieß „Die Namenlosen". Und nach zwei Jahren trennten wir uns. Nur Sammy Drechsel und ich blieben übrig. Und der Laden, wo wir heute noch sind mit der Lach- und Schießgesellschaft in Schwabing, der stand leer. Und der Pächter sagte: „Da muss aber was rein." Und dann haben wir gesagt: „Ja, dann müssen wir ein Programm machen. Aber wenn wir Programm

> „Ja, ich habe einfach zwei Schuljahre weggeschwindelt."

Benefiz-Spiel des FC Schmiere gegen das Team des Bayerischen Landtags: (v.li.) der Kapitän der Landtagsmannschaft Hans Kollo, Landtagspräsident Franz Heubl, Dieter Hildebrandt und Sammy Drechsel.

machen, brauchen wir auch ein Ensemble." Also du bist im Ensemble, und ich mach die Regie, aber wer noch?" Und dann hat er – Sammy war ein unglaublich begabter „Anmacher" – den größten weiblichen Star des damaligen Kabaretts tatsächlich angesprochen, Ursula Herking. Er hat ihr immer vorgemacht, was ich alles für sie für Texte schreiben würde, und hat einen davon genommen. Der hat ihr tatsächlich gefallen, da habe ich Glück gehabt. Und dann haben wir beschlossen, den Klaus Havenstein noch zu fragen. Dann brauchten wir nur noch einen Vierten, und da sagte die Herking: „Ich möchte gern, Ditschi, Hans Jürgen Diedrich, dass du mitmachst." Da hat er gesagt:

„Ich fahre los" und ist noch in derselben Nacht losgefahren und war am nächsten Morgen bei der Probe. So war die Truppe beieinander, die dann tatsächlich Kabarettgeschichte in Deutschland geschrieben hat.

In Ihrer Biografie im Internet steht: „Herausragendes Berufserlebnis: Gastspiel in der Kabarettbühne Pfeffermühle in Leipzig 1985". Bei all den Dingen, die Sie erlebt haben, hat mich das überrascht. Können Sie uns das erklären?

Ganz einfach, das war bisher, zu diesem Zeitpunkt überhaupt nicht möglich, dass ein Kabarettist – es sei denn, er war in der DKP – in die DDR reinkam und dort auch auftreten durfte. Wir waren die ersten,

Foto: amw/Süddeutsche Zeitung Photo

Dieter Hildebrandt

Werner Schneyder und ich. Und da plötzlich kommt von der Pfeffermühle der Direktor und sagt, er würde es durchkriegen, wenn wir in Leipzig spielen würden. Da haben wir gesagt: „Ja, das machen wir natürlich." Und da ging es dann bis zum Honecker. Honecker musste also zusagen. Von dem Moment an ging es. Als wir dahin kamen, war es so, als wenn ein uralter Bekannter über die Grenze kommt und guten Tag sagt. Es war eine Zuneigung, ein Interesse. Das war mir überhaupt nicht klar, und dann haben wir da gespielt, und ich muss sagen, diese Spannung, die da herrschte, die hatte ich im Kabarett der Bundesrepublik nicht ein einziges Mal erlebt.

Und durften Sie da frech sein, waren Sie da frech?
Ich war da frech, ja. Wir hatten heimlich natürlich da ein paar Texte geschrieben, die sich mit der DDR befasst hatten, und die gingen schon in die Nähe der Beleidigung. (lacht) Also zum Beispiel so: „Ihr in der DDR, ihr öffnet dem Staat euer Herz, und er öffnet euch dafür eure Briefe" – so in der Richtung. Es war ein Riesenerfolg dort. Am Schluss, am sechsten Tag, saßen wir später bei den „Academixern", das ist ein anderes Kabarett in Leipzig, und da war eine Spezialvorstellung für die Kabarettisten der DDR. Die DDR hatte ja verordnete 16 Kabaretts, in jedem Bezirk musste eines sein. Also kamen 16 Mal ungefähr zehn Leute. Alle Kabarettisten saßen da unten in dem Keller, wir haben gedacht, das wird ein großer Reinfall, weil die, die im Kabarett sitzen, werden sagen: „Na ja das, was ihr da macht, ihr kocht auch nur mit Wasser, können wir besser." Im Gegenteil. Sie haben uns voll anerkannt, sie standen zum Schluss auf. Und da muss ich sagen, das vergesse ich auch nicht.

Herr Hildebrandt, wollen Sie eigentlich die Welt verbessern? Wäre das was?
Wenn das ginge, ja. (lacht herzlich)
Was tun Sie dafür?
Na ja, ich sag den Leuten, es wäre schön, wenn wir alle gemeinsam die Welt verändern können, wenn sie das nicht wollen, das ist ihre Schuld.

Es fällt mir auf, Sie werden mit dem Alter immer vitaler und immer aktiver, das ist eine ganz unglaubliche Wandlung, die in Ihnen passiert. Können Sie sich das selber erklären? Sie wirken wie beflügelt.
Ich habe nichts genommen. (lacht) Ich habe nur was weggelassen. Etwas, was zum Beispiel mein Leben sagen wir mal etwas verkürzt hätte: Ich rauche nicht mehr und trinke nicht mehr und fühle mich wohl. Und wenn man sich nicht wohlfühlt, muss man was machen, und wenn man was macht, fühlt man sich wieder wohl. Ich sehe keinen Grund, warum ich aufhören soll. Es gibt Menschen, die sagen: „Bleiben Sie, ich will Sie wiedersehen." Dann fahre ich da hin, und dann sagen die, bei denen ich noch nicht war: „Wieso kommen Sie nicht?" Dann komm ich da hin, und so verdoppelt sich zeitweise auch das Angebot an Auftritten, und ich kann da gar nicht folgen. Ich kann nur die Hälfte davon machen.

Man bräuchte eigentlich zwei Dieter Hildebrandts. Es war uns eine Ehre, dass Sie hier waren.

Zu Gast bei Achim Bogdahn war Dieter Hildebrandt am 19. Juni 2013, Kabarettist.

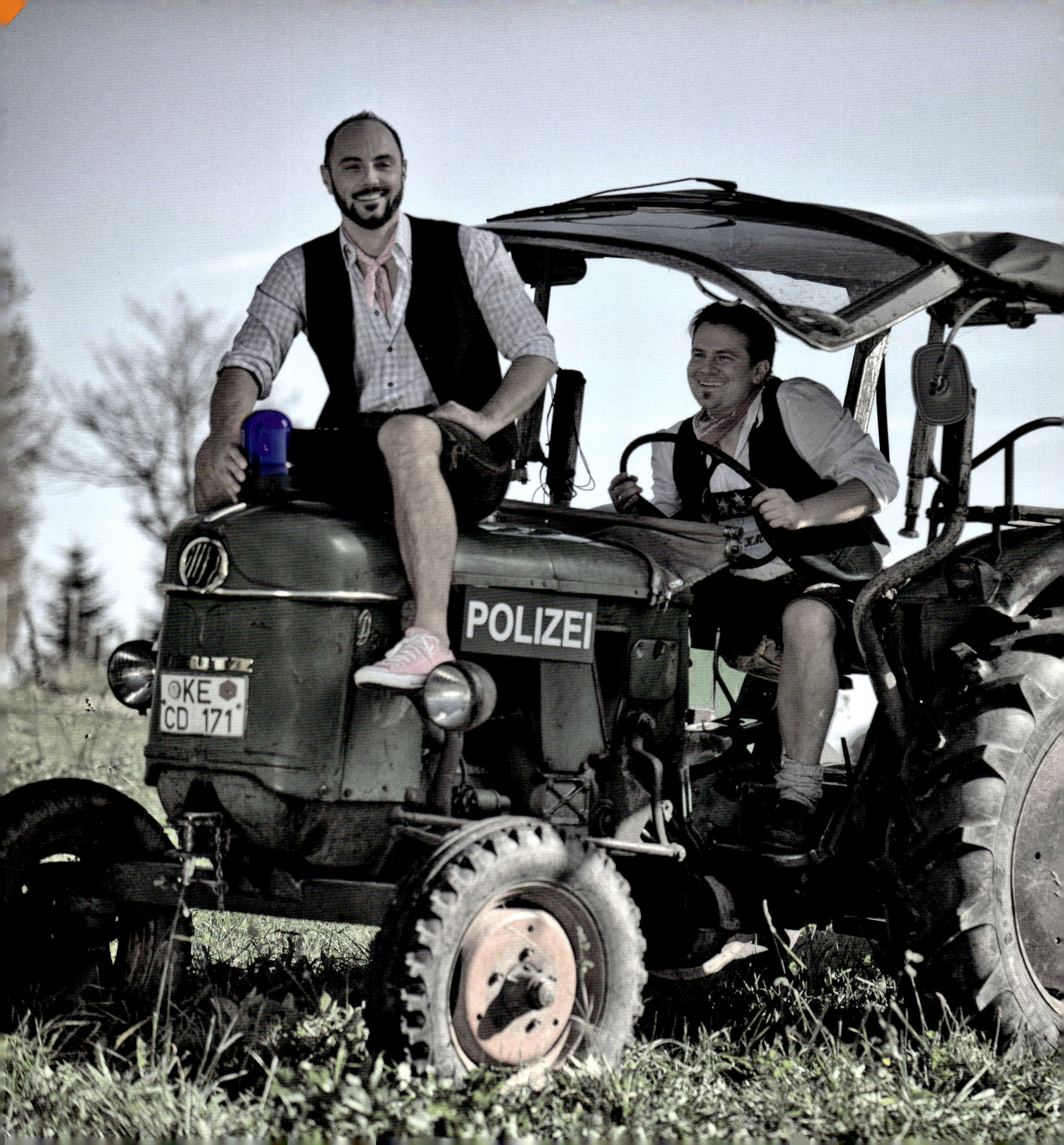
POLIZEI
KE
CD 171

Michael Kobr

Wer das Autorenduo Michael Kobr und Volker Klüpfel schon einmal bei einer Lesung erlebt hat, weiß: Mit einer „normalen" Lesung hat das absolut nichts zu tun – eher mit einer „Litcomedy". So nennen die beiden ihre erfrischende Mischung aus Lesung und Comedy. Damit touren sie durch Deutschland, Österreich und die Schweiz. Auch ihre Hauptfigur Kluftinger hat mit einem „normalen" Kommissar nichts gemein.

„Kreuzkruzifix" – mit einem Fluch, noch dazu mit einem fett gedruckten, beginnt 2003 ihr erster Krimi „Milchgeld". Innerhalb kurzer Zeit landet er auf den Bestsellerlisten. Damit beginnt auch die unglaubliche Erfolgsgeschichte des Autorenteams Kobr und Klüpfel. Seitdem ermittelte deren kauziger Kommissar „Kluftinger" in sieben weiteren Fällen – mit äußerst eigenwilligen Methoden, um die Täter dingfest zu machen. Drei Bände sind verfilmt worden, und Kluftinger gibt es inzwischen als Brettspiel oder als Kochbuch. Das Geheimnis der Kluftinger-Krimis liegt wohl im regionalen Charme: Denn Vorgabe ist, dass jeder Schauplatz im Buch wiedererkannt werden kann. Dafür scheut Michael Kobr keine Mühe und erkundet jeden noch so abgelegenen Ort im Allgäu, seiner geliebten Heimat.

Foto: Helmut Henkensiefken

Aus der Reihe „Fragen, die mir noch nie gestellt wurden, die ich mir schon immer gewünscht habe", die Frage an den Krimiautor: Was ist ein „Geidl"?

Ein Geidl ist eine Figur, die meine dreijährige Tochter erfunden hat, im Moment noch nicht in Buchform vorhanden, aber wir arbeiten dran.

Was ist das für ein Typ, dieser Geidl?

Meine Tochter sagt, er sei grün und sehr klein und wohnt im Wald. Ich glaube, er ist Schwabe und aus dem Allgäu. Er ist mehr so ein Understatement-Typ. Er sagt auch nicht viel, aber er ist eigentlich relativ verlässlich. Das ist so ein kleiner, grüner Kluftinger – für Kinder vielleicht.

Kommen wir auf diesen wortkargen, allgäuerischen Kluftinger zu sprechen. Das ist die Hauptfigur in allen Ihren Allgäu-Krimis. Gerade ist der fünfte Band erschienen. Wissen Sie am Beginn des Schreibprozesses bereits genau, wie dieser Typ handeln wird?

Tatsächlich wissen wir natürlich, wie er reagiert. Aber nachdem dann immer neue Situationen während des Schreibprozesses auf ihn zukommen, müssen wir uns das schon auch noch einmal neu überlegen.

Wie sehr sind Sie beide, also Ihr Kollege Volker Klüpfel, mit dem Sie gemeinsam schreiben, mit dieser Figur verwachsen? Sind Sie sogar manchmal eins mit Kluftinger?

Ganz bestimmt! Nicht alle Macken, die er hat, sind frei erfunden oder stammen von unserer Elterngeneration, sondern er ist in gewissen Teilen bestimmt autobiografisch.

Wenn er autobiografische Züge trägt, wer von Ihnen beiden ist er denn mehr: Kobr oder Klüpfel?

Allzu autobiografisch ist er natürlich nicht, das wäre ja schlecht für unser Selbstverständnis, weil er schon Mitte 50 und sehr korpulent ist, und doch eher ein behäbiger Mensch. So sehen wir uns eigentlich nicht. (lacht)

Also Sie sind Ende dreißig und nicht behäbig.

Aber wir schreiben uns natürlich gegenseitig die „Kluftingerheit" zu. Also sprich, ich sag immer zum Volker: „Du bist wie der Kluftinger", und er sagt es von mir.

Also Sie sind sich sehr ähnlich, würde ich mal diplomatisch darauf antworten. Nervt Kluftingers Art Sie eigentlich manchmal? Er ist ja wahnsinnig grummelig. In dem verfilmten Werk „Erntedank" wirkt er manchmal ja fast unfreundlich.

Manchmal möchte man ihn schon ein bisschen anschieben, aber man hat nie wirklich Groll auf ihn, und man muss ihm eigentlich eher helfen. Er hat sich über die fünf Bücher durchaus entwickelt. Am Anfang war er noch viel schlimmer. Wir haben ihm schon ein bisschen geholfen, zum Beispiel mit moderner Technik besser zu Rande zu kommen.

Sie haben diese Figur erfunden, als Sie zusammen mit Ihrem Freund Volker Klüpfel von der Expo nach Hause zurück ins Allgäu gefahren sind – so geht die Legende, stimmt die denn überhaupt?

In Grundzügen stimmt sie schon, den Kluftinger haben wir da nicht erfunden, sondern wir haben da den Entschluss gefasst, ein Buch zu schreiben, irgendwann einmal. Und der Kluftinger ist dann zunächst mal bei mir entstanden, während des Staatsexamens.

Würde Volker Klüpfel jetzt Einspruch erheben?

Nein, das gibt er schon zu, aber das war damals nur ein Name ohne Geschichte dahinter. Kluftingers Geburtsstunde war dann bei Volkers Eltern zu Hause im Garten, und da haben wir uns überlegt, jetzt müssen wir diese Figur schaffen, weil wir es unserem ersten Verlag versprochen hatten. Wir hatten aber noch gar nichts geschrieben außer drei Seiten eben. Und dann haben wir uns wirklich überlegt, was ist der Kluftinger für ein Typ.

Und dann ist das Psychogramm eines typischen Allgäuers entstanden?

Das ist schwer zu sagen, was der typische Allgäuer ist. Er ist ein Bayer, er ist natürlich auch in seinen Besonderheiten ein Allgäuer, aber diese Eigenheiten könnte man wahrscheinlich vielen Regionen zuschreiben, in denen es so ausschaut wie im Allgäu, eher bergige Region.

Also er ist wortkarg, altmodisch, kauzig …

Insofern könnte er auch ein Südtiroler sein. Ich glaube, dass er eher ein typischer Vertreter seiner Generation ist.

Das Buch „Erntedank" ist verfilmt worden. Als Sie den Film zum ersten Mal sahen, was ist da in Ihrem Kopf passiert? War das Ihr Kluftinger?

Das Casting für diesen Film war ein langer Prozess gewesen. Erst mal haben wir uns natürlich gewundert, dass Herbert Knaup das machen soll. Dann haben wir erfahren, dass er aus Sonthofen ist und dass er so gut Allgäuerisch spricht. Am Anfang haben wir uns gefragt, ob das hinhaut, weil er der äußeren Erscheinung nach ganz anders als der Kluftinger aussieht. Und wir waren dann bei den Dreharbeiten dabei und

> „Kluftingers Geburtsstunde war dann bei Volkers Eltern zu Hause im Garten …"

Michael Kobr

wussten, es funktioniert. In den Filmszenen hat er sich so richtig kluftingermäßig eingegroovt, ist viel behäbiger gelaufen, hat seinen Bauch rausgestreckt und war einfach der Kluftinger.

Der fünfte Band mit Kommissar Kluftinger liegt jetzt vor, „Rauhnacht", das ist so eine Agatha-Christie-Adaption, verlegt in ein Hotel in den Allgäuer Bergen. Ist eigentlich Agatha Christie als Schriftstellerin Vorbild für Sie?

Ja, das war der erste Zugang zum Krimigenre, eigentlich für uns beide. Wir haben festgestellt, dass das die gemeinsame Leseerfahrung ist. Der fünfte Band ist eine kleine Hommage an diese alten, klassischen Detektivromane.

Was lesen Sie heute für Krimis, wenn Sie mal Zeit haben, weil Sie eigentlich auch noch Lehrer, Vater von zwei Töchtern und Buchautor sind?

Ich lese immer wieder die McRae-Fälle, sei es auf Französisch, als Französischlehrer tut das ganz gut, oder auf Deutsch. Ansonsten halte ich mich eher an die italienischen Krimis.

Sind Sie jemand, der sich dann auch gerne abends im Bett bei der Lektüre gruselt und gerne Angst bekommt?

Nein, das muss eigentlich nicht sein. Ich freue mich immer, wenn Privates reinkommt, wenn Alltag reinkommt. Das ist mir viel lieber als prickelnde Spannung.

Für Sie ist es wichtig, dass am Schluss wieder Gerechtigkeit hergestellt wird. Sind Sie ein Gerechtigkeitsfanatiker, auch im Privatleben?

Ich glaube schon, ja. Ich habe einen Bruder, ich bin im klassischen Vier-Personen-Haushalt aufgewachsen, und da geht's ja auch immer um das 50/50. Ich glaube, da lernt man, dass man auf Gerechtigkeit schaut, gerade als kleiner Bruder.

Diese Mausefallenadaption an Agatha Christie, über die wir bereits gesprochen haben, im fünften Fall von Kluftingers „Rauhnacht": Haben Sie dabei nicht auch die Gefahr gesehen, dass so ein ganz bekannter Inhalt möglicherweise schwierig zu bearbeiten sein wird, weil jeder den Ausgang bereits kennt?

Es ist natürlich schwer, einen neuen Twist zu finden. Uns war deshalb klar: So etwas kann man nicht neu erfinden. Uns haben dann einige Leute gesagt: „Das kennt man ja, das ist wie bei Agatha Christie" – das zu leugnen wäre natürlich fatal.

Haben Sie lange mit Volker Klüpfel darüber diskutiert, ob Sie das machen sollen oder nicht? Oder stand das relativ schnell fest?

Michael Kobr (re.) und Volker Klüpfel schreiben stets parallel an ihren Krimis.

Volker Klüpfels und Michael Kobrs
Lesungen sind längst zu Comedy-Shows mutiert, die stets ausverkauft sind.

Das stand relativ schnell fest. Uns war klar, dass wir ein bestimmtes regionales Thema in der typischen „Kluftinger-Sicht" darstellen wollen und nicht nur die klassischen Regionalkrimi-Zutaten wie Milchwirtschaft im Allgäu oder so ähnlich beschreiben.

Wie schreiben Sie zusammen? Sitzen Sie miteinander am Schreibtisch, der eine schreibt, der andere diktiert, oder schreibt jeder für sich, und am Schluss wählen Sie die besten Passagen aus?

Es geht eigentlich ganz anders. Wir sprechen zusammen, wir sind viel auf Lesereise unterwegs, und da entsteht sozusagen der Plot. Dann geht es in Detailbesprechungen, und da entstehen die Witze und da werden teilweise sogar Dialoge aufgeschrieben. Jeder von uns hat ein Schulheft, in das wir das reinschreiben.

Lehrer eben!

Ja ja. Und dann teilen wir es in Szenen auf, also jeder schreibt seine Hälfte, und wir setzen es dann zusammen. Das heißt, wir müssen wirklich zusammen besprechen, aber getrennt schreiben.

Ich kann mir vorstellen, dass das nicht immer ganz einfach ist, vor allem, wenn der Andere dann kritisiert und sagt, dass ihm das nicht gefällt?

Es gab in der Vergangenheit natürlich riesengroße Konflikte darüber. Wir korrigieren und redigieren schonungslos, und am Anfang kann man damit nicht umgehen.

Was hatten Sie dann für ein Gefühl? Kam da so ein bisschen Zorn hoch oder Aggression?

Total! Man kriegt wahnsinnige Aggressionen, wenn man vor dem Computer sitzt. Das hat den Arbeitsprozess sehr gestört. Das Ganze ist dann einem wirklich gesunden Pragmatismus gewichen. Wir wissen, dass es die Mischung ausmacht und dass der Andere es eigentlich nur verbessern will. Mittlerweile schicken wir es uns per E-mail und nehmen eigentlich alle Korrekturen an und sprechen vielleicht im Monat einmal über drei oder vier Sachen – und selbst da einigen wir uns schnell.

Und was macht das mit Ihrer Freundschaft? Sehen Sie sich auch mal zum Kaffeetrinken oder zum Abendessen?

Selten, nachdem wir natürlich viel gemeinsam unterwegs

Foto: Helmut Henkensießen

Michael Kobr

sind und uns ständig sehen, ist das Private viel geringer geworden als früher. Aber wir fahren zum Beispiel heuer zusammen in den Urlaub mit den Familien.

Zurück zu Ihren Büchern: Es gibt jetzt eine neue Verfilmung, das dürfen wir verraten. Welcher Band steht jetzt an?

Es sieht so aus, als würde „Milchgeld" als Nächstes verfilmt werden. Nachdem wir jetzt ein bisschen mehr Zeit haben, ist bei uns natürlich auch der Gedanke aufgekommen, bei den Drehbüchern mitzuarbeiten.

Sie sind ja inzwischen zu Popstars der deutschen Krimiliteratur avanciert, zumindest sagen das die Kritiker. Wenn Sie so etwas lesen als bodenständiger Allgäuer, was geht Ihnen dann durch den Kopf?

Das bezieht sich auf unsere Lesungen, und die haben sich tatsächlich von normalen Lesungen, die halt zu zweit waren, ziemlich schnell zu Shows entwickelt.

Das sind Dialoge zwischen Ihnen und Volker Klüpfel.

Ja, es war klar, dass wir das Potenzial nutzen müssen. Wir sind uns ja auch nicht immer grün, und das haben wir auch auf der Bühne nicht ganz ablegen können. Und wir haben uns dann immer mehr getraut von den Büchern wegzugehen, hin zu Elementen, die mehr mit der Figur oder – wie in unserer aktuellen Show – mit dem Allgäu zu tun haben. Man sagt uns nach, dass Comedy-Elemente dazukämen.

Wie schwer fällt Ihnen der Gedanke, gar nicht mehr als Lehrer in der Schule zu arbeiten, sondern nur noch zu schreiben. Macht Sie das nervös?

Das ist so eine Sache mit dem Beamtenstatus, der ist einfach sehr beruhigend. Der Gedanke daran ist wirklich zweischneidig, zum einen verlockend, er birgt aber wahnsinnige Unsicherheiten. Und deswegen ist es schön, erst mal schauen zu können.

Sind Sie ein Mensch, der auf Sicherheit aus ist?

Ja, ich bin ein sehr sicherheitsbewusster Mensch. Deswegen bin ich auch Beamter geworden.

Der Alltag von Kluftinger bedeutet für Sie beim Schreiben viel Arbeit und Recherche, angeblich fahren Sie zu allen Handlungsorten im Krimi hin – stimmt das?

Ja, aber nachdem sich das meistens auf die Region beschränkt, ist das gut machbar.

Und was für ein Allgäu sehen Sie dann? Wahrscheinlich ein anderes Allgäu als das Ihnen vertraute aus den 70er oder 80er Jahren, oder?

Da hat sich was verändert. Auch wir haben jetzt die klassischen Industriegebiete und die Discounter, selbst außerhalb kleiner Ortschaften, und natürlich auch die Wohngebiete. Aber ansonsten muss ich sagen, wenn ich aus dem Unterallgäu in Memmingen ins Oberallgäu komme für Recherchen oder um meine Eltern zu besuchen, dann ist es schon immer noch wie heimkommen. Es ist noch sehr ländlich geprägt, und der Nachbar mäht halt immer noch. Neulich, als ich abends bei meinen Eltern war, hat der Nachbar das erste Mal gemäht, und dieser Geruch lässt einfach Kindheitserinnerungen in mir aufkommen.

> „Jeder von uns hat ein Schulheft, in das wir das reinschreiben."

Zu Gast bei Stephanie Heinzeller war Michael Kobr am 25. Juni 2010, Krimiautor.

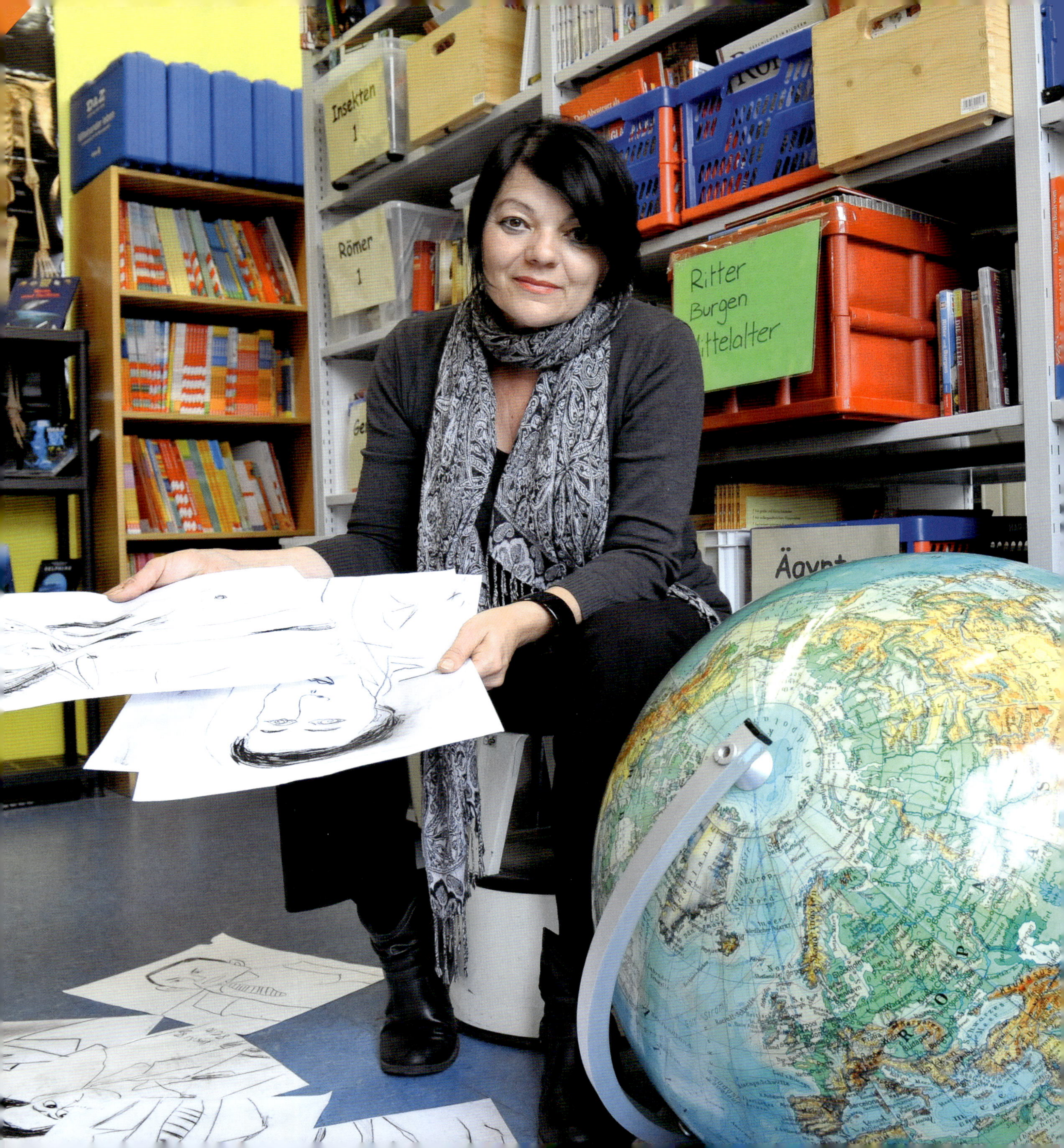
Insekten 1
Römer 1
Ritter Burgen

Susanne Korbmacher

Sie selbst hat schon als Kind die Schattenseiten des Lebens kennenlernen müssen. Das Ziel der engagierten Förderschullehrerin ist es, Licht ins Leben sozial benachteiligter Kinder und Jugendlicher zu bringen, im „Hasenbergl", einem Stadtteil im Münchner Norden. Mit Selbsthilfe-Projekten wie dem „Lichttaler" ist die Förderschullehrerin an die Öffentlichkeit getreten: Schüler können ihre Fähigkeiten als Dienstleistungen tauschen. Hilft etwa der eine dem anderen bei den Mathe-Hausaufgaben, erhält er dafür kostenfrei eine Fußballstunde. Außerdem kümmert sich die ausgebildete Schauspielerin um existenzielle Probleme und versorgt ihre Schüler mit Frühstück und warmer Kleidung. Susanne Korbmacher hilft dort, wo Hilfe oft übersehen wird: vor unserer Haustür. Die Mutter eines mittlerweile erwachsenen Sohnes ist überzeugt, dass mit emotionaler und sozialer Unterstützung alles möglich ist im Leben der Kinder.

Frau Korbmacher, Sie arbeiten an einer Schule im Hasenbergl (Anm. d. Red.: Dieses Stadtviertel gilt als sozialer Brennpunkt). Sie sind dort Studienrätin für Kinder mit Förderbedarf. Was erleben Sie, wenn Sie da an einem ganz normalen Schultag in Ihre Klasse kommen?

Ich arbeite am Sonderpädagogischen Förderzentrum München Nord, in der griechischen Förderstufe, und ich habe mehrsprachige Griechen, reine Griechen, türkischsprachige Griechen oder welche aus Georgien, mit Russisch und Türkisch. Ich arbeite aber auch mit den anderen Schülern in übergreifenden Projekten und mache ganz normal meinen Unterricht, alle Unterrichtsfächer, aber auch sehr viel Kunst und Musik.

Und Sie kommen morgens rein und fangen sofort an mit Ihrem Unterricht, oder ist das ein bisschen anders an Ihrer Schule?

Ich bin immer sehr früh in der Schule, so zwischen zehn vor sieben und sieben. Da muss alles vorbereitet werden, das Frühstück der Kinder und auch die Brotzeit. Wir haben momentan 76 Kinder in der Früh, die sich Brotzeit oder Frühstück kaufen. Und dann geht's richtig los im Unterricht.

Jetzt haben Sie gesagt, dass Sie eine bunt zusammengewürfelte Klasse haben. Sie selber können zumindest gut Griechisch, weil Sie einige Jahre in Griechenland gelebt haben. Wie halten Sie diesen Haufen zusammen?

Ja, der ist ja nicht nur sprachlich sehr unterschiedlich, sondern auch altersmäßig, weil ich eine jahrgangsstufenkombinierte Klasse von der ersten bis zur achten Jahrgangsstufe habe. Das sind alles Kinder und Jugendliche, die in den anderen Schularten irgendwann auf der Strecke geblieben sind. Da ich auch Lehrerin für Deutsch als Zweitsprache bin, versuchen wir es hinzubekommen, dass sie den Anschluss bekommen, dass sie Freude am Lernen haben und gerne in die Schule kommen.

Das ist ja manchmal ganz schön kompliziert, kann ich mir vorstellen, wenn Siebenjährige bis Fünfzehnjährige in einer Klasse sitzen. Wie viele Kinder besuchen eine Klasse?

Im Moment haben wir 14 in meiner Klasse. Es ist wunderbar, weil die Älteren den Jüngeren helfen – auch sprachlich.

Ich spreche zum Beispiel kein Türkisch, kann aber über Griechisch sehr gut kommunizieren, wenn die Kinder gar kein Deutsch können. Aber die anderen Schüler helfen mir dann mit den anderen Sprachen, und so sind wir eine ganz große Familie.

Sie zeigen den Kindern auch, dass sie Fähigkeiten haben. Das machen Sie über Theater- und Filmprojekte, über die Musik, über Raps beispielsweise. Ist es da von Vorteil, dass Sie eine Schauspielausbildung gemacht haben?

Natürlich, ich komme von der Schauspielerei und von der Musik, daher war es logisch, dass ich in diesem Bereich etwas mache. Aber wir haben auch andere soziale Projekte wie „Bilsuma", den Bildungssupermarkt. Als ich gesehen habe, der Nachhilfeunterricht wird nicht mehr gezahlt, habe ich gesagt: „Ihr müsst euch jetzt selbst helfen." So kam mir die Idee, einen Bildungssupermarkt anzubieten mit vielen Programmen, die sich nur Kinder der Mittelschicht oder die Reichen leisten können, wie Selbstlernprogramme, Medien, DVDs, Lerntheke. Die wollten wir auch anbieten.

Die Schüler haben gesungen „du musst selbst entscheiden, ob du fällst, du selbst entscheidest es". Ist das auch Ihre Grundbotschaft, den Kindern das Zutrauen zu geben, dass sie ihr Schicksal auch verändern und umdrehen können?

Richtig. Also ich bin der Meinung, man muss den Kindern und Jugendlichen erst mal vermitteln, welche Stärken sie haben. Meine Botschaft lautet: „Du hast es in dir drin, und dabei werde ich dir helfen, wenn du möchtest."

Und dafür haben Sie die Währung Lichttaler erfunden.

Das ist eine imaginäre Währung. Diese Währung ist nicht handelbar, das heißt, wir haben also keine Lichttaler irgendwo aufgemalt und ausgestanzt, sondern es ist etwas, was man sich verdienen kann für soziales Engagement, von der ersten bis zur vierten Klasse – meistens in Gruppenarbeit. Ab der fünften Klasse sind es Einzelaktionen, wie etwa einer älteren Dame die Tasche tragen, einen Hund von einer Körperbehinderten regelmäßig ausführen. Es gibt ein Währungssystem, und jeder kann ablesen, wie lange er arbeiten muss, um zwei Lichttaler zu verdienen. Jeder Workshop bei uns kostet zwei Lichttaler, egal wie lange er dauert.

Was heißt Workshop?

Egal was, ob Computerkurs, Englischschule, Hip-Hop; alles das, was jugendspezifisch ist und was die Schüler gerne lernen möchten.

„Jeder Workshop bei uns kostet zwei Lichttaler, egal wie lange er dauert."

Aber vorher müssen sie sich anstrengen? Sie müssen etwas machen, um sich diese Lichttaler zu verdienen. Wer bezahlt das Ganze?

Unsere Philosophie ist: Geben und Nehmen! Es gibt etliche Institutionen, große Firmen, Konzerne, aber auch Clubs wie den Lions Club, die Gelder zur Verfügung stellen. So kann ich Honorargelder zahlen, wenn man zum Beispiel einen speziellen Tanzlehrer engagieren möchte. Oder die Schüler unterrichten sich gegenseitig, denn jeder kann etwas. Der eine ist gut in Mathe, also lehrt er jemandem Mathe, der darin schwach ist. Dafür unterrichtet der andere den Mathecrack im Fußball.

Überträgt sich dieses Selbstbewusstsein, das die Schülerinnen und Schüler durch diese Aktionen gewinnen, auch auf die schulischen Leistungen?

Diese Kinder bringen Erfahrung mit, die andere Menschen erst in 30 Jahren machen, und fühlen sich als Verlierer der

Susanne Korbmacher

Gesellschaft. Wir haben ein sehr begabtes Mädchen, eine türkischsprachige Griechin, die seitdem sie in der Kunstakademie ist, die Schule wirklich durchzieht. Und das ist es: Die Kinder brauchen diese emotionale und soziale Bereitschaft, und sie müssen das Gefühl haben: „Ich kann etwas, ich habe eine Stärke im Hintergrund, die mich stützt" – dann ist alles machbar.

Frau Korbmacher, Sie selbst sind auch in keine einfachen Verhältnisse hineingeboren, um das mal vorsichtig auszudrücken. Sie haben in einem Buch Ihre Biografie beschrieben. 1954 sind Sie geboren in eine große Familie, mit insgesamt sechs Kindern, in eine richtige Problem-Familie. Alles das, was bei den Kindern im Hasenbergl passiert, haben auch Sie erlebt.

Eigentlich bin ich zunächst nicht in eine schlimme Familie hineingeboren worden, weil anfangs ging es uns ja sehr gut. Mein Vater hatte Abitur, eine tolle Ausbildung, aber er wurde zum Alkoholiker. Dann gab es viel Gewalt, Konkurs, Absturz, Schulden und viele Kinder.

Wie haben Sie sich gefühlt mit einem prügelnden Vater? Können Sie sich genau daran erinnern?

Man kommt nach Hause, und man hat ständig Angst. Man kontrolliert unheimlich sein eigenes Verhalten, und man wird oft unbegründet geprügelt, man sucht die Schuld immer bei sich. Ich glaube, das ist so eine Grundeinstellung auch der Kinder, die ich kenne. Sie suchen die Schuld bei sich selbst.

Aber sie suchen ja eigentlich auch Schutz. Hatten Sie jemanden, der Sie beschützt hat, eines Ihrer Geschwister oder Ihre Mutter – welche Rolle hat sie gespielt?

Meine Mutter konnte uns nicht schützen, sie wurde selbst geschlagen. Sie hat uns sehr viel Liebe gegeben. Schutz sucht man im Freundeskreis, und früher war für mich der Glaube Schutz. Aber ich bin mit neuneinhalb vergewaltigt worden und habe mich dann meiner Religionslehrerin anvertraut, und die hat mich nur angebrüllt und gesagt: „Diese Todsünde wird dir Gott nie mehr verzeihen, auch wenn du jeden Tag zur Beichte gehst." Und dann habe ich das gemacht, bin fast täglich zur Beichte, aber ich konnte es nicht aussprechen. Und dann habe ich angefangen zu lügen, das heißt, ich habe Sünden erfunden. In der Pubertät begreift man irgendwann, was da mit einem gemacht worden ist. Die Kirche war mir in der Situation überhaupt keine Hilfe.

Hinzu kam, dass Ihr Vater getrunken hat, Konkurs anmelden musste, Ihre Eltern waren die ganze Woche über unterwegs, um ihre Schwarzgeschäfte zu erledigen. Alle sechs Kinder waren sich selbst überlassen, und aus dieser Zeit kennen Sie sicher alle Ausreden dieser Erde, die Kinder haben, die aus solchen Familien kommen.

Man darf ja nicht vergessen, ich war zwölf Jahre alt, meine Schwester dreizehn und wir hatten vier kleine Geschwister. Wir mussten die ganze Woche über alleine alles regeln, was sonst Eltern übernehmen. Natürlich haben Nachbarn das Jugendamt angerufen, und dann haben die uns kontrolliert. Dann steht man da und sagt: „Ach Mama, die ist gerade zum Friseur, und danach wollte sie, glaube ich, noch zur Apotheke, oder?" So kann man das ganz gut kaschieren. Bei den Kindern heute im Hasenbergl habe ich daraus gelernt, dass ich genau hinhöre und dass ich spüre, wie sie es sagen, ob es eine Ausrede ist, ob es gelogen ist, ob sie sich selbst schützen wollen.

Aber Sie waren damals alleine und haben beschlossen, als junges Mädchen mit 15 in die USA zu gehen. Da sind Sie auch auf abenteuerlichen Wegen hinge-

Susanne Korbmacher, Lehrerin im Sonderpädagogischen Förderzentrum München-Nord im Hasenbergl

kommen. Wie haben Sie das angestellt?

Ich habe gewusst, dass ich draufgehe, wenn ich nichts tue. Dann wurde im Gymnasium nachgefragt, wer einen Austauschplatz nach Amerika haben will, weil jemand krank geworden ist, und da war mein Finger sofort oben. Ich wusste, wir haben kein Geld, und ich bekomme nie die Genehmigung von meinem Vater. Also habe ich die Unterschrift gefälscht. Dabei habe ich nie bedacht, dass auch ein Austauschschüler zu uns kommt, und das musste ich meinem Vater verklickern. Und da er spielsüchtig war, habe ich ihm einfach erzählt, dass wir das gewonnen haben und dass ich auserwählt bin. Das fand er klasse und hat dann sein Einverständnis für meine Reise gegeben. Aber natürlich musste ich den Flug bezahlen. So habe ich als 15-Jährige, das war auch früher verboten, gearbeitet und habe mir das alles selber verdient. Mit 20 Mark in der Tasche bin ich nach Chicago los.

Angekommen in Chicago hatten Sie dann großes Glück. Sie kamen in eine nette Familie, die sie auch wirklich aufgefangen hat.

Eine total nette Familie, auch mit sechs Kindern. Eine Reverend-Familie, das heißt, eine kirchliche Familie. Und da war es ganz ruhig und ganz harmonisch.

Ein Sprung zurück nach Deutschland: Nach dem Schulabschluss, einer Schauspielausbildung und dem Studienabschluss sind Sie nach Griechenland gegangen. War das wegen des Klimas, der beruflichen Perspektiven oder wegen eines Mannes?

Zuerst wegen der Sonne, dann wegen der wunderschönen Sprache, die ich nicht sprach, und irgendwann kam dann der Mann. Ich habe dann in Bayern gekündigt und dachte, dass ich dort für immer leben werde.

Fünf Jahre waren Sie dann dort, zunächst am Goethe-Institut, Deutsch als Fremdsprache haben Sie unterrichtet. Wie schnell haben Sie selbst Griechisch gelernt?

Die ersten drei Monate konnte ich ja überhaupt nichts, und es war keine Teilhabe möglich am gesellschaftlichen Leben. Dann habe ich mich selber hingesetzt und habe nicht nur am Goethe-Institut die Kinderkurse aufgebaut, sondern ich habe eine eigene Schule aufgebaut mit sieben Klassen. Dort war ich dann Schulleiterin, Lehrerin und Putzfrau in einer Person.

Und das Ganze nicht in Athen sondern …

… in Chalkidiki (Anm. d. Red.: eine Halbinsel auf dem Festland von Griechenland). Die Schule war in einem kleinen Dorf, und teilweise habe ich auch mit Analphabeten gearbeitet.

Als der Mann dazukam, sind Sie auch bald Mutter geworden, 1985. Sie haben einen kleinen Sohn geboren, der ist noch in Griechenland geboren, aber da war das Klima noch gut und der Job auch, aber der Mann nicht mehr, oder?

Nein, ich bin dann mit meinem Mann zusammen nach Deutschland gegangen, aber er hatte solche Sehnsucht nach

Foto: Robert Haas/Süddeutsche Zeitung Photo

Susanne Korbmacher

Griechenland, ich hatte hier wieder Arbeit gefunden, und er hatte keine geregelte Arbeit. Beziehungen gehen auseinander, und mein Sohn ist dann bei mir geblieben, oder besser gesagt, ich habe ihn mir dann irgendwann zurückerkämpft.

Also das ist auch ein trauriges Kapitel, bei dem Sie auch eine starke Persönlichkeit gebraucht haben. Ihr Sohn war vier Jahre alt und ist dann eines Tages entführt worden von ihrem Ex-Mann?

Das nennt man Kindesentziehung, und er ist für ein halbes Jahr verschwunden. Ich bin also morgens zur Schule gegangen, dann nachmittags nach Griechenland geflogen und habe alles Mögliche versucht, um Kontakt aufzunehmen. Ich habe Briefe ans Auswärtige Amt geschrieben, aber keiner konnte mir helfen. Nach einem halben Jahr hatte ich Daniel wieder zurück.

Haben Sie sich dann am Ende mit Ihrem Mann einigen können, um Ihr Kind zurückzubekommen oder sind Sie den Gerichtsweg gegangen?

Ich bin auch zu Gericht, aber ich habe mich mit meinem Exmann indirekt geeinigt, besser gesagt, weil das Kind so krank war, dass er mir Daniel freiwillig zurückgegeben hat.

Jetzt ist Daniel Mitte 20. Als Ihr Sohn zurückgekommen ist, war er krank, und Sie hatten einen Viereinhalbjährigen, der wahrscheinlich total verstört war. Wie haben Sie wieder in den normalen Alltag mit ihm gefunden?

Daniel hatte damals seine Sprache verloren, er hat nicht mehr gesprochen. Das nennt man „selektiven Mutismus", Sprachverweigerung. Dann habe ich ihn aber so unterstützen können, weil ich glücklicherweise vom Fach bin, dass er in der vierten Klasse von sich aus den Übertritt ans Gymnasium geschafft hat.

Bei dem vielen Engagement machen Sie sogar samstags noch die Haustüre auf und laden alle zum „Salon" ein. Dann kommen 25 Kinder und Jugendliche und frühstücken bei Ihnen. Wann haben Sie mal Zeit für sich?

Ich habe schon Zeit für mich. Den „Salon" mache ich mit meinem Mann zusammen, ich bin ja wieder verheiratet. Und er kocht, das macht er bombastisch gut. Es gibt den ganzen Tag über was zu essen, und man kann sich bedienen. Es ist eine Open-End-Veranstaltung, die Eltern kommen erst gegen Abend. Es kann sein, dass der „Salon" bis morgens um 2 Uhr dauert, weil der Rap-Kurs so lange dauert.

Puh, wer räumt dann auf?

Da haben wir ein Helfertrupp. Das klappt wunderbar, auch in der Vorbereitung. Also ich stehe nicht alleine da. „Ghettokids" ist keine One-Woman-Show.

Sie haben jede Menge Produktionen, Aktivitäten über „Ghettokids" gestartet. Es gibt beispielsweise einen Film, mehrere CDs inzwischen mit Rap-Musik. Können Sie sie noch zählen?

Ich habe noch den Überblick: Die Filme machen meistens andere, renommierte Fernsehanstalten wie der BR. Aber wir machen mit, und wir geben diesen Kindern und Jugendlichen eine Stimme und ein Gesicht. Und das ist wichtig. Jeder, der Mitglied werden oder spenden oder sich informieren möchte, kann das unter www.ghettokids.org.

„Ich habe gewusst, dass ich draufgehe, wenn ich nichts tue."

Zu Gast bei Stephanie Heinzeller war am 4. Februar 2011 Susanne Korbmacher, Sonderschullehrerin und Vorsitzende des Schülerprojekts „Ghettokids".

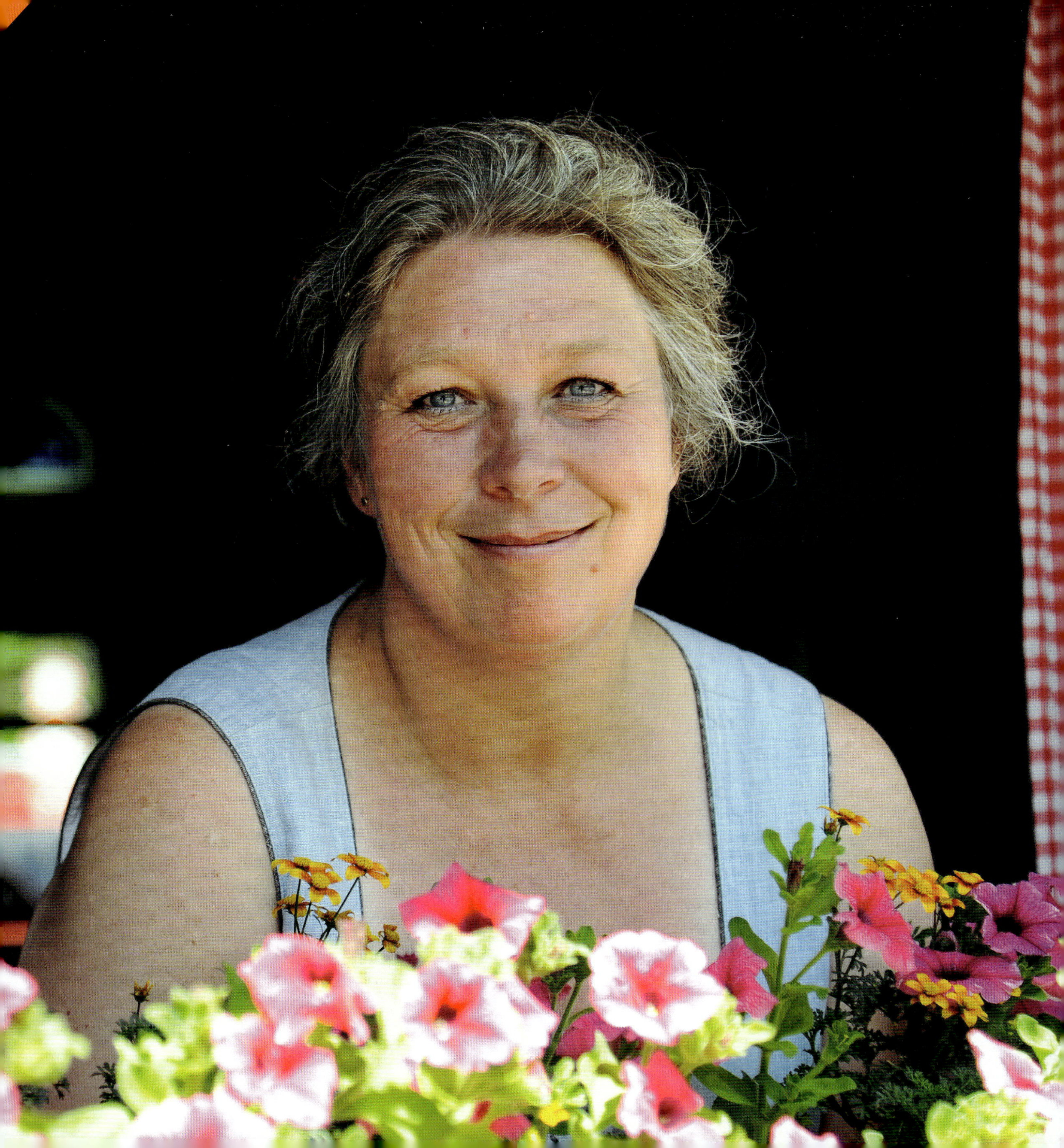

Rike Kößler

Die Nürnbergerin Rike Kößler tauschte ihre erfolgreiche Karriere als Geschäftsfrau und Sinologin mit einem Leben als Sennerin auf einer Alm. Ihr Weg führte sie von Shanghai an den Schliersee nach Oberbayern – und in ihre persönliche Freiheit.

Vier Monate im Jahr lebt Rike Kößler ihren Traum: Von Juni bis Ende September hütet die 47-Jährige Milchkühe und Kälber auf einer Alm über dem Spitzingsee. Ihr Tag beginnt mit den ersten Sonnenstrahlen um 5 Uhr morgens und endet um 21 Uhr. Die 16 Stunden Arbeitszeit bestehen aus Melken, Buttern und Käsemachen, die Tiere versorgen und Holzhacken. Das ist harte körperliche Arbeit, die Rike Kößler liebt. Während der Sommerferien verbringen ihre beiden Kinder ein paar Wochen bei ihr in den Bergen – während der Schulzeit sind sie beim Vater. Die restlichen acht Monate des Jahres arbeitet die Fränkin in einem Naturkostladen. Seit Oktober 2013 lebt sie mit ihrem neuen Lebenspartner in Hausham, kocht und serviert bayerische Schmankerl als Wirtin des Brotzeitstüberls am Spitzingsattel. Sie empfindet dieses Leben als großes Glück.

Frau Kößler, es ist schon ein paar Wochen her, aber trotzdem: Sommer 2012. Was hat den für Sie besonders gemacht?

Eine gute Almzeit. Dass ich alle Tiere gut und gesund wieder runtergebracht habe. Dass nichts passiert ist, was immer wieder passieren kann. Und dass es im Allgemeinen eigentlich ein ganz wunderschöner Sommer war. Wettermäßig und herzensmäßig auch.

Viele hätten beim Sommer 2012 an die Olympischen Spiele oder an die Fußball-Europameisterschaft gedacht. Für Sie war es ein ganz anderer Sommer.

Davon habe ich nichts mitgekriegt. Ich höre selten Radio auf der Alm, ich schaue kein Fernsehen, habe keinen Computer und verkrieche mich in meiner Hütte, beziehungsweise draußen, und bin bei meinen Tieren und habe genug zu tun.

Wenn Sie von Ihren Almsommern erzählen, reagieren wahrscheinlich die meisten Menschen mit „Ah, wie romantisch". Oder?

Es gibt auch etliche, die sagen: „Ach, machst du wieder deine vier Monate Urlaub?" Das entlockt mir dann immer ein leichtes Grinsen, weil ein Urlaub ist es jedenfalls nicht. Es ist eine harte Arbeit, mit früh aufstehen, einer Sieben-Tage-Woche, keine Feiertage. Dazu gehört auch zweimal am Tag Melken, Buttern, Kasen, über die Alm gehen, nach den Jungviechern schauen. Da ist man manchmal zwei bis drei Stunden unterwegs. Dann stehen auch noch andere Almarbeiten an: Almputzen, das ist das Schwerste, das heißt, die Almflächen freihalten von Bewuchs, der da nicht hingehört.

Also, nichts mit Bergromantik?

Die Alm hat schon ihre romantischen Seiten. Aber die hat auch ihre knallharten Seiten. Alm kann auch manchmal sehr fad und sehr anstrengend sein, wenn

Foto: MünchenVerlag/Maren Willkomm

es dann ewig regnet oder wenn es kalt wird. Ich habe drei Garnituren Wanderstiefel, habe zig Garnituren Regenzeug, und dann wird einfach nichts mehr trocken, und da fragt man sich schon, warum man das eigentlich macht.

Diese Frage stellen wir Ihnen nachher noch. Es geht vor allen Dingen um eine andere Perspektive, oder?

Ich fühle mich manchmal wie eine Schachfigur. Aus dem Leben raus, vom „Brett", in der Stadt, und ich stelle mich daneben und lebe in der Einheit Natur – Tier – Mensch. Das ist schon so ein Losgelöstsein von der Welt.

Aber aus dem richtigen Leben rausgeholt, das heißt, oben in den Bergen, das ist nicht das Richtige?

Ich meine damit das stressige Arbeitsleben in der Stadt. Ich habe auch Kunden zu betreuen in dem Naturkostladen in Nürnberg, in dem ich arbeite, und ich muss kochen und bedienen. Das ist schon etwas anderes, als sich rauszuziehen und zu sagen, ich gehe jetzt in die Natur und mache etwas ganz anderes. Von der Seele und vom Herzen her ist es schon auch ein Zur-Ruhe-Kommen. Ich habe auch Zeiten, in denen ich zur Ruhe komme. Wenn ich abends meine Arbeit getan habe, ist es für mich das Schönste, auf der Hausbank zu sitzen …

Und den Fernseher einzuschalten …

Ja, das Programm wechselt sogar öfters mal, wetterbedingt. (lacht)

Wie funktioniert das mit der Kommunikation? Sie haben gerade schon gesagt, Fernseher ist nicht und Radio?

Könnte ich, wenn ich wollte.

Machen Sie aber nicht, weil …?

… ich die Ruhe genieße.

Aber telefonieren geht?

Auf der Niederalm kann ich mit dem Handy telefonieren, auf der Hochalm habe ich keinen Empfang. Aber ich habe ja die absolute Luxushütte mit Festnetztelefon.

Auf der Alm am Spitzingsee haben Sie Ihren siebten Sommer verbracht. Könnten Sie sich vorstellen, das auch in einem ganz anderen Land zu machen, also zum Beispiel in China, gibt es da überhaupt Almen?

Nein, Berge hat es da schon, Kühe relativ wenig. Die haben dort mehr Wasserbüffel.

Ich frage natürlich nicht zufällig nach China, sondern weil Sie Sinologie studiert und viel mit China zu tun gehabt haben. Wie sind Sie auf dieses Sinologiestudium überhaupt gekommen?

Eigentlich wie die Jungfrau zum Kinde. Ich wollte nach dem Abitur nichts mehr mit meinem Kopf machen, sondern eine Lehre zur Restauratorin, hätte aber auf die Lehrstelle eineinhalb Jahre warten müssen. Dann habe ich mir überlegt, Kunstgeschichte in Erlangen zu studieren. Als ich in der Studienberatung stand, habe ich mich erinnert, dass ich mit 14 im „Geo-Magazin" einmal einen Artikel gelesen hatte über Guilin, diese wunderschöne Kegelberglandschaft. Da habe ich gewusst, dass ich da unbedingt einmal hin möchte. So habe ich mir gedacht, na, dann

„Ja, das Programm wechselt sogar öfters mal, wetterbedingt."

fängst du mal an, Sinologie zu studieren, und habe im Nebenfach laut Studienberatung Japanologie studiert. So ging das dann los, und aus dem Restaurator wurde nichts.

Aber immerhin wurde daraus eine schöne Karriere in China. Aus dem Kulturstudium ist schon ein knallhartes Business geworden?

Ich habe in Erlangen studiert und bin dann nach China mit dem Austauschprogramm vom DAAD (Anm. d. Red.: Abk. für Deutscher Akademischer Austauschdienst, der Stipendien für Studenten vergibt), habe nach zwei Jahren verlängert, weil ich meinen zukünftigen Mann kennengelernt habe, der aus Afrika stammt.

Kurz nach Tian'anmen, nach diesem Massaker am Platz des Himmlischen Friedens, fühlte man sich auch als westlicher Austauschstudent nicht so wohl, oder?

Es war eine schwierige Zeit. Ich erinnere mich noch, dass die Post zum Beispiel nur zensiert ankam; Päckchen, alles offen. Es ist auch nicht immer alles angekommen. Telefonieren war schwierig, weil wenn es irgendwie kritisch wurde, wurde die Leitung unterbrochen, Gespräche einfach beendet.

Aus dem Studium ist noch mehr geworden. Sie sind länger geblieben – teilweise wegen Ihres Mannes?

Ich hatte das große Glück, dass ich am Deutschen Generalkonsulat in Shanghai in die Handelsförderungsabteilung gekommen bin und die chinesische Presse auswerten musste. Außerdem habe ich auch begonnen, Messen zu begleiten, zu dolmetschen, Joint-Venture-Verhandlungen als stilles Mäuschen mit anzuhören.

Sie sagen, da ist das gerade losgegangen. Das hätte für Sie doch ein klasse Karrieresprungbrett sein können?

Das war es auch eine Zeit lang. Ich bin dann nach Nürnberg zurückgegangen, das war Ende 1994, mit meinem Mann damals, der mit seinem Architekturstudium fertig war. 1995 habe ich angefangen, für eine große Wirtschaftsprüfer- und Steuerberaterkanzlei zu arbeiten in Nürnberg, und habe für die in Shanghai auch angefangen, eine Repräsentanz aufzubauen. Dann habe ich mich irgendwann für Kinder entschieden.

Hat Ihnen dann etwas gefehlt? Sie haben eine

Rike Kößler genießt das Almleben ganz ohne Handys, Radio und Fernsehen.

Foto: MünchenVerlag/Maren Willkomm

Seit Oktober 2013 ist Rike Kößler Wirtin des Brotzeitstüberls am Spitzingsattel.

goldene Karte von sämtlichen Fluggesellschaften gehabt, Business Lounges überall. Und jetzt: Nürnberg-Ziegelstein?

Das fand ich eigentlich unheimlich schön und erholsam. Ich habe ganz liebe Kontakte geknüpft in Ziegelstein, mit denen ich heute noch eng befreundet bin; auch die Kinder.

Aber es ist doch erst einmal eine ganz andere Taktung, muss man sich nicht erst einmal runterbremsen?

Doch, schon. Als meine Tochter auf der Welt war, habe ich der Arbeit nicht mehr nachgeweint. Ich fand das unheimlich schön, mich mit meinem Kind zu vergnügen und mit meiner Familie. Ich war sehr viel bei meiner Mutter und ihrem damaligen Lebensgefährten.

Wobei Sie in der Zeit auch gearbeitet haben. Sie haben sich dann erst einmal selbstständig gemacht!

Mit einer Freundin zusammen habe ich mich selbstständig gemacht. Da war allerdings mein Sohn schon ein Jahr alt, 2001. Wir haben mit einem Naturtextilladen für Kinder begonnen und dann das Programm erweitert. Wir haben uns einen Laden in der Nordstadt von Nürnberg genommen und auch Erwachsenenmode gemacht.

Das passt aber nicht wirklich ins Entschleunigungsprogramm, oder? Einen Laden aufzubauen und sich selbstständig zu machen bedeutet viel Arbeit.

Wir haben uns das sehr schön geteilt. Das war optimal, wir haben sozusagen „kid-and-job-sharing" gemacht. Zwei Tage die Woche war Steffi im Laden, und ich hatte die Kinder, und die zweite Wochenhälfte haben wir das dann umgekehrt gemacht. So sind die Kinder

Foto: MünchenVerlag/Maren Willkomm

auch miteinander aufgewachsen und sind eigentlich heute noch wie Bruder und Schwester. Das ging dann nahtlos in die Alm über, 2006 …

Aber zunächst gab es eine Entscheidung, diesen Modeladen nicht mehr weiter zu machen. Warum?

Da wurden wir entschieden. Das war ein bisschen blöd, weil wir an eine Stelle gezogen waren, an der dann der U-Bahn-Bau in Nürnberg stattfand; mit einer U-Bahn-Baustelle für sechs Jahre, die direkt vor der Ladentüre war. Eigentlich hätten wir umziehen müssen, doch das haben wir uns nicht leisten können. Da war uns klar, das schaffen wir nicht.

Und parallel dazu ging das los mit Urlaubmachen auf der Alm?

Parallel zum Laden, mit meinen zwei besten Freundinnen und ihren Kindern. Wir waren also drei Mütter und fünf Kinder. Wir haben durch Zufall eine Almhütte mieten können, in der Vallepp. Vier Jahre lang sind wir jede Pfingst- und Sommerferien dorthin gefahren.

Aus den Urlauben auf den Almen wurde Ihnen irgendwann klar, dass das auch mehr werden kann?

Da war obendrüber eine Alm, die bewirtschaftet war mit einem Sennerehepaar, mit denen ich mich angefreundet habe. Die haben mich von Jahr zu Jahr immer ein bisschen mehr mitmachen lassen im Stall. Dann habe ich irgendwann einmal den Wunsch geäußert, „Mensch, ich würde so gerne mal ein Jahr auf die Alm gehen als Sennerin". Ich habe das dann mit meinem damaligen Mann abgesprochen, mit meiner Familie, und dann rief die Sennerin mich auch wirklich sechs Wochen später an und sagte, dass sie einen Almplatz für mich habe.

Okay.

Ich hatte mich zu dem Zeitpunkt auch schon in Triesdorf an der Landwirtschaftsschule angemeldet für einen Intensivkurs „Rinderhaltung und Melktechnik für Nebenerwerbslandwirte", für eine Woche lang. Wenn ich den nicht gemacht hätte, hätte ich mir ein zu großes Paar Schuhe vor die Hütte gestellt.

Ohne Ihren Exmann wäre all das schlicht und ergreifend nicht möglich gewesen, auch dass Sie vier Monate auf den Berg gehen.

Nein, das wäre auch in diesem Sommer nicht möglich gewesen. Das hat er auch ganz toll gemacht. Auch meine Mutter, die immer wieder mit einspringt, wie auch meine lieben Freunde, die mithelfen, wenn Not am Mann ist.

Sie waren heuer den siebten Sommer auf der Alm, auf welcher?

Die Niederalm ist die Spitzingsattelalm, und die Hochalm heißt Obere Schönfeldalm.

Das ist also oberhalb vom Spitzingsee. Wie weit sind Sie da – bleiben wir einmal bei der Hochalm, weil die ist das Extremere – von den nächsten Menschen entfernt?

Das ist eine Gemeinschaftsalm. Auf der Spitzingsattelalm sind wir vier Bauern, auf der Hochalm sind wir drei Bauern, die gemeinsam die Alm bewirtschaften. Ich habe unmittelbar in der Nähe meine Almnachbarn, mit denen man zu tun haben kann, wenn man will, aber nicht muss.

„Weißt' was, das probieren wir jetzt miteinand."

Wie haben denn diese Bauern reagiert? Waren die skeptisch, dass eine Städterin auf die Alm möchte, oder waren die hocherfreut?
Das war ein ganz wunderschönes Gespräch bei meinem Bauern. Ich bin schon seit sieben Jahren beim gleichen, und ich hoffe, es werden noch viele Jahre folgen. Wir verstehen uns sehr gut. Ich denke, es war Vertrauen da, weil ich vorgestellt worden bin von einer anderen Nachbarbäuerin. Dann schaute der mich irgendwann an und seine Frau, und sagte „Weißt' was, das probieren wir jetzt miteinand. Wer Chinesisch kann, kann auch melken." Das war richtig nett.

Super. Sie haben schließlich auch noch eine Ausbildung gemacht. Kann man das in einer Woche tatsächlich lernen?
Das war ein anstrengender Kurs, jeden Tag sieben Stunden Unterricht mit zwei Stallzeiten. Ich habe dann noch zu meinem Bauern gesagt, dass ich gerne in den Osterferien vor der Almzeit eine Woche mitarbeiten möchte im Stall – zum gegenseitigen Beschnüffeln. Dass er sieht, Mensch, das haut hin, und ich auch sehe, dass es für mich hinhaut.

Was müssen Sie denn tatsächlich alles können, so als „Cowgirl"?
Ich muss um fünf Uhr aufstehen und erst einmal meine Kühe holen. Die können natürlich sonst wo sein. Ich orientiere mich immer abends ein bisschen, in welche Richtung sie zockeln. Am Anfang der Almzeit, wenn sie noch viel Milch haben, stehen sie meistens selber vor der Tür, weil dann die Milch brennt. Zur späteren Almzeit muss ich sie holen. Dann stalle ich ein. Dann muss ich melken.

„Ich muss um fünf Uhr aufstehen und erst einmal meine Kühe holen."

Sprechen wir über eine Maschine?
Ja, ich habe eine wunderschöne alte Melkmaschine. Das ist der erste Westfalia Separator, der herausgekommen ist. Museumsreif! Nach dem Melken muss ich separieren, also den Rahm von der Milch trennen für die Butter. Die Magermilch kriegen die Kälber zu trinken. Den Rahm sammele ich zwei Tage, und alle zwei Tage buttere ich. Und dann nehme ich mir noch immer Milch ab zum Kasen.

Und wie viel Butter produzieren Sie dann?
Am Anfang der Almzeit sind es pro Tag schon so 24 bis 25 Pfund Butter. Das ist eine ganze Menge.

Bringen Sie die Butter dann immer runter zum Bauern?
Ja. Einen Teil behalte ich oben, das meiste aber bringe ich runter, und das, was ich oben behalte, verkaufe ich dann auf der Alm.

Wie ist das mit der Einsamkeit?
Kann vorkommen. Ich habe das Glück, dass ich meine Kinder eine Zeit lang oben habe, ich habe das Glück, dass ich mein Herz in dieser Gegend verloren habe, in Hausham, und viel Besuch hatte heuer. Ich bin eigentlich auch sehr gerne alleine, ich brauche das auch.

Das ist eine ganz normale Stelle da oben, Sie verdienen Geld. Wie viel verdient man da?
Nicht allzu viel. Ich rede nicht gerne darüber. Es ist ein idealistischer Job. Das macht man aus Idealismus.

Frau Kößler, seit einigen Wochen sind Sie von Ihrer Bergalm über dem Spitzingsee wieder in eine ganz andere Realität „abgestiegen". Wie lange dauert das, bis man sich in dem anderen Leben wieder wohlfühlt?

Rike Kößler

Heuer ist es sehr schwierig anzukommen. Erst jetzt nach drei Wochen fange ich an wieder anzukommen, im Laden und zu Hause.

Dazu muss man sagen, dass diese Sommer Ihnen nur möglich sind dadurch, dass Sie wirklich auch so lange Urlaub nehmen können in Ihrem eigentlichen Job. Da arbeiten Sie in einem Laden?

Das ist ein Naturkostladen einer Freundin von mir, die den Laden schon sehr lange hat, und ich arbeite dort jetzt das sechste Jahr mit. Sie gibt mir immer vier Monate frei, und da bin ich ihr sehr dankbar. Das war sozusagen die Einstellungsbedingung.

Allmählich kommen Sie wieder an. Aber es gab auch nicht so wahnsinnig Aufregendes zu verarbeiten. Dagegen die letzten Jahre gab es teilweise dramatische Todesfälle bei Ihnen auf der Alm.

Letztes Jahr ist mir ein Kalb abgestürzt, das musste dann notgeschlachtet werden. Im ersten Almjahr habe ich mir den Fuß gebrochen am Ende der Almsaison, da hat mich eines meiner Jungviecher über den Haufen gerannt. Aber heuer ist alles gut gegangen, und das ist auch immer ein schönes Gefühl als Sennerin, wenn man beim Treiberfrühstück beieinander sitzt und weiß, der Sommer war schön, alle sind gesund geblieben.

Dann sind wir bei der Frage, die Sie ganz am Anfang schon angesprochen haben: „Warum machen Sie das eigentlich?"

Spitzingsee statt Shanghai, für Rike Kößler längst keine Gewissensfrage mehr.

Ich mache es, weil ich Berge unglaublich liebe. Ich mache es, weil ich Kühe sehr gerne mag, sie sind schon immer seit meiner Kindheit meine Lieblingstiere gewesen. Und ich mache es, weil ich gerne körperlich hart arbeite. Auf der Alm wird dir bewusst, wie wenig du zum Leben brauchst, um glücklich zu sein.

Sieben Sommer sind es jetzt. Ihre neue Liebe, die Sie dort gefunden haben, ist KFZ-Meister und hat eine Autowerkstatt in Hausham. Werden Sie dann möglicherweise auch in den anderen Monaten des Jahres in Zukunft Ihrer Alm näher sein?

Ja, das sieht fast so aus, dass ich nächstes Jahr im Herbst die Zelte in Nürnberg mit meinen Kindern abbrechen werde und ganz nach Hausham ziehe. Es ist schon ziemlich sicher, dass ich ein Brotzeitstüberl pachten werde.

Zu Gast bei Stefan Parrisius war am 29. Oktober 2012 Rike Kößler, Sennerin.

Foto: MünchenVerlag/Maren Willkomm

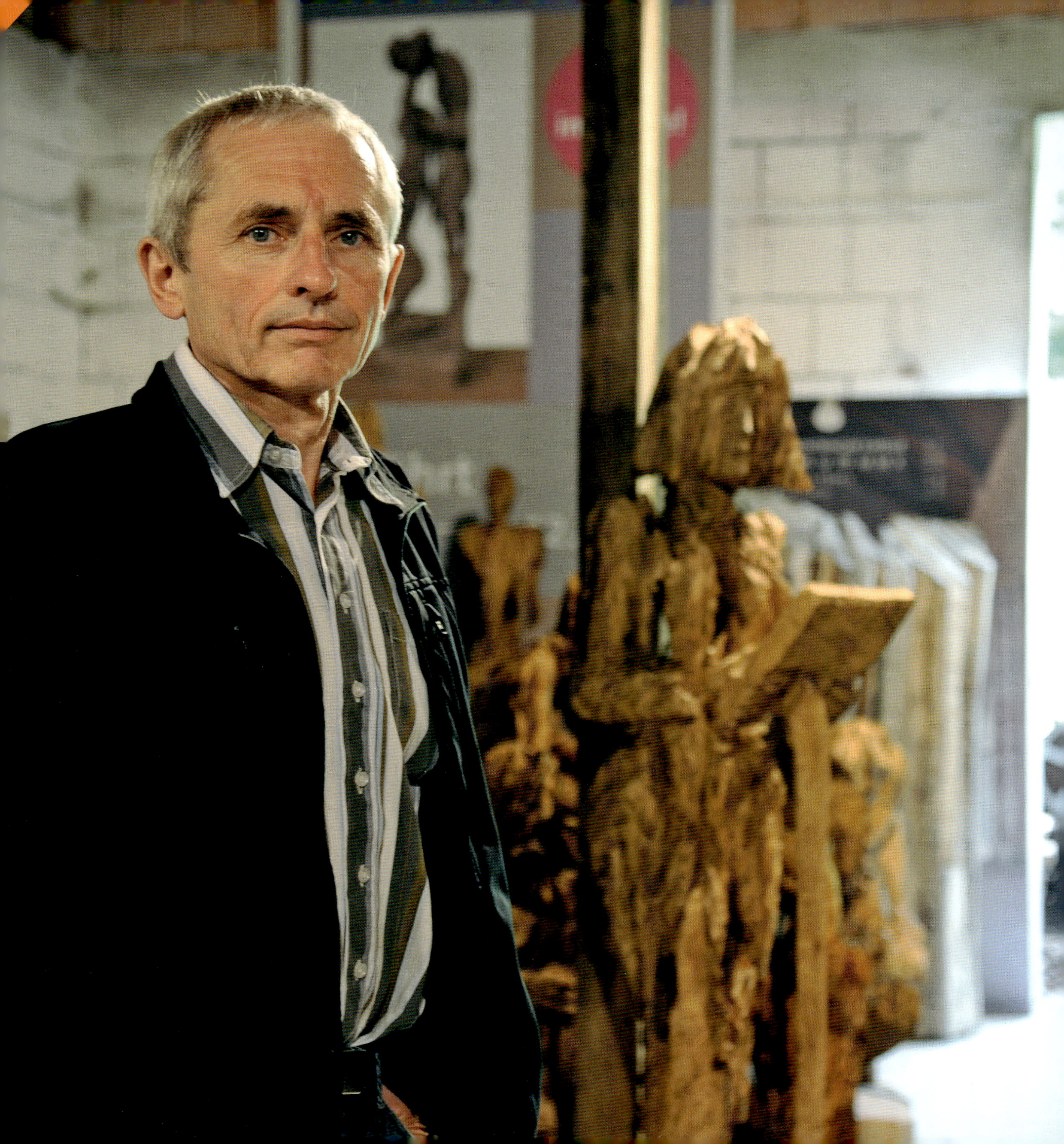

Andreas Kuhnlein

Ohne Motorsäge entsteht keine Kunst bei Andreas Kuhnlein. Mit seinem wichtigsten Werkzeug kreiert der Bildhauer aus dem Chiemgau kunstvolle Holzskulpturen – meistens „ohne Plan, einfach so aus dem Bauch heraus". Für seine Kunstwerke aus Holz wird ihm 2009 der Oberbayerische Kulturpreis verliehen. Zunächst macht Andreas Kuhnlein nach der Volksschule eine Lehre als Schreiner. Obwohl ihm die Arbeit mit Holz Spaß macht, beschließt er nach dem Wehrdienst zum Bundesgrenzschutz zu gehen, für zehn Jahre. Dort beginnt er sich mit Fragen rund um gesellschaftliche Entwicklungen zu beschäftigen. Nach seiner Arbeit beim Bundesgrenzschutz übernimmt Kuhnlein den Hof der Eltern in seiner oberbayerischen Heimat Unterwössen und arbeitet wieder als Schreiner. Doch seine inzwischen sechsköpfige Großfamilie kann er damit nicht ernähren. Zufällig trifft er auf einen Professor, der ihn ermutigt, als selbstständiger Bildhauer zu arbeiten. Als Spätberufener entscheidet er sich mit 40 Jahren, die Landwirtschaft nebenher zu machen, das Schreinern zu lassen und Holzbildhauer zu werden. Nebenher erweitert er seinen Horizont durch eine Ehrenprofessur an der Kunstakademie in China.

Was soll die Kunst, genauer: Ihre Kunst?
Die Kunst hat die Aufgabe, Bewegung in die Köpfe zu bringen.
Wäre das für Sie das Schlimmste, wenn sie nur schmückt?
Ich halte dekorative Kunst einfach für nicht authentisch. Das ist auch der Sinn und Zweck meiner Projekte, dass die Leute, die jungen Leute vor allem, sich ein eigenes Bild machen und sagen „das ist Kunst für mich", weil es mich beunruhigt, weil es mich nachhaltig verstört, oder weil es mir gefällt meinetwegen. Aber nicht, weil irgend so ein supergescheiter Galerist in New York gesagt hat, das ist Kunst.
Erst einmal Glückwunsch auf jeden Fall zum Oberbayerischen Kulturpreis, den Sie vorgestern verliehen bekommen haben. Ist der nicht sogar schon ein wenig zu klein für einen internationalen Künstler, wie Sie es mittlerweile sind?
Nein, ganz im Gegenteil, es ist immer etwas ganz Besonderes, wenn man von daheim etwas bekommt. Das macht schon ein bisschen stolz, muss ich sagen, und freut mich ganz narrisch.
Ich habe mir einmal die Liste der Preisträger angeschaut des Oberbayerischen Kulturpreises. Unter den 60 Preisträgern bislang sind Sie der fünfte Bildhauer. Davor wimmelt es von Dichtern, Regisseuren, Schauspielern, unter anderem die Drexel, der Polt, der Purucker. Werden Sie unterschätzt als bildende Künstler?
Das glaube ich gar nicht. Ich bin aber der festen Überzeugung, dass die Kunst selber ein bisschen daran schuld ist. Die vergangenen Jahre ist mir auf dem Kunstmarkt die Ernsthaftigkeit abgegangen, und ich bin der Meinung, dass die Kunst und der Künstler

unheimlich viele Privilegien haben. Aber mit diesen Privilegien ist auch eine gewisse Verantwortung verbunden.

Der Künstler hat den Auftrag, sich zu den Zeitläufen zu äußern? Stellung zu beziehen?

Da bin ich zutiefst überzeugt. Und vor allem wenn man sich in Ländern aufhält, in denen die Freiheit nicht so selbstverständlich ist wie bei uns. Dann wird einem das erst einmal bewusst, was das für ein Geschenk ist, wenn man sich äußern darf, ohne dass einen die Polizei abholt.

Bekäme ich denn momentan für Ihr Preisgeld von 5.000 Euro noch einen Kuhnlein?

Ja, der würde halt relativ klein ausfallen.

Auch Sie hat es im Guten erfasst, dass der Kunstmarkt, wie man sagt, abgegangen ist?

So ist er nicht abgegangen bei mir.

Also wie man es so allgemein hört, von den Auktionen. (lacht)

Nicht wie bei Damien Hirst?

Nein, um Gottes willen.

Die ganze Woche lang finden noch die Oberbayerischen Kulturtage statt mit 80 Veranstaltungen: Theater, Musik, Lesung, Ausstellung und nahezu 4000 aktiven Teilnehmern. Ist das nicht eine Art Luxus mitten in der Geldkrise, oder ist Kultur schlicht ein Lebensmittel?

Für mich ist das ein Lebensmittel, das ist für mich unabdingbar. Ich bin immer ein bisschen traurig, wenn gerade in den Schulen die Stunden gekürzt werden und auf die Kunst eigentlich immer weniger eingegangen wird. Denn man muss doch da hingehen, wo etwas entstehen oder passieren könnte. Das sind auf jeden Fall die Schulen und auch schon die Kindergärten. Darum halte ich die Projekte für unheimlich wichtig.

Arbeiten Sie deshalb auch an einem der Veranstaltungsorte, ich habe im Kopf Gauting, Starnberg oder in Tutzing mit Realschülern? Thema: Holzköpfe. Ist das doppelsinnig gemeint?

Nein, das ist absolut nicht doppelsinnig gemeint, ich bin an der St. Benedictus-Realschule in Tutzing. Ich habe für jeden der zehn Schüler einen Baumstamm zur Verfügung gestellt und habe Rohlinge reingeschnitten, woran sich die Kinder mehr oder weniger abarbeiten können. Die schnitzen da mit Schnitzeisen ganz klassisch Köpfe raus – und zwar nicht nach den Vorstellungen der Lehrer, sondern nach ihren eigenen Vorstellungen.

Wollen Sie damit Urteilsvermögen und Kreativität fördern?

Das Urteilsvermögen, das ist mir ganz wichtig bei den Kindern. Dass die sich nicht nach irgendeinem Kunstmanager oder irgendeinem Topgaleristen aus New York richten, sondern nach ihrem eigenen Empfinden und Wissen.

Sie greifen zur Kettensäge, nicht zum Stemmeisen und zum Schnitzmesser. Klingt erst mal grob. Warum die Kettensäge?

Für mich ist die Motorsäge ein ganz sensibles Werkzeug. Das hat den Vorteil, dass ich meine momentane Stimmungslage, meine Emotionen augenblicklich um-

> „Für mich ist die Motorsäge ein ganz sensibles Werkzeug."

Andreas Kuhnlein

setzen kann. Wenn ich klassisch arbeite, mit dem Eisen und mit dem Klüpfel, dann bin ich in der Früh narrisch – und bis ich einigermaßen was beieinander habe, bin ich schon wieder lustig. Es ist wiederum nicht authentisch.

Sie nähern sich mit der Säge Totholz, also abgestorbenen, umgefallenen Stämmen. Heraus kommen dabei eigenwillige Kunstwerke, aufgelöste Menschenbilder, zerfleddert, verletzlich, zerbrechlich – Menschen im Transit, im Übergang vom Leben zum Tod. Ich spüre auch Mitleid mit allem Lebendigen in Ihren Werken, liege ich da richtig?

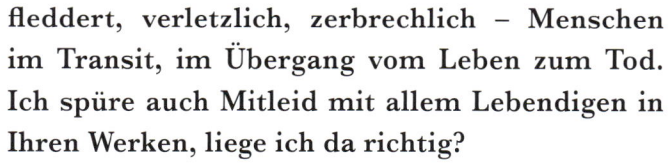

Ich versuche das zumindest nicht zu vergessen, dass ich auf der Sonnenseite lebe und dass es unzählige Menschen gibt, die eben nicht auf der Sonnenseite sind. Ich denke, wenn nicht die Kunst, wer soll denn sonst darauf hinweisen. Ich tue das auch aus Überzeugung und nicht aus irgendwelcher Effekthascherei.

Und Sie haben ein großes Herz für Verlierer. Die strahlenden Siegerhelden interessieren Sie gar nicht?

Ich fühle mich zu Leuten, die am Boden liegen, sehr stark hingezogen. Leute auf dem Sockel droben oder auf irgendeiner Säule habe ich nicht so gerne.

Das Holz wird ja belassen in seiner Struktur. Da wird nichts gehobelt, geschliffen, lackiert. **Darf ich Ihre Kunst denn berühren?**

Ja, die soll man sogar berühren. Ich habe auch nichts dagegen, wenn sich manch einer einen Spreißel einzieht.

Worum geht es Ihnen im Kern in Ihrer Arbeit?

Grundsätzlich ist bei mir das Thema – bei allen Schaffensperioden – das Menschenbild. Mir geht es um drei Sachen: zum einen um die Brutalität, die in jedem Menschen drin ist, beim einen mehr, beim anderen weniger, der Natur gegenüber, den Mitmenschen gegenüber. Zweitens um die Zerbrechlichkeit, die Verletzbarkeit, die auch in jedem drin ist. Als Drittes, und das ist für mich die zentrale Wahrheit menschlicher Existenz, geht es um die Vergänglichkeit.

Haben Sie keine inneren Widerstände, sich mit dem Ende zu beschäftigen? Fast alle schieben es

Statt Bauer und Schreiner wählt Andreas Kuhnlein den unsicheren Weg als Holzbildhauer.

Foto: MünchenVerlag/Maren Willkomm

Momente der Ruhe findet Andreas Kuhnlein bei seiner historischen Musikbox.

vor sich her.
Also bis jetzt nicht. Wie das natürlich aussieht, wenn es aktuell wird, weiß ich nicht.

Sie zeigen das Verletzliche, das Vergängliche, den Wesenskern des Menschen. Welche Menschen kaufen sich das?
Meine Sammler kommen aus jeder Gesellschaftsschicht. Ich habe zum Beispiel ein paar Studenten gehabt, die mich regelrecht auf Ausstellungen verfolgt haben und die im Sommer in einem Sägewerk gearbeitet haben, nur um sich eine Skulptur zu kaufen. Denen bin ich entgegengekommen, weil mich das so gefreut hat, wenn sich ein junger Mensch so begeistert für irgendwas.

Erinnern wir uns mal an Ihre ersten Jahre, 1994 folgende, da war es knallhart für Sie. Laut Statistik der Künstlersozialversicherung lebte die große Mehrheit der hauptberuflich bildenden Künstler von 1.000 Euro im Monat.
Das ist wahrscheinlich damals bei mir nicht einmal zusammengekommen. Ich habe am Anfang Kompromisse machen müssen und zum Beispiel Holz geschleppt oder für Schreiner bestimmte Dinge gemacht, Deckengestaltung und so. Aber seit 14 Jahren leben wir davon, und da bin ich sehr froh darüber. Das ist keine Selbstverständlichkeit.

Sie sind ein Spätberufener, wurden als Holzbildhauer vom Dekan der Fachhochschule Rosenheim ermutigt, mit 40 nochmal an die Fachhochschule zu gehen. War das nicht seltsam, wieder unter 20-Jährigen zu sein?
Ich habe früher die Schule gehasst. Mir ist es immer schlecht gegangen, auch wenn ich in die Berufsschule gefahren bin, ich habe viel lieber gearbeitet. Dann an der Polizeischule in München habe ich die Mittlere Reife noch nachholen dürfen. Auf einmal bin ich sehr gerne in die Schule gegangen. Dieser Dekan, Profes-

Foto: MünchenVerlag/Maren Willkomm

Andreas Kuhnlein

sor Leder aus Rosenheim, mit dem habe ich eben ein langes Gespräch geführt und bei dem habe ich vier Semester Kunstgeschichte studiert mit dem Schwerpunkt griechische Antike. Am liebsten wäre ich sieben Tage in der Woche nach Rosenheim gefahren, aber ich habe es finanziell nicht machen können. Dennoch war es ein großes Geschenk.

Aber griechische Antike, das sind doch diese ebenmäßigen, wunderschönen, perfekten Körper, die sind doch so gar nicht Ihres?

Ja, aber mir ist es bei der griechischen Antike um die Einfachheit gegangen. Für mich gibt es nichts Schöneres als einen dorischen Tempel.

Sie haben Ihre Form der Bildhauerei für sich entdeckt, da waren Sie 41. Eben diese zerfransten, verletzlichen Figuren. Bei den ersten Ausstellungen war die Resonanz noch nicht so groß, und daheim brüllte weiter erst mal noch das Milchvieh im Stall?

Das hat noch gebrüllt bis 1993. Dann haben wir gerade noch Schafe gehabt und ein paar Jungviecher.

Vor einigen Jahren haben Sie die Landwirtschaft ganz aufgegeben. Der Lindenbichlhof steht in Alleinlage, umgeben von viel Holz, das der Großvater schon früh in Ihr Leben reingebracht hat, und damit verbunden den Sinn für Eiche, Buche, Ulme?

Der Großvater, der war schon ein gewisser Lebensmittelpunkt in meinem Leben. Der hat es geschafft, das, was er sagen wollte, mit ganz kurzen prägnanten Worten zum Ausdruck zu bringen. Das ist mir auch hängen geblieben, und ich denke, es ist eine gute Vorgabe für die Kunst.

Der war wohl auch ein bisschen Vaterersatz, weil Ihre Eltern sich getrennt haben, als Sie 17 oder 18 waren.

Das war natürlich nicht so eine Geschichte, die man sich unbedingt wünscht, aber es hat halt nicht funktioniert. Mit dem Großvater, der Tante, der Mama und mit meinen Geschwistern, das hat alles wunderbar geklappt. Wir sind aus der Situation schon herausgekommen.

Auf jeden Fall haben Sie eine ganz gute Verbindung von Handwerk und Kunst geschaffen. Das passt bei Ihnen schon noch zusammen, obwohl viele die Augen rollen bei Kunst und Können?

„Ich muss dahinterstehen, hinter dem, was ich mache."

Das ist auch eine Geschichte, die ich überhaupt nicht verstehe, das Mit-den-Augen-Rollen. Es wird am wenigsten darauf geachtet, was hinten herauskommt, was unterm Strich rauskommt. Ich denke, dass der Kommerz einfach die dominante Rolle spielt in der Kunstszene, in der internationalen Kunstszene.

Ihnen aber ist die Ausführung sehr wichtig?

Mir ist die Ausführung selbstverständlich auch wichtig. Ich muss dahinterstehen, hinter dem, was ich mache.

Wie können wir uns Ihr tägliches Arbeiten vorstellen? Haben Sie einen Plan, machen Sie sich Markierungen? Oder ist das ein intuitives Bearbeiten mit der Kettensäge?

Ich plane das überhaupt nicht. Das sind relativ kurzfristige Entscheidungen, auch tagespolitische. Ich mache auch keine Modelle oder Zeichnungen oder sonst was. Ich schließe oft die Augen und stelle mir vor, wie der Arm oder der Kopf aussehen könnten.

Sie haben existenzielle Arbeitstitel: „Der Mensch – Krönung oder Krebsgeschwür" – „Sinnfrage" – „Ohnmacht" – „Kollateralschaden". Da sieht man eine verkohlte Figur. Dann gibt es auch den belfernden Großinquisitor. Ich habe das Gefühl, dass Sie tief religiös sind und eine echte Skepsis gegenüber der Kirche haben. Stimmt das?

Ich mache ja auch regelmäßig Ausstellungen in Kirchen, und ich muss sagen, das sind die besten! Allerdings unter der Voraussetzung, dass man den richtigen Pfarrer dabeihat. Steht der Pfarrer vollkommen hinter der Geschichte, passiert am meisten in den Köpfen.

Andreas Kuhnlein verschmilzt geradezu mit seiner Kunst.

Das ist es, was ich mag.

Haben Sie einen großen Sinn für das Spirituelle?
Ja schon. Ich glaube, ohne Spiritualität ist Kunst überhaupt nicht möglich.

Wir wagen einen Sprung in den Fernen Osten, nach China. Dort hatten Sie eine Kunstprofessur. Waren Sie von dem Riesenreich fasziniert oder eher abgestoßen?

Ich glaube, das war das größte Ereignis, das ich gehabt habe in meinem Leben. Vor allem diese Kontraste zu sehen zwischen Arm und Reich. Wenn ich heute an die Ostküste, nach Peking, Shanghai schaue, ist das eigentlich nicht das echte China.

Das ist der Teil, der uns immer als aufstrebende Riesenmacht gezeigt wird.

Genau. Da steht der Kommerz im Vordergrund und sonst gar nichts. Sobald du ins Landesinnere hineinkommst, wo die Leute zum Teil noch in Höhlen wohnen, auch zum Beispiel am Dreischluchtenstaudamm, da bist du ob der Größe sprachlos. Ich habe dort eine halbe Stunde überhaupt nichts mehr reden können und war nur noch dankbar, dass ich da lebe, wo ich lebe.

Sie sehen auch die Schattenseite sehr deutlich, was etwa die Menschenrechte oder die Naturzerstörung angeht?

Ich sage immer, wenn du bei uns einen Wasserhahn aufdrehst und daraus trinkst, dann hast du ein gutes Gefühl. Wenn du die Haustüre aufmachst, kannst du einatmen. In so einer Millionen-

Foto: MünchenVerlag/Maren Willkomm

Andreas Kuhnlein

stadt – da haben sie über 160 Millionen ... Wenn ich sehe, was für Freiheiten wir haben, resultiert bei mir auch die Verpflichtung daraus, dass ich mit meiner Freiheit etwas bewirke.

Hatten Sie Begegnungen mit Künstlern, die von Erlebnissen mit der Staatsmacht erzählt haben?

Man merkt es an den Arbeiten. Ganz klar. Es gibt natürlich im Osten die Künstler, die durch Galerien gefördert sind und die auch den Mund aufmachen dürfen. Aber das ist ja auch gewünscht.

Dürfen Sie noch einreisen, nachdem Sie sich jetzt so kritisch äußern?

Ich glaube, da habe ich keine Probleme.

Wenn man Ihnen das prophezeit hätte, der Bauernbub aus Unterwössen bekommt eine Kunstprofessur in China?

Den hätte ich wahrscheinlich für blöd erklärt. (lacht) Es war ein reiner Zufall, dass ein Professor von dieser Kunstakademie die Europaratsausstellung „Otto der Große" gesehen hat, die ich künstlerisch begleitet habe. Kurz darauf ist die Einladung gekommen.

Kommen wir noch einmal in Ihr jetziges Leben, auf Ihren Hof, zurück. Sie hatten anfangs gute Gründe, kurz nach vier Uhr aufzustehen, Ihrem Milchvieh zuliebe. Jetzt haben Sie kein Vieh mehr und stehen immer noch um 4:45 Uhr auf. Warum denn das?

Weil ich da einfach wach bin.

Wann gehen Sie ins Bett?

Schon ziemlich früh. Also die Nachrichten im Dritten, das „Rundschau-Magazin" ist das Letzte, was ich sehe, und dann bin ich weg.

Die Silberhochzeit haben Sie auch schon gefeiert – das ist selten bei Künstlern.

Die ist schon fünf Jahre her, wir arbeiten auf die Goldene hin.

Nachdem Sie jetzt vier Töchter haben, frage ich jetzt mal nicht indiskret nach, ob die vierte Tochter noch der Versuch eines Sohnes war – haben Sie einen Enkelsohn jetzt.

Ich habe vier Enkelkinder, und der Älteste ist der Jonas.

„... ich sage jeden Tag „Herrgott, Dankeschön, dass ich das machen darf."

Ein vierfacher Opa, der manchmal im Ausland ist, bei seinen Ausstellungen: in Denver, Chicago, Barcelona, Warschau. Daran könnte man schon Gefallen finden, oder?

Es macht schon eine Riesenfreude, gerade der berühmte Blick über den Tellerrand hinaus. Mir persönlich hat der gut getan für die Entwicklung. Aber, wie ich schon anfangs gesagt habe, ich komme immer wieder ganz gerne nach Hause und freue mich, wenn ich wieder die gewohnte Umgebung um mich herum habe.

Sie sind selber wie ein alter Baum, den man nicht mehr verpflanzt. Und Sie sind gottfroh, dass Sie das machen können, was Sie tun.

Ob Sie mir es glauben oder nicht, ich sage jeden Tag „Herrgott, Dankeschön, dass ich das machen darf."

Zu Gast bei Norbert Joa war am 14. Juli 2009 Andreas Kuhnlein, Holzbildhauer mit einer Professur in China.

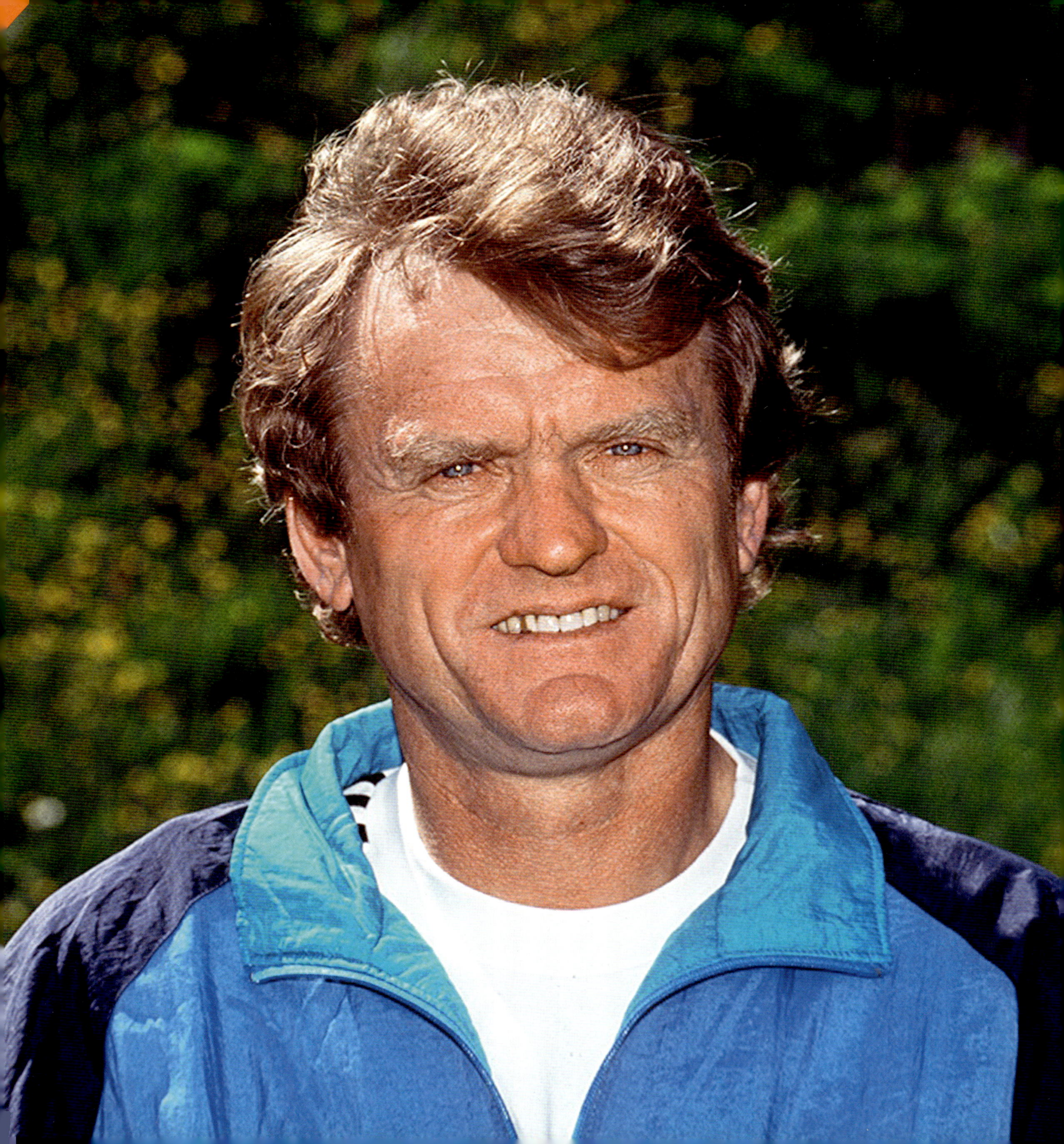

Sepp Maier

Die Welt kennt ihn nur unter seinem verkürzten Vornamen „Sepp" (Josef) Maier – erfolgreichster deutscher Torhüter aller Zeiten. Viele Triumphe hat er in seiner Fußballkarriere in der Nationalmannschaft und beim FC Bayern München gefeiert: 1972 Europameister, 1974 Weltmeister, mehrere Male Deutscher Meister und Pokalsieger mit dem FC Bayern. Umso schmerzlicher war es für ihn, als ein schwerer Verkehrsunfall seine Karriere abrupt beendete. Begonnen hat er seine Sportlaufbahn eigentlich als Turner und Stürmer beim TSV Haar. Ins Tor kam er per Zufall, um einen anderen Torhüter kurzzeitig zu ersetzen. In seiner Anfangszeit beim FC Bayern übte er sogar noch seinen Beruf als Maschinenschlosser aus. Sepp Maier blieb auch nach dem Fußball präsent und beliebt als langjähriger Torwarttrainer des FC Bayern und der deutschen Nationalmannschaft.

Einen Tag vor dem Spiel um den DFB-Pokal geben sich die Bayern recht siegessicher, vor allen Dingen nachdem sie letzte Woche den Titel in Wembley geholt haben. Was haben Sie denn für Erfahrungen mit sicher geglaubten Spielen?
Vom Papier her ist natürlich schon klar, dass sie es machen, aber Sie wissen ja, dass Fußball eigentlich unberechenbar ist, das hat die vergangene Zeit schon gezeigt, die Stuttgarter können auch Fußball spielen – umsonst sind sie ja nicht ins Endspiel gekommen.

Man verbindet Sie immer mit dem WM-Titel 1974, Champions League gab es damals noch gar nicht, das hieß damals noch „Europapokal der Landesmeister", aber den haben Sie auch in Ihrer Sammlung, oder?
Den haben wir dreimal hintereinander geholt, 1974, 1975 und 1976. Das war damals auch nicht einfach. Heute kann man sich mal ausruhen oder man kann einmal ein Spiel verlieren, dann ist man trotzdem noch dabei. Aber früher war es so: Verloren und draußen warst.

Wie sind Sie als Spieler mit so einer Drucksituation umgegangen, wenn auch in den Medien vorher schon Stimmung gemacht wird? Das erleben wir heute noch stärker als damals.
Das war bei uns noch nicht so. Wenn wir zu Europacup-Spielen gefahren sind, dann waren da vielleicht zwei Journalisten da und die ARD als Fernsehteam, und das war es dann schon. Von der DDR sind sie zu uns rübergefahren, weil sie gesagt haben, sie fahren in den Urlaub. In Wirklichkeit haben die Fans von der DDR uns angeschaut.

Das waren die engagiertesten Fans, oder?
Die waren super. Aber die wollten auch immer alles: Trikot, Handschuhe. Heute ist es gang und gäbe, dass die Spieler ihre Trikots verschenken, aber das war früher kaum möglich. Wir haben nur zwei, drei Sätze gehabt, und wenn du ein Trikot verschenkt hast, dann ist wieder eine Nummer abgegangen. Früher war 1 bis 11, und wenn dann der 9er, der Gerd Müller, oder der Franz Beckenbauer oder ich das Trikot hergeschenkt

hat, dann war der ganze Satz kaputt. Ich habe eigentlich nie eine Nummer drauf gehabt, weil jeder gewusst hat, dass ich die Nummer 1 bin. Da brauche ich keine Nummer drauf haben. (lacht)

Unangefochten! Sie haben auch nie nervös im Tor gestanden, vor so einem entscheidenden Spiel?
Nervös war ich nicht, aber eine gewisse Anspannung hatte ich schon. In der Bundesliga vielleicht nicht, aber wenn es dann um Titel geht wie Weltmeister- oder Europameisterschaft, da ist man schon ein wenig angespannt.

Wenn Sie an Manuel Neuer morgen Abend denken, sind Sie dann ein bisschen traurig? Würden Sie auch gerne noch mal im Tor stehen bei so einem entscheidenden Spiel?
Nein, ich stehe nicht mehr im Tor, nur noch im Isartor oder im Sendlinger Tor. (lacht)
Aber sonst in keinem Tor mehr. Ich weiß, wie das ist, weil ich viele Endspiele mitgemacht habe.

Sie haben als Josef Dieter klein angefangen, so ist Ihr Taufname, und zwar beim TSV Haar. Wann sind Sie zum „Sepp" geworden? Hat irgendwann mal jemand „Josef Dieter" zu Ihnen gesagt?
Nein. Diejenigen, die mich ganz gut kennen, und wenn sie etwas von mir wollen, dann sagen sie „Josef, pass mal auf!"

Wer sagt das? Ihre Frau? Ihre Tochter?
Meine Frau sagt ab und zu einmal „Josef", und Rainer Bonhof sagt auch immer „Josef". „Josef" ist warnend gemeint.

Herr Maier, wann hat man gemerkt, dass Sie gut sind im Tor? Sie haben wahrscheinlich nicht schon als Kind beim TSV Haar im Tor gestanden?
Nein. Beim TSV habe ich mit Turnen angefangen, da war ich fünf. Nebenbei habe ich natürlich Fußball gespielt. Ich war in dieser Altersklasse schon ein super Turner. Ich bin drei Mal Oberbayerischer Meister geworden, mit acht Jahren. Dann beim Fußballspielen war ich Feldspieler, und ich war damals schon so gut, dass unser Trainer an den Bayerischen Fußballverband ein Schreiben geschickt hat, ob ich schon mit acht als Stürmer spielen könnte. Da war ich auch ein ganz guter Stürmer, aber wenn dann das Training vorbei war, und es war so ein Wetter wie heute zum Beispiel, dann war der Boden schön weich, und schön bazig war alles, und dann bin ich ins Tor.

Waren Sie da schon die Katze von Anzing, so Ihr Spitzname?
Nein, die Katze bin ich erst später geworden. Das war wahrscheinlich wegen meiner katzenartigen Bewegungen. Das hat Journalisten dazu bewogen, mich als „Katze von Anzing" zu betiteln. Aber ich war eigentlich Feldspieler und bin durch einen blöden Zufall ins Tor gekommen.
Ich war damals 15, habe immer im Feld gespielt und war beim TSV Haar andauernd Torschützenkönig. Doch dann hat sich unser etatmäßiger Torhüter, der Göschl Ludwig, die Hand gebrochen. Und so kam der Trainer zu mir und hat gesagt: „Du Sepp, du machst

> „Du Franz, was hast denn du da für einen Torhüter da hinten im Tor? Den könnte ich gebrauchen."

Sepp Maier

das doch immer super. Im Training gehst du immer zum Spaß ins Tor, und wir haben keinen Torwart mehr. Du musst jetzt ins Tor." Daraufhin habe ich gesagt: „Herr Heiß, ich gehe nicht ins Tor." Als wir im Pokal gegen Bayerns 2. Jugend spielen mussten, bin ich dann doch ins Tor gegangen. Ich glaube, wir haben 10:1 oder 11:1 verloren.

Sie haben zehn Tore reingelassen? Ich hätte Sie nie wieder reingestellt.

Dann kommt der Jugendtrainer vom FC Bayern zu unserem Trainer, vom TSV Haar, und sagt: „Du Franz, was hast denn du da für einen Torhüter da hinten im Tor? Den könnte ich gebrauchen." „Das ist unser bester Stürmer, der spielt im Sturm vorn." Sagt er: „Schick mir den doch mal rauf zum FC Bayern." Nach einem halben Jahr habe ich mich dann breitschlagen lassen, weil immer diese Forderung gekommen ist, ich soll zum FC Bayern gehen, und dann war's passiert.

Ab da gab es nichts anderes mehr als den FC Bayern, wir sind schon bei Ihrer Profikarriere angelangt. Sie galten auch als Karl Valentin des Fußballs. Woher kam das?

Nein, Karl Valentin, das war ganz etwas anderes. Als ich angefangen habe, ich habe mit 18 Jahren in der Ersten Mannschaft gespielt, hat Hans Schiefele von der „Süddeutschen Zeitung" damals geschrieben „FC Bayern hat einen neuen Torhüter, den Karl Valentin im Tor." Ich war schon ein bisschen beleidigt ...

Zusammen mit Franz Beckenbauer gewinnt Sepp Maier 1974 den WM-Titel, 1990 wiederholen beide dies als Bundes- und Torwarttrainer.

Warum?

Ich bin doch kein Schauspieler oder was weiß ich, ich bin doch ein Torwart. Doch er hat mir erklärt, dass das nicht so gemeint sei, und hat mir ein Foto von mir gezeigt, auf dem ich auch so schlank und rank, so dürr und hager, und von der Seite mit dem spitzen Kinn mit montierter Melone auf dem Kopf wirklich aussah wie Valentin.

Foto: Werek/Süddeutsche Zeitung Photo

Insgesamt 95 Mal stand Sepp Maier im Tor der Deutschen Nationalmannschaft.

Aber Sie sind ja auch für jeden Spaß zu haben gewesen, oder?
Ja, aber Karl Valentin war nicht spaßig. Das war ein richtig, wie man in Bayern sagt, ekelhafter Mensch. So einen bayerischen hintergründigen Humor hat er gehabt, aber ich glaube nicht, dass der lustig war. Ich habe den auch nie lachen gesehen.

Also menschlich wollen Sie mit ihm eher nicht verglichen werden?
Nein, wollte ich nicht. Ich bin ein ganz ein anderer Mensch. Ich bin fröhlich und lustig.

1962 haben Sie Ihren ersten Profivertrag unterschrieben, beim FC Bayern, da waren Sie 18. Damals ist man noch mit 21 volljährig geworden, Ihre Eltern mussten den also unterschreiben?
Nein, damals hat es nur den Amateurstatus gegeben, zwar habe ich mit 18 gespielt und hätte dann einen Profivertrag unterschreiben müssen. Doch das habe ich nicht gemacht, weil ich Helmut Schön das Ehrenwort gegeben hatte, dass ich bis 1962 Amateur bleibe, weil da die Olympischen Spiele waren. Da hat dann jeder Amateur unterschreiben müssen, dass er so lange Amateur bleibt. In dem Jahr ist auch noch meine Mutter gestorben, und dann hat mein Vater dem

Foto: Ernst Baumann/Süddeutsche Zeitung Photo

Helmut Schön einen Brief geschrieben und darum gebeten, das Ehrenwort zurücknehmen zu dürfen, weil wir das Geld nach dem Tod der Mutter brauchten. Da hat der Helmut Schön nett zurückgeschrieben: „Ja, selbstverständlich." So bin ich aus dem Amateurvertrag ausgestiegen und habe dann beim FC Bayern mit 18 in der Profivertragsspielermannschaft gespielt.

Wenn Sie die Summen von damals mit denen von heute vergleichen, denken Sie, es wäre doch besser gewesen ein paar Jahre später zur Welt zu kommen und Profispieler zu werden?

Nein, so denke ich nicht, denn wir haben eine super Zeit gehabt, und wir haben früher auch gut verdient, ich hatte 2.500 Mark damals …

Und das war viel. Aber 1974, vor der WM, gab es schon auch eine kleine Auseinandersetzung ums Geld, ich habe das irgendwo mal im Zeitungsarchiv gefunden …

Eine kleine?! Eine große!!! Ich war bei vier Weltmeisterschaften dabei. 1966 in England, 1970 in Mexiko, 1974 in Deutschland und 1978 in Argentinien. Bei der Weltmeisterschaft, wenn man ins Endspiel kommt, haben wir immer so 15.000 – 20.000 Mark bekommen. Normalerweise handelt man diese Prämie schon vorher aus. Aber das haben sie nie gemacht beim Deutschen Fußballbund. Und dann haben wir erfahren, dass die Italiener 120.000 Mark bekommen werden, 1974. Als wir gefragt haben, was wir kriegen, hat der Helmut Schön gesagt: „Ja, wie immer halt." Wir waren empört und haben uns zusammengesetzt und ausgehandelt: Wenn die Italiener 120.000 Mark bekommen und wir im eigenen Land spielen, dann wollen wir 100.000 Mark haben. Ab da hat es immer Telefonkonferenz gegeben, Franz Beckenbauer, Wolfgang Overath sind immer ans Telefon gegangen, „ja, die Mannschaft will jetzt 100.000 Mark haben". „Was, 100.000 Mark, die sind völlig … ich schick sie alle nach Hause." Und dann hat er gesagt, jetzt wollen wir abstimmen, wer nach Hause fährt und wer da bleibt. Und dann waren wir 11 gegen 11.

Oh, Patt.

Im Endeffekt haben wir mit Hängen und Würgen 80.000 Mark rausgehandelt.

Aber Sie wären nach Hause gefahren?

Ich habe natürlich alle zwei Torhüter noch unter meinem Vertrag gehabt, also er wäre dann ohne Torhüter dagestanden. Aber wir haben es durchgesetzt.

Sie haben dann den Weltmeisterschaftstitel 1974 geholt. Welche Gefühle haben Sie, wenn Sie heute daran zurückdenken?

Das ist für jeden Fußballer das Höchste, was er erreichen kann, mit der eigenen Mannschaft Weltmeister zu werden – und noch dazu im eigenen Land.

Haben Sie eigentlich die Handschuhe noch?

Nein, die habe ich nicht mehr. Die habe ich beim Endspiel verschenkt, gleich ins Publikum geschmissen und das Trikot auch. Ich habe so eine Freude gehabt.

Wie viel Paar Handschuhe haben Sie im Laufe Ihrer Karriere verschlissen? Wissen Sie das? Jedes Spiel ein Paar?

Nein, damals war das nicht so. Ich habe früher nur bei

> „Ich habe früher nur bei nassem Wetter Handschuhe angehabt …"

nassem Wetter Handschuhe angehabt, bei trockenem hat man so die Bälle gefangen, mit bloßer Hand.

Tatsächlich?

Ja, nur bei nassem Wetter. Aber dann sind die Bälle plastifiziert worden, sind rutschiger geworden, und dann hat man natürlich auch bei trockenem Wetter Handschuhe angezogen.

Und Sie haben auch immer gerne selber daran herumgebastelt.

Ich war ein richtiger, wie soll ich sagen, Filigrantechniker, weil ich doch perfekte Handschuhe kreieren wollte.

Wie viel Prozent gehen auf den Handschuh und wie viel Prozent auf das Talent des Torwarts, Herr Maier? Was ist wichtiger?

Ohne Talent brauche ich keinen Handschuh. (lacht)

Was für ein Talent muss der Torhüter haben?

Richtige Weltklassetorhüter oder die, die auch wirklich super Torhüter sind, die müssen geboren werden. Das kann man nicht trainieren, du musst eigen sein, das musst du im Charakter haben. Torhüter sind auch eigene Typen in der Mannschaft.

Sind das auch Eigenbrötler?

Ja, schon ein bisschen, das stimmt. Der Kahn war einer, ich war einer, ich weiß nicht, wie es mit dem Manuel Neuer ist, aber die lassen sich schlecht integrieren.

Und woher weiß man beim Elfmeter, wo der hinzielt, in welches Eck Sie hüpfen müssen?

Ich habe das nie gewusst. (lacht)

Aber Sie haben trotzdem viele Bälle gehalten.

Ja, aber keine Elfmeter. Ich habe Elfmeter immer nur gehalten, wenn sie nicht mehr wichtig waren. Beim 4:0 oder beim 5:0, da habe ich einen Elfmeter gehalten. Das ist Glückssache.

Ist das tatsächlich, wovor jeder Torhüter Angst hat?

Nein, Angst nicht. Wenn, dann muss der Schütze Angst haben. Der Torhüter kann ja nichts verlieren. Aber der Schütze kann alles verlieren, wenn er ihn verschießt.

Haben Sie sich eigentlich während Ihrer aktiven Fußballzeit Gedanken gemacht, wann Sie aufhören

Sepp Maier, auch genannt „Die Katze von Anzing" machte auch auf dem Tennisplatz seinem Namen alle Ehre.

Foto: Sven Simon/Süddeutsche Zeitung Photo

Sepp Maier

werden? Wäre zum Beispiel 1974 nach dem großen Weltmeistertitel ein guter Zeitpunkt gewesen?

Nein, nach 1974 war ich 30 Jahre alt, da hört man noch nicht auf. Außerdem wollte ich 1978 noch die WM in Argentinien mitmachen. Dann habe ich mir gedacht, jetzt machst du 1980 die Europameisterschaft in Italien noch mit und dann 1982 noch die WM in Spanien. Danach hörst du auf. Ich wäre dann 38 gewesen, und das wäre genau das richtige Alter gewesen. Aber na gut, es ist anders gekommen…

Sie hatten einen schweren Autounfall 1979.

Durch meinen blöden Autounfall, ja Gott, man weiß nie, für was das gut war. Mir ist ja zum Glück nichts an Schäden geblieben, und ich bin fit und gesund, also …

Aber damals haben Sie schon mit diesem Karriereende gehadert?

Ja, sicher. Was heißt gehadert? Ich habe lange genug gebraucht, um darüber hinwegzukommen. Denn wenn man sich so etwas vornimmt, dass man bis 1982 spielen will… Fußball war für mich wie eine Droge. Ich habe drei Jahre das Stadion gemieden, habe Fußball nur noch im Radio angehört oder im Fernsehen angeschaut, und dann ist es besser geworden.

Das war wie Entzug?

Ja, wie Entzug, wie eine Droge war das bei mir.

Nach Ihrer aktiven Zeit als Fußballer waren Sie noch Torwarttrainer in der Nationalmannschaft. Wie viele Jahre haben Sie das noch gemacht?

Das war von 1988 bis 2006, also 18 Jahre.

„Wenn ich etwas anfange, dann möchte ich es auch gescheit machen."

Sie waren der Erste, der überhaupt als Torwarttrainer eingestellt wurde, oder?

Ja. Damals war Franz Beckenbauer Bundestrainer, und der hat mich eines Tages im November 1987 angerufen und gesagt: „Du Sepp, nächstes Jahr ist Europameisterschaft im eigenen Land, und ich bräuchte einen Torwarttrainer. Du machst das doch bei Bayern München." Und ich habe ihm kurz entschlossen zugesagt.

Dann kam es zu einer Auseinandersetzung mit dem damaligen Bundestrainer Klinsmann, und da wollten Sie sich nicht verbiegen lassen.

Das war keine Auseinandersetzung, sondern ich war der Meinung, dass der Kahn der Bessere ist. Aber durch irgendwelche Machenschaften von Seiten Klinsmanns und der Manager wollten sie den Kahn nicht haben. Aber ich habe ganz klar Stellung bezogen zum Kahn – und das war mein großer Fehler. Denn was ist rausgekommen? Die haben zuerst mich abschießen müssen und dann den Kahn.

Haben Sie sportlichen Ehrgeiz?

Ja sicher, sonst kommt man nicht weiter. Das weiß bloß keiner, dass ich auch ein richtig guter Tennisspieler war. Mit dem TC Hasenbergl bin ich drei Mal Deutscher Meister geworden, bei den Jungsenioren. Wenn ich etwas anfange, dann möchte ich es auch gescheit machen.

Zu Gast bei Stephanie Heinzeller war am 31. Mai 2013 Sepp Maier, Torwartlegende.

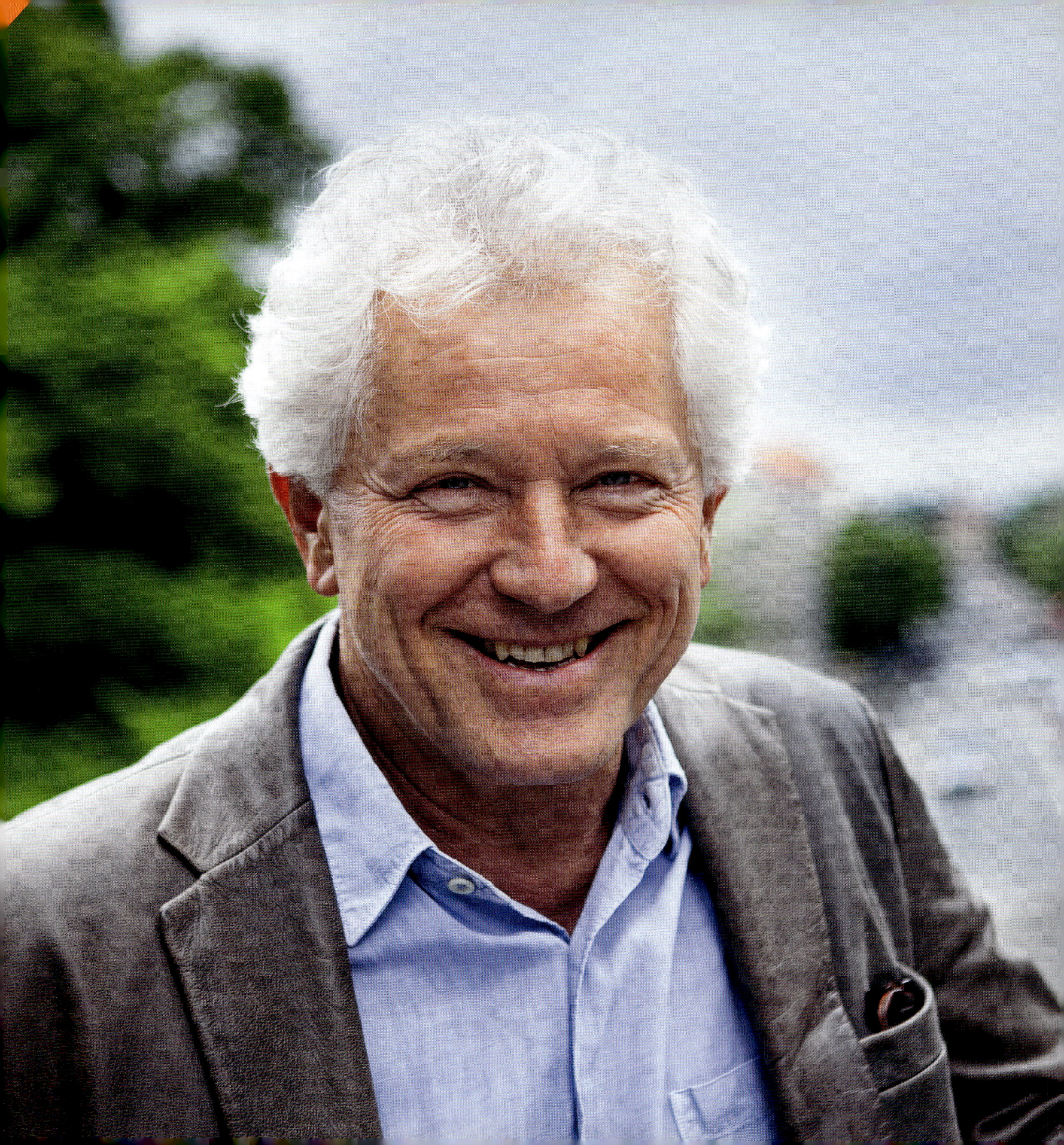

Miroslav Nemec

Er ist einer der beiden „Münchner Kommissare". Seit Anfang der 90er Jahre ermittelt Miroslav Nemec als Ivo Batić im Tatort. Gern wäre der erfolgreiche Schauspieler auch hauptberuflich Rockstar geworden. Aus ihm ist jedoch „nur" ein Nebenbei-Musiker geworden: Regelmäßig steht er mit seinen Krimi-Kollegen Udo Wachtveitl und Michael Fitz auf der Bühne, häufig auch für gute Zwecke. Seine ersten Lebensjahre hat er als Kind eines kroatischen Bankbeamten im ehemaligen Jugoslawien verbracht, seit seinem 12. Lebensjahr ist er in Bayern zu Hause. Nach dem Musikstudium am Mozarteum in Salzburg besuchte Nemec die Schauspielschule in Zürich. Es folgten Engagements unter anderem am Münchner Residenztheater. Ein bis dato buntes Leben, auf das Miroslav Nemec im Gespräch zurückblickt.

Herzlich willkommen, Miroslav Nemec! Vor Ihrer Zeit an der Schauspielschule in Zürich stand ein Musikstudium am Mozarteum in Salzburg. Demnach sind Sie ausgebildeter Fachlehrer für Musik. Träumen Sie manchmal von einem bürgerlichen Leben mit Festanstellung und Reihenhaus?
Nein, das nicht. Ich träume eher von einer Rockstar-Karriere, aber da bin ich ja nun etwas zu spät, denke ich!
Kann ja noch werden! (lacht) Danke!
Gerade eben kommen Sie vom „Tatort" mit Ihnen und Udo Wachtveitl. 1989 haben Sie und Ihr Kollege eine Einladung vom Bayerischen Rundfunk bekommen. Sie kannten sich ja bereits zuvor schon, und dann haben Sie sich dort vorgestellt... Wie ging es weiter?
Genau, man hatte uns eingeladen, das waren damals die Redakteurin Frau Koller und der Produzent Veith von Fürstenberg und der Unterhaltungschef vom BR Fernsehen. Ich hatte es damals über die Agentur erfahren, dass ich vorgeschlagen wurde für den „Tatort"-Kommissar, für den eine neue Besetzung gesucht wurde. Daraufhin rief mich dann Udo Wachtveitl an und meinte: „Stell dir vor, ich bin auch eingeladen für die Rolle des Kommissars, und wir sollen uns beide dort treffen. Wie findest du denn das, die wollen uns gegeneinander ausspielen!" Dann habe ich gesagt: „Na ja, da gibt es ein warmes Essen, da gehen wir hin." Das war eher ein Scherz. Aber irgendwie fand ich es auch unangenehm, in unserem Beruf ist die Konkurrenz nun mal etwas, das das Geschäft belebt, und damit muss man leben. Also sind wir gemeinsam der Biergarteneinladung des BR gefolgt, und jeder hat auf seine Weise versucht, eine gute Figur zu machen. Als wir dann erfahren haben, dass sie uns beide wollen, gab es statt alkoholfreiem Bier endlich ein richtiges Bier. (lacht)
Sie hatten beide Locken, sie sahen sich sogar ähnlich, zwei Lockenköpfige, ganz glatte Gesichter...
Ja, genau. Es war damals mehr die Frisur und das Äußere, was uns ähnlich gemacht hat, und deshalb sagte die Redakteurin für den ersten „Tatort", für „Animals", damals zu mir: „Einer muss sich die Haare kürzer schneiden, damit wir euch unterscheiden können."

Foto: Florian Peljak/Süddeutsche Zeitung Photo

Miroslav Nemec, Udo Wachtveitl (m.) und Michael Fitz sind auch musikalisch ein eingeschworenes Team.

Sie haben vorher gesagt, Sie würden jetzt lieber Rockmusiker sein. Das machen Sie ja, oder?

Die Rockmusikgeschichte war mein Urtraum. Ich habe mit fünf Jahren Klavier begonnen, auch klassisch natürlich, aber mit 15 Jahren hatte ich dann das klassische Klavierstudium abgebrochen, bin dann erst mal in eine bestehende Tanzband eingestiegen, und dann haben wir zusammen eine eigene Rockband gegründet. Es war einfach immer mein Traum, mit der Musik, die man selbst komponiert und die die Leute mögen, Geld zu verdienen und davon leben zu können. Also Rockstar hieß für mich auch, dass man davon leben kann.

Aber Sie machen es heute auch noch?

Ich mache es jetzt auch noch, aber ich muss nicht davon leben können. (lacht) Das ist ein Vorteil! Im Gegenteil, ich gebe ganz viele Benefizkonzerte und kann somit für andere etwas tun, zum Beispiel für das Kinderhospiz Mitteldeutschland.

Sie leben von der Schauspielerei! Sie sind beim Film und Fernsehen und haben Abende, beispielsweise in den Kammerspielen …

… literarische und auch musikalische.

Sie lieben es, auf der Bühne zu stehen. Ich habe Sie schon beim Bayerischen Fernsehpreis gesehen, einmal als Sie ihn bekommen haben, aber auch noch in einer ganz anderen Situation, als der Bayerische Fernsehpreis 2006 übertragen werden sollte. Damals hatten die Kollegen großes Pech, da der Übertragungswagen plötzlich ausgefallen ist und die ganze Show stillstand. Der Moderator auf der Bühne des Prinzregententheaters in München wusste irgendwann nicht mehr, wie er uns noch unterhalten soll, weil alle eine ziemlich lange Zeit mit Warten überbrücken mussten, und dann sind Sie auf die Bühne gegangen …

Ja, neben mir saß damals Herr Markwort vom „Focus" und der sagte: „Herr Nemec, Sie müssen da raus! Macht doch was, singen Sie doch was!" Dann hat er alles organisiert. Udo Wachtveitl und Michi Fitz waren auch da; und dann sind wir auf die Bühne gegangen und haben unsere Texte, die wir ja auswendig kannten, weil der Udo und ich sie mal geschrieben haben, gesungen. Zur Melodie des Liedes „Auf der Reeperbahn nachts um halb zwei" hatten wir einen Text geschrieben: „Ja, am Sonntag um Viertel nach Acht, da wird gern mal einer umgebracht. Und dann müssn mir ran, Solo für drei Mann, und herausfinden, wer hat's gemacht." Den Text haben wir damals gesungen, und dadurch haben wir die Zeit, bis die Über-

Foto: SZ Photo/Süddeutsche Zeitung Photo

tragung wieder stand, überbrückt. Die Leute mochten es, und wir hatten auch Spaß daran.

Was ist das für ein Gefühl? Auf der Bühne zu stehen und ganz spontan und improvisiert die Massen, oder zumindest ein ganzes Theater, zu begeistern?

Sehr gut, das ist ein schönes Gefühl! Das ist immer ein wunderbares Gefühl! Ich finde, das ist ja auch die Motivation für diesen Beruf: auf die Bühne zu gehen. Manche Leute denken, es sei exhibitionistisch oder exzentrisch oder eitel ... natürlich! Auch das. Unser Beruf bedeutet ja, öffentlich aufzutreten, also muss man all diese Eigenschaften in sich tragen, und zwar ohne dass diese sich ausschließlich in den Vordergrund drängen und ohne dass man sich sinnentleert nur präsentiert und selbst darstellt.

Was ist der Ausgleich dafür? Was macht man, um dann nicht abzudrehen? Sie sind – positiv gesehen – ganz normal.

Ich finde, ja! (lacht) Ich habe immer große Sorgfalt darauf verwendet, normal zu bleiben. Es gibt auch in meinem Beruf Negativbeispiele bei Kolleginnen und Kollegen, und wenn ich das sehe, dann denke ich mir, dass ich auf keinen Fall so sein möchte! Ich wollte immer ein unauffälliges Mitglied in einer Gesellschaft sein, das aber akzeptiert wird. Ich komme ja aus dem Sozialismus. Ich bin in Zagreb in Kroatien, dem ehemaligen Jugoslawien, aufgewachsen, und dort wurde mir das schon als Kind eingebläut. Ich wurde geschult aufs Kollektivverhalten, ich bin auch ein Kollektiv-Mensch – und das ist auch für die Dreharbeiten sehr hilfreich.

Wenn Sie jetzt die Augen zumachen würden und eine Situation herbeirufen würden, wo Sie sich richtig wohlfühlen, wo Sie sagen, ja, da bin ich, da kann ich sein ...

Da liege ich auf einem schaukelnden Boot in der Adria. (lacht)

Spielen da Freunde auch eine Rolle?

Selbstverständlich, aber ab und zu brauche ich auch meine Ruhe und meine Kontemplation, das wäre ein schöner Moment im Sommer.

Das klingt nach gutem, einfachem, wunderbarem Genuss. Ist Ihnen Reichtum wichtig?

Es ist wichtig, dass man nicht ununterbrochen über Geld nachdenken muss. In meiner Familie in Kroatien gab es kein Geld, also wurde von morgens bis abends nur über Geld geredet, weil man eben keines hatte. Das ist kein angenehmer Zustand! So viel Geld zu haben, dass man nicht ständig darüber nachdenken muss, ist also eine feine Sache

Ihre Wurzeln sind in Zagreb, 2003 ist Ihr Vater gestorben, zehn Jahre vorher schon Ihre Mutter. Haben Sie heute noch Verwandtschaft?

Ich habe noch Verwandte. Mein Cousin mit seiner Frau und den beiden Kindern und entferntere Cousins. Nach Zagreb zu fahren war immer verbunden mit meinen Eltern, und an der Küste lebten meine Tanten, die ich sehr geliebt habe, leider sind sie schon gestorben. Daher ist es familiär ein bisschen einsam geworden. Ich fahre jetzt sozusagen als Tourist ans Meer.

Fehlt Ihnen die Familie?

Ja, die fehlt mir, natürlich! Aber wenn jemand geht, den man geliebt hat, dann fehlt er einem ja immer.

Großer Sprung rückwärts: Mit zwölf Jahren

> ... „am Sonntag um Viertel nach Acht, da wird gern mal einer umgebracht."

sind Sie von Zagreb weg von Ihren Eltern nach Deutschland zu Tante und Onkel nach Bayern gekommen. Wie war der Einstieg damals 1966?

Ich war vorher ja schon öfter da gewesen. Meine Tante und mein Onkel lebten zuerst irgendwo in Frontenhausen in Niederbayern, da war ich als vierjähriger Bub schon zu Besuch, und ich habe sozusagen die Verhältnisse dort ein wenig kennengelernt. Als ich dann fest nach Freilassing kam, konnte ich auch schon Deutsch, da ich in der Schule in Jugoslawien Deutschunterricht hatte. Ich habe natürlich das vordere „R" gerollt, aber meine Grammatik war gar nicht so übel. (lacht) Die Bayern haben ja auch das vordere rollende „R". Deshalb habe ich dann das Bayerische mit den anderen Kindern relativ rasch erlernen können, das Hochdeutsch kam erst später.

Sie sind damals ja eigentlich von Ihren Eltern weggeschickt worden. Bei ganz vielen Familien, die damals nach Deutschland gekommen sind, um dort Geld zu verdienen, war es ja so, dass die Kinder erst mal zu Hause bei Tante und Onkel geblieben sind und die Eltern zum Geldverdienen nach Deutschland kamen. Bei Ihnen war es genau andersrum ...

Ja, bei mir war das anders. Mein Vater hat in einer Bank gearbeitet, meine Mutter war Hausfrau und ging manchmal putzen oder hat nebenher als Sekretärin gearbeitet. Meine Großtante, also die Tante meiner Mutter, lebte in Deutschland und hatte keine Kinder. Sie besaßen aber einen Betrieb und somit Geld, das wir eben nicht hatten. Sie hatten Geld und keine Kinder, und wir hatten kein Geld, aber mich als Kind. Und so ist das Kind zum Geld geschickt worden, damit es eine Ausbildung bekommt. So ungefähr war das.

War es schön, vier Eltern zu haben, oder haben Sie sich weggeschickt gefühlt?

Nein, ich fühlte mich nicht weggeschickt, aber es war nicht einfach, vor allem in der Pubertät. Tante und Onkel waren deutlich älter als meine Eltern.

Wenn ich mir jetzt vorstelle, ich würde meinen Sohn in die Fremde schicken, damit er eine bessere Ausbildung und mehr Chancen im Leben hat – ich gehe gerade in mich –, würde ich dann wollen, dass er Musiker oder Schauspieler wird? Wie haben Ihre Eltern auf Ihre Wahl reagiert?

Das Musikstudium war eigentlich klar. Sie haben sich zuerst Sorgen gemacht, weil ich im Gymnasium nicht wirklich gut war. Bis zur Mittelschule war ich sehr gut, und dann habe ich die Band gegründet, das war so mit 15, und dann ging es mit der Schule bergab und was die Musik anging, bergauf. Dass ich anfing, Musik zu studieren, fanden sie sehr gut.

Und es ist ja eine ganz klassische Ausbildung, die Sie am Mozarteum gemacht haben, oder?

Ja, aber ich musste sie dann abbrechen, weil ich für klassisches Klavier dann doch zu alt war. Andere, die zwei

Die beiden Schauspieler Miroslav Nemec (l.) und Udo Wachtveitl bekommen 2011 den Bayerischen Verdienstorden verliehen.

Foto: Catherina Hess/Süddeutsche Zeitung Photo

Miroslav Nemec

bis drei Jahre jünger waren, hatten den selben Ausbildungsstatus wie ich. Das hätte ich nicht aufholen können, und das bedeutete, es würde für mich sehr schwierig in diesem Job werden. Das hieß: Ich musste mich entscheiden. Ich habe mich dann für eine Schauspielausbildung entschieden. Zum Glück standen mir Essen und Zürich zur Auswahl, die mich beide genommen hätten. Als ich das meiner Mutter erzählt habe: „Also ich gehe an die Schauspielschule!", da meinte sie nur: „Ja klar, mach das, dein Vater hat auch nie viel verdient." Das ist das Einzige, was sie gesagt hat, und es war durchaus positiv gemeint.

Sie engagieren sich auch beim CIVIS-Preis der ARD, das ist ein Preis für Integration und kulturelle Vielfalt ...

Das ist ein Preis, der an Beiträge oder Dokumentationen vergeben wird, in denen es darum geht, das Bewusstsein unserer Fernsehzuschauer für solche Problematiken zu schärfen. Ich bin da gerne dabei, da es mich was angeht, andere natürlich auch, aber ich hatte speziell mit dieser Problematik zu tun. Deswegen bin ich gerne dabei, weil ich das Gefühl habe, dass es ein Hebel ist, den ich dadurch bewegen kann.

Miroslav Nemec ist ein vielbeschäftigter Mensch: Liederabende, Theater, „Tatort"-Kommissar, andere Fernsehfilme, Musik, Rockband und und und ...

... Hörbücher, Lesungen.(lacht)

Gibt's da überhaupt noch Platz für ein Privatleben? Wie sieht das aus?

Ja natürlich, klar! Ich koche heute Abend wieder. Das mache ich fast jeden Abend – wenn ich nicht drehe. So viel Zeit muss sein.

> *„Ja klar, mach das, dein Vater hat auch nie viel verdient."*

Wie wichtig ist Ihnen Familie?

Sehr wichtig, wenn sie nicht bedeutet, dass man die Arbeit, von der man lebt, zu sehr einschränken muss. Natürlich will ich Opfer bringen, das ist keine Frage, aber wichtig ist eben, dass die Familie einen nicht mehr belastet, als sie einem ein Zuhause bietet. Dann finde ich es gut!

In Geborgenheit frei sein – wäre das so eine Überschrift, die dazu passen würde?

Ja!

Wobei das „frei" dann schon dreimal unterstrichen wäre?

Nein, beides! Es ist schon auch die Geborgenheit, aber es muss, wie gesagt, zusammenpassen. Es darf das eine das andere nicht behindern.

Das Kreative ist ganz wichtig, was sind Ihre Pläne?

Das weiterzumachen, was ich momentan mache. Ich lebe sehr gut und bin zufrieden mit dem, wie ich lebe. Manchmal denke ich, dass ich vielleicht ein bisschen weniger machen könnte. Aber das habe ich oft schon gedacht. Denn wenn man es schafft, weniger zu arbeiten, ergibt es sich vielleicht auch automatisch, dass man nicht erst wieder lernen muss, mit der freien Zeit umzugehen. Das heißt, wenn es ein normaler Entwicklungsprozess wird, dann fände ich es erstrebenswert, ansonsten soll es so bleiben, wie es ist!

Vielen herzlichen Dank, Miroslav Nemec!

Zu Gast bei Sybille Giel war am 27. Januar 2008 Miroslav Nemec, Schauspieler, unter anderem als „Tatort"-Kommissar der ARD, und leidenschaftlicher Musiker.

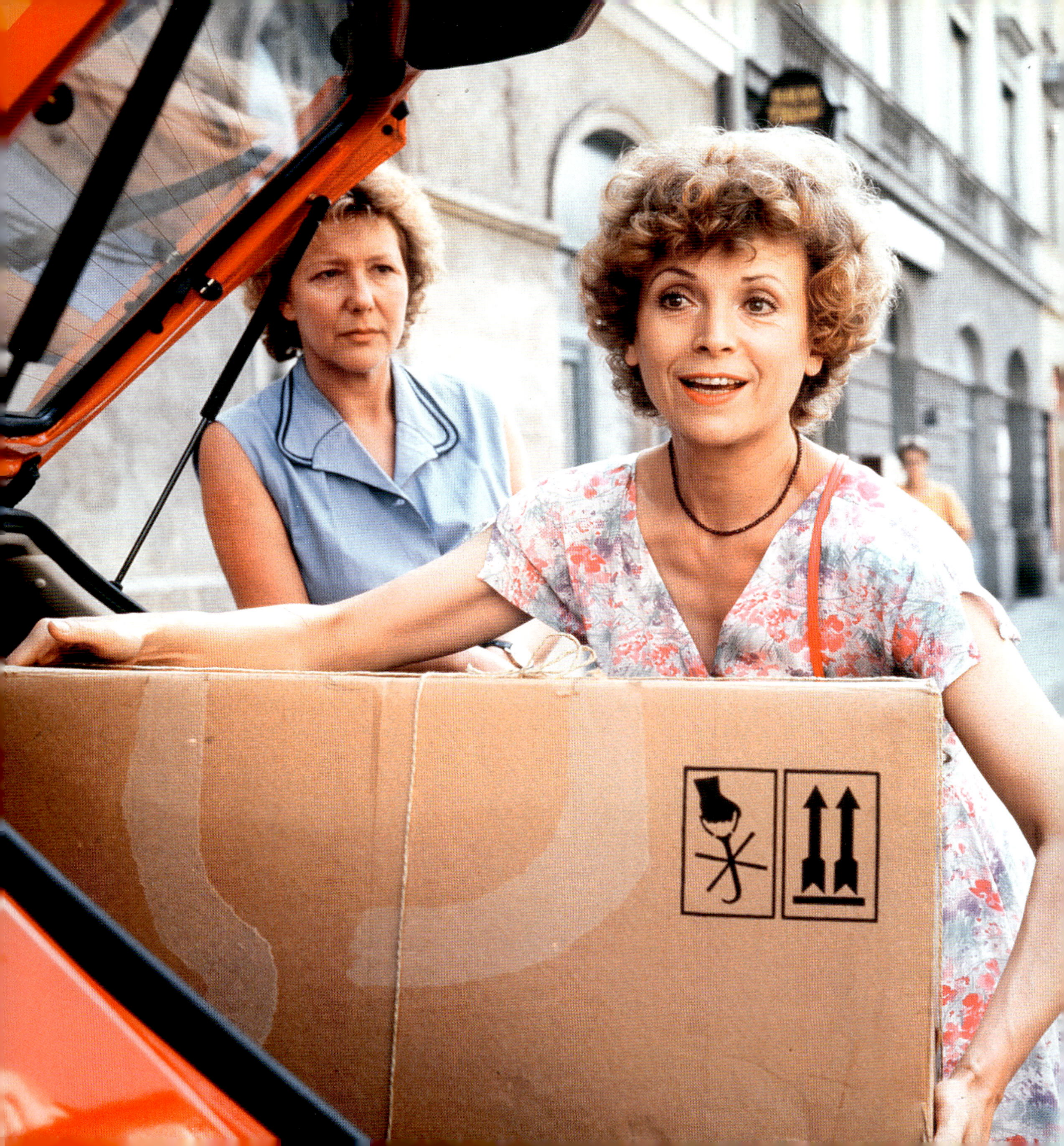

Ilse Neubauer

Ilse Neubauer ist eine der wichtigsten bayerischen Stimmen. Millionen kennen die 1942 in Schwabing geborene Münchner Schauspielerin aus Funk, Fernsehen und Theater. Sie wächst anfangs bürgerlich auf, der Vater hat ein Händchen für Finanzen. Nach der Trennung der Eltern zieht sie mit Mutter und Schwester in ein vergleichsweise einfaches Leben in die idyllische Natur um Garmisch. Dort leitet ihre Mutter eine kleine Pension. Nach dem Tod des Vaters geht Ilse Neubauer mit elf Jahren auf ein Schweizer Internat und kehrt dann nach München zurück – ohne Schulabschluss. Sie hat den Wunsch, Schauspielerin zu werden, und schafft die Schauspielprüfung; danach Anfängerin am Residenztheater in München. Sie spielt im „Komödienstadel", in „Meister Eder und sein Pumuckl", in „Irgendwie und Sowieso", dem „Tatort" oder dem „Bullen von Tölz". Außerdem hat sie über all die Jahre mit ihrer junggebliebenen Stimme viele Rollen und Texte im Hörfunk gesprochen. Zu ihren Leidenschaften gehört das Fahrradfahren, mit wehendem Rock fliegt die Feministin auf ihrem alten Drahtesel durch die Stadt.

Wir beginnen jetzt nicht mit dem geliebten Radio oder den Film- und Fernsehrollen, sondern mit der bekennenden Feministin Ilse Neubauer. Was heißt das für Ihr Alltagsleben?

Ich verdanke Alice Schwarzer sehr viel. Ich habe früher, als ich jung war, gemeint, dass alles, was nicht geht, mein Fehler wäre. Durch Alice Schwarzer habe ich gelernt, dass da auch viel an der Gesellschaft liegt. Und da sind so ein paar Sackel (Säcke) Zement rausgefallen.

Eine Frage an die bekennende Feministin: Bei allen Fortschritten, wo fehlt es noch?

Na ja, wir haben viel erreicht, auch gesetzlich, aber es ist noch lange nicht so weit. Was mich immer ärgert, ist, wenn Frauen sagen: „Um Gottes willen, ich bin doch keine Feministin!" Und dann denke ich immer, die haben das wohl inhaliert, als ob das ein Schimpfwort wäre. Feministin heißt einfach nur, ich bin für Gleichberechtigung. Und das sollte doch jede Frau sein, oder?

Und die Männer in Ihrem Alter, die haben sich doch sicher schwer getan mit der Einstellung?

Die Männer in meinem Alter, heute, die sind fast alle so, wie sie auch schon vor 40 Jahren waren. Die Männer haben nun mal von Geburt an einen Bonus, und den geben sie freiwillig nicht her.

Es geht also immer auch um Macht?

Ja, ja. Und deswegen muss die Quote einfach sein, obwohl angreifbar. Man hat es ja auch politisch eine Zeit lang probiert, freiwillig. Aber es ist nichts passiert, null Komma nichts. Also muss leider ein gewisser Zwang herrschen.

Ist Ihr Sohn Andreas auch ein neuer Mann, er ist jetzt neunundvierzig? Bei der Mama, die ihn erzogen hat, müsste er auch Feminist sein?

Teils, teils. Er hat ja auch noch einen Papa gehabt. (lacht)

Sie waren bei seiner Geburt 22 – bisschen früh, oder?

Ja, damals war ich im Krankenhaus die Jüngste. Da haben sie mich alle angeschaut, die Schwestern. Aber das liegt ja alles so lange zurück, das ist ja schon gar nicht mehr wahr.

Aber dann waren Sie mit Mitte 20 alleinerziehend, vor 40 Jahren!
Also damals war das doch ein bisserl schwieriger als heute. Aber irgendwie geniert habe ich mich nie, von wegen uneheliches Kind. Ich glaube, nur wenn sich eine Frau zum Opfer macht, wird sie auch wie eines behandelt.

Sie mussten sich fast allein kümmern, oder war der Papa, wie es heute üblich ist, zum Beispiel am Wochenende da?
Fast gar nicht.

Wollte oder durfte er nicht?
Der wollte nicht. Wir hatten kaum noch Kontakt. Das war seine Strafe, weil ich ihn verlassen habe.

Ilse Neubauer, Sie sind Stimme, Gesicht, eine der Seelen des BR. Geboren im Sommer 1942 in Schwabing von einer jungen Frau, die mit 16 von daheim weggelaufen war. Warum eigentlich?
Ich habe das erst sehr viel später erfahren, meine Mutter ist ja keine Bayerin, sie ist aus Frankfurt weggelaufen, weil missbraucht, vom Stiefvater. Und das ist eine ganz irre Geschichte, ich kann das sagen, es sind alle tot. Ich habe mal mit einer amerikanischen Coacherin gearbeitet, und die glaubte, ich sei missbraucht worden. Und da sagte ich: „Nein, ganz bestimmt nicht", und da sagt sie: „Ja, könnte sein, du nicht, aber deine Mutter." Und ein Jahr später habe ich einen Cousin getroffen, der mir das erzählt hat, dass das alle wussten in Frankfurt, dass sie weggelaufen ist, weil der Stiefvater sie missbraucht hat. Ist das nicht verrückt?

Und dann hat sie aber Gottlob noch jemand anderen gefunden, der besser war zu ihr ...
Ja, sie hat es toll geschafft, sie war bei Knagge & Peitz Lehrmädchen und hat sich bis zur Einkäuferin hochgearbeitet und ein ganz tolles Leben geschafft. Ihre Chefs haben sie sehr verehrt.

Ihre Mutter war 28 bei Ihrer Geburt, da war sie mit Ihrem Papa zusammen, Steuerberater für große Firmen, und der hatte ein großes Talent für Musik und Mathematik. Wie zeigte sich das im Elternhaus?
Alle großen Musiker sind auch gute Mathematiker. Das hängt absolut zusammen. Er ist dann doch dem Geld nachgegangen, Steuerberater geworden, aber vorher war er beim Finanzamt. Und da war er so genial, dass die ihn auf der Karriereleiter schon ganz hoch ansetzen wollten. Aber er ist in die freie Wirtschaft gegangen, das war viel lukrativer.

Bei der Scheidung waren Sie sieben, Ihre Schwester war elf und hatte eine Körperbehinderung, inwiefern?
Sie hatte eine Skoliose. Früher haben die Leute auf der Straße noch ganz ordinär gesagt: „Die hat einen Buckel." Das wurde schon damals operiert. Dabei hat man einen Span aus dem Bein herausgenommen und hat das gegen die gebogene Wirbelsäule ...

Das klingt schmerzhaft.
Ja, sehr, und das hatte zur Folge, wenn ich was hatte, das war immer gar nichts. Ich konnte mir ein Bein brechen,

> „Ja, damals war ich im Krankenhaus die Jüngste."

dann hieß es: "Schau die Inge an, die jammert auch nicht!" – und so bin ich sehr stoisch geworden.

Sie haben nie geheiratet!

Ich kann mich an eine Sache erinnern, wir sind mit dem Auto gefahren, von Garmisch nach München, und dann kam da ein See und ein nettes Café, und dann haben wir Kinder gesagt: "Gehen wir doch dahin!", da gab es Eisbecher mit so Schirmchen, und mein Vater immer „nein, nein, nein". Aber als er mal austreten musste, haben wir an einem beschissenen Platz direkt neben der Autobahn Rast gemacht. Das ist mir als Schlüsselerlebnis geblieben, und ich habe mir gedacht: „Ich werde mal nicht heiraten, das ist nicht schön."

Nach der Trennung wohnte er vermögend in München und Sie mit Schwester und Mutter im Berghof Mittergraseck?

Teilweise, auch unten in Garmisch. Das fand ich toll. Wie bei Heidi. Nachts im Bett haben die Bäume gerauscht, ich fand das wunderbar! Mulis haben wir gehabt, eine Kuh, meine Mutter hat da so eine kleine Pension aufgemacht. Die Natur relativiert auch heute noch alles für mich, macht mich ruhig.

Da kommen wir nachher noch dazu, wieso Sie dann im Bahnhofsviertel wohnen ... Aber noch sind wir im Jahre 1953, da sind Sie elf Jahre alt, und Ihr Vater stirbt, und Sie kommen ins Schweizer Internat zu höheren Töchtern. Wollten Sie da hin?

Nein, das war anders. Also meine Schwester war sehr unglücklich, und eigentlich sollte sie ins Internat. Doch sie hat sich gefürchtet, und da habe ich mit guter Intuition gesagt: „Da geh ich hin!" Da war ich aber erst elf. Und der Leiter dieses Instituts war ein ganz kunstbesessener Mensch, und dessen Bruder war ein Bühnenbildner, und da kam ich rein in alles, was mich interessierte. Er hat mich ernst genommen, und er hat mich Texte lernen lassen, Hölderlin!!! Der kam viele Jahre später sogar nach München und hat mich am Residenztheater angeschaut. Da habe ich, sehr jung, einen Menschen getroffen, der mich wahrgenommen hat.

Der Durchbruch, so heißt es, war 1973 mit und in den „Drei Dorfheiligen". Also, verachtet mir den Komödienstadel nicht?

Ich verachte den nicht, aber ich glaube nicht, dass

Ilse Neubauer

Foto: Stephan Rumpf/Süddeutsche Zeitung Photo

Fotograf Andreas Neubauer scherzt mit seiner Mutter Ilse, Schauspielerin und Betreiberin der Ladengalerie Schauraum 1899 in der Ludwigsvorstadt.

Schauspielerin Ilse Neubauer mit Sohn Andreas auf einer Jubiläumsfeier.

das mein Durchbruch war. Ich hatte ein Stipendium hier vom Bayerischen Rundfunk, und da war einer der Lehrer Fritz Straßner und auch eine Schauspielerin, Eva Vaitl, vom Residenztheater. Die hat dann zwei von uns ins Resi geschickt, als eine Rolle in „Der Geizige" umbesetzt werden musste. Die andere war ein wunderschönes Mädchen, da habe ich gedacht, ich habe überhaupt keine Chance. Wir waren beide vorsprechen, und dann habe ich die Rolle gekriegt, das fand ich unglaublich. Nachdem ich mehrere Rollen übernommen hatte – die eine Kollegin hat ein Kind gekriegt, die andere hat ein Bein gebrochen …

Was für ein Glück …

… und dann haben sie mich fest engagiert. Übrigens zusammen mit dem Gerd Anthoff, der auch heute noch mein Freund ist.

Jetzt bin ich mal durch Ihre Filmliste gegangen. Und es ist ja klar, dass bei – ich glaube, es sind über 200 Titel – auch ein paar dabei sind, wo man sich wundert, zum Beispiel bei dem Titel: „Mutter, ich will nicht sterben".

„Mutter, ich will nicht sterben", daran erinnere ich mich genau, das war ein Melodram, und da spielte ich mit der fantastischen Kollegin Rita Russek. Die eine war die biologische Mutter, und die andere hat das Kind aufgezogen. Das war sehr melodramatisch, aber gar nicht schlecht als Idee.

Dann nochmal zu den dämonischen Figuren, weil ich hier noch sehe auf dieser endlosen Liste, „Derrick", sechs Mal. Täter oder Opfer?

Oft Täterin, da war ich immer dankbar. Ich habe die Regisseure immer bekniet, dass sie meiner scheinbaren Harmlosigkeit nicht trauen, dass ich sehr gerne kriminelle Energie spielen würde. Ich habe sogar schon Briefe gekriegt von Zuschauern, die gesagt haben: „Jetzt mögen wir Sie aber nicht mehr, weil wenn man das so überzeugend spielt, dann muss man auch ein bisschen so sein." Und das war – an sich unbeabsichtigt – ein tolles Kompliment.

Sie waren Teil einer legendären Geschichte, jetzt kommen wir zu reden auf den Willy Purucker, der jetzt vor Tagen (Anm. d. Red.: am 6. Feburar 2015) gestorben ist. Was bleibt für Sie, die Sie die Agnes Grandauer gespielt haben in der Hörspielreihe, als Vermächtnis?

Dass er mir diese Rolle gegeben hat, da war ich ihm dankbar, dass er mich und keine andere gewählt hat. Ich finde es auch toll, dass die Grandauers auch heute noch relativ modern sind. Der war schon ein großer Könner.

Ich habe noch eine Kritik zu „Die Grandauers und ihre Zeit": „Gerade das Zusammenspiel von Neubauer und Obermayr macht das Hörspiel

Foto: Robert Haas/Süddeutsche Zeitung Photo

Ilse Neubauer

außergewöhnlich. Vieles wirkt derart natürlich und vertraut, dass es sich für den Hörer anfühlt, als säße man zusammen mit den Grandauers am Frühstückstisch."

Ich habe diese Kritik nicht, ich hätte sie aber gern.

Ich lasse sie Ihnen gern.

Ich habe ein kleines Büchlein, wo ich Kritiken, die besonders sind, oder besondere Briefe reintue. Wenn ich dann graue Stunden habe, dann mache ich dieses Mäppchen auf und lese die schönen Sachen durch. Und dann geht es mir wieder besser.

Dann kriegen Sie den Zettel von mir, für das Mäppchen. Sie sind ja in beiden Welten daheim, beim Bild und beim Ton.

Beim Rundfunk ist es halt so, du musst dich immer stimmlich irgendwie bemerkbar machen, man sieht dich ja nicht. Dagegen auf der Bühne kannst du, auch wenn du stumm bist, wunderbar wirken. Das ist einer der großen Unterschiede. Aber eine kleine Geschichte möchte ich erzählen: Ich habe mal eine kleine Lesung gemacht irgendwo, und da kommt ein alter Mann auf mich zu und sagt: „Sind Sie die Ilse Neubauer?" Sage ich: „Ja." „Aber Sie sind ja so alt" sagt er. „Seit 35 Jahren höre ich Sie im Rundfunk, und ich habe immer gedacht, Sie sind eine junge Frau." Und da habe ich gesagt: „Also, wenn Sie mich seit 35 Jahren hören, dann müssten Sie wissen, dass ich nicht mehr jung sein kann!" (lacht)

Ilse Neubauer, die Stimme Bayerns, Sie sind auch heute mit dem Fahrrad gekommen, bei Eis und Schnee?

Ja, manchmal wenn ich zum Beispiel eine Eisplatte sehe, dann steige ich schon ab. Ich könnte ohne Fahrrad gar nicht leben. Ich habe übrigens auch gar keinen Führerschein.

Sie wohnen im Bahnhofsviertel in München.

Sagen Sie nicht Bahnhofsviertel, das heißt Ludwigsvorstadt. Bei Bahnhofsviertel da denkt man gleich an Nutten. Das Viertel heißt Ludwigsvorstadt.

Gut. Wo auch die vielen türkischen Gemüsehändler sind. Und die Import-/Exportläden ... Und das taugt Ihnen, so mittendrin?

Wie viele Leute hatte ich diesen Wunsch, eine Dachterrassenwohnung in Schwabing zu haben. Und ich habe auch gut verdient und hätte mir das leisten können. Und da habe ich erst einmal gemerkt, was schon vor zwölf, dreizehn Jahren eine Dachterrassenwohnung in Schwabing gekostet hat. Das ist ja absurd. Und dann habe ich lange gesucht und habe ein sehr billiges Miethaus mit nur vier Wohnungen gefunden, das auch in einem sehr schlechten Zustand war, und das war wesentlich billiger als eine Dachterrassenwohnung in Schwabing. (lacht)

Das ganze Haus. Und man hat noch Mieter drin, die einem was geben.

Ja, das war ein Volltreffer. Und das ist vor allem auch ein wunderschönes Haus. Das hat sogar einen Garten, da sind alle platt. Und wenn ich da meine kleinen Vernissagen mache, dann sitzen wir da im Sommer unter Lampions und lassen es krachen.

> „Ich könnte ohne Fahrrad gar nicht leben."

Zu Gast bei Norbert Joa war am 10. Februar 2015 Ilse Neubauer, die Stimme Bayerns.

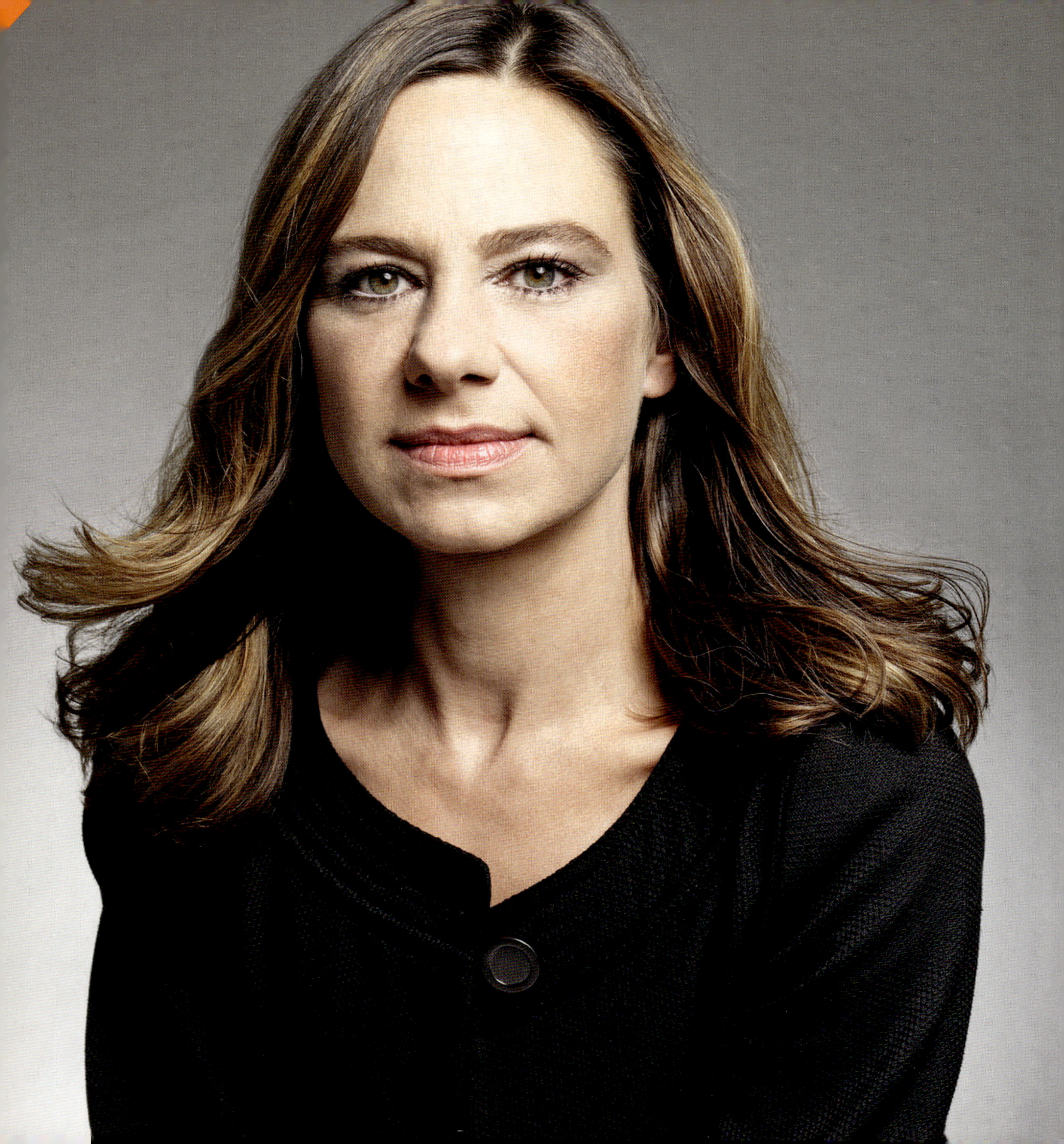

Annette Roeckl

In nun sechster Generation leitet Annette Roeckl die Münchner Handschuhfabrikation von 1836. 1893 wurde Roeckl „Königlich Bayerischer Handschuhfabrikant". Das waren goldene Zeiten damals, als Handschuhe mindestens sechs Mal täglich gewechselt werden mussten und nicht nur zu Kälteschutzzwecken getragen wurden. Zu dem Zeitpunkt residierte die Firma im „Roeckl-Schloss", hatte 1000 Angestellte und war damit der zweitgrößte Arbeitgeber Münchens. Heute ist die Produktion nach Rumänien ausgelagert, aber auch in München wird wieder zum Handschuhmacher ausgebildet – dank Annette Roeckl, Managerin, Designerin und Rumänienliebhaberin.

Frau Roeckl, Fehdehandschuh oder Samthandschuh, was wäre Ihnen lieber?
Der Minne-Handschuh. Die Minne ist Liebe im Althochdeutschen, und ich brauche nicht mit Samthandschuhen angefasst zu werden. Den Fehdehandschuh will ich auch nicht hingeschmissen kriegen. Dann wähle ich doch mit einem Augenzwinkern lieber den Minne-Handschuh.

Also wir merken, handschuhtechnisch sind wir gut aufgehoben bei Ihnen. Das ist kein Wunder, denn Ihre Firma „Roeckl" ist europäischer Marktführer im Handschuhbereich, besonders im Edelhandschuhbereich. Sie sind Managerin der sechsten Generation, 175. Jubiläum feierten Sie gerade mit Ihrer Firma Roeckl. Was bedeutet Ihnen diese Familientradition?
Mir bedeutet die Tradition viel. Das war nicht immer so, und als ich jugendlich war, hat es mich eher belastet, ich wollte damit eher nichts zu tun haben. Ich habe über die Jahre meinen Zugang gefunden und heute großen Respekt vor dieser Familientradition, auch vor diesem Erbe, und habe Freude daran, es weiterzuführen.

Also, wenn Sie aus Ihrem Büro gehen, dann kommen Sie auf die Straße oder auf den Platz, der heißt „Roecklplatz". Dann setzen Sie sich da an einen Brunnen, und der heißt „Roecklbrunnen". Sind Sie stolz drauf?
Den Roecklplatz kenne ich seit meiner Kindheit sowie den Roecklbrunnen. Es gab Zeiten, in denen ich gefremdelt habe. Und jetzt ist es so, dass ich mit einer ganz großen Selbstverständlichkeit auf den Roecklplatz gehe. Da kennt mich auch jeder. Das ist einfach eine langjährige Nachbarschaft, und ich freue mich drüber, dass wir hier so einen schönen Platz haben. Manchmal bin ich auch stolz.

Ist ein schöner Platz und ein wunderschöner Brunnen. Wer hat den gestiftet?
Mein Urgroßvater 1911, damals gestaltet von einem Jugendstilkünstler. Es ist einer von sieben Brunnen in der Stadt, die direkt an die Zuleitung aus dem Mangfalltal angeschlossen sind. Sie finden dort ein wesentlich besseres Wasser als in jeder Wasserleitung in einem normalen Wohnhaus.

In Ihrer Jugend, 70er, 80er Jahre, waren da Hand-

Foto: Roeckl Archiv

schuhe eigentlich in?

Nein, Handschuhe haben ein paar Jahrzehnte in der Mode überhaupt nicht stattgefunden. Früher war es üblich, dass Damen und Herren, sommers wie winters, tagsüber wie abends, immer Handschuhe trugen, wenn sie aus dem Haus gingen. Das war großartig für Handschuhfirmen, darum gab es früher auch ganz viele. Die Etikette hat damals ganz klar vorgegeben, wann welche Handschuhe zu welchem Anlass getragen wurden.

Ich habe gelesen, bis zu sechs Mal am Tag sollte der Herr die Handschuhe wechseln.

Mindestens. Aber leider haben sich diese Zeiten geändert in den 1968er Jahren, als die Studentenrevolte letztendlich alle Konventionen über den Haufen geworfen hat. In dieser Zeit hat das Zeitalter der Handschuhe sozusagen aufgehört, und Handschuhe sind mutiert zu einem Wärmeschutzprodukt oder zu einem Schutzprodukt.

Das heißt, auch Sie wären nicht auf die Idee gekommen, in Ihrer Jugend Handschuhe anzuziehen?

Nein. Das kam zusätzlich zur normalen Pubertätsabgrenzung dazu. Ich hatte damals so das Gefühl, ich möchte wahrlich nicht über meinen Nachnamen definiert werden, sondern über meine Person. Deshalb habe ich einfach auch besonders wenig zu tun haben mögen mit Handschuhen, mit der Firma, mit der Familie.

Wie weit ging diese Abgrenzung? War es dann richtig Punk?

Ehrlich gesagt, auch nicht, Punks fand ich total toll in der Zeit. Es war ja auch die große Zeit der Punks, aber da war entweder die Opposition nicht groß genug oder der Mut in dieser Zeit. Eins von beiden. (lacht)

Mit 22 sind Sie Mutter geworden, war das auch noch Teil des Protestprogramms?

Ich war 21, und Protest war es keiner. Sondern das wollte wohl das Leben so. Ich habe es nicht geplant. Ich bin schwanger geworden, und so ist mein Sohn auf die Welt gekommen, so bin ich Mutter geworden.

Es war eine kurze Ehe, dann waren Sie alleinerziehend und haben trotzdem bei den Eltern eine Ausbildung gemacht, bei den „verhassten" Handschuhen?

Nachdem ich Mutter geworden bin, haben sich für mich so manche Dinge sehr relativiert. Ich weiß, gegen Ende meiner Schulzeit, habe ich unglaublich darüber nachgedacht, was eigentlich mein Talent ist, was ich gerne machen möchte. Ehrlich gesagt, ist mir nix Gescheites eingefallen. Und das hat sich radikal verändert, nachdem mein Sohn auf der Welt war und ich als junge Frau ohne Berufsausbildung da stand. Und da ist mir dann eingefallen …

…Da war doch noch dieses Familienunternehmen!

Genau, da bin ich dann einfach auf eine Ausbildung gekommen, zum Handelsfachwirt, die im dualen System stattfindet. Also einmal Schule und Studium, gemischt mit der praktischen Ausbildung in ei-

> „Und da ist mir dann eingefallen …
> … Da war doch noch dieses Familienunternehmen!"

Annette Roeckl

nem Betrieb und habe meinen Vater gefragt, ob ich den praktischen Teil der Ausbildung bei ihm machen könnte, und das war einfach ein Wohlwollen bei meinen Eltern, die mich auch gerne unterstützt haben.

Aber dann muss ja etwas passiert sein, was Ihnen letztlich den Kick gegeben hat, diese Firma tatsächlich auch so engagiert zu übernehmen?

Gegen Ende meiner Ausbildung gab es für mich tatsächlich ein Schlüsselereignis: Meine Mutter, die zu der Zeit die Werbung geleitet hatte, war durch einen Autounfall vorübergehend „out of order". Das war beruflich gesehen eine wichtige Zeit, denn wir haben ja immer saisonale Kollektionen, und für jede Kollektion muss dann auch eine begleitende Werbekampagne gemacht werden. Es war total selbstverständlich, dass ich das mache.

Dann kam plötzlich die Begeisterung?

Ja, ich hatte das erste Mal in meinem Arbeitsleben einen Abgabetermin. In dieser Zeit hat sich bei mir meine Sicht auf das Familienunternehmen Roeckl, auf die Tradition total verändert. Das war im Nachhinein, als würden mir Schuppen von den Augen fallen.

Und dann gab es irgendeine wegweisende Begegnung mit Ihrem Vater?

… bei uns im Garten. Mein Vater sah mich so an – ohne große Worte – und hat nur so gesagt: „Gell, des machst schon weiter?!" Und mir war in dem Moment klar, dass dieses „Ja", das ich gleich sagen würde, dass das wirklich mein Leben verändert und dass ich eigentlich lebenslang für diese Familientradition und für diese Firma verantwortlich bin.

Frau Roeckl, Sie sind europäische Marktfüh-

Roeckl Handschuhe und Accessoires in der Maffeistraße feiert 165. Firmenjubiläum.

Foto: Stephan Rumpf/Süddeutsche Zeitung Photo

Annette Roeckl zeigt auf der Dachterrasse ihres Stammhauses Handschuhe und Accessoires in der Frühlingsfarbe Blau.

rerin im Handschuhbereich. Warum muss ein Roeckl-Handschuh teurer sein als andere Handschuhe?

Wichtig ist, dass er besser ist, und meistens steht hinter dem Besser sowohl besseres Material als auch eine aufwendigere und auch noch eine nachhaltigere Herstellung.

Was ist der Teuerste? 369 Euro.

Für einen oder für beide? Für beide!

Aber welche Stückzahlen erreichen dann diese Kollektionen?

Wir könnten mehr verkaufen, wenn wir das Rohmaterial für dieses Paar Handschuhe leichter herkriegen würden.

Was ist denn das in diesem Fall?

Das ist in diesem Fall Pekari-Leder. Pekari ist ein südamerikanisches Wasserwildschein, das wild lebt im Amazonasgebiet. Diese Wasserwildschweine dienen in erster Linie der Ernährung der Indios, werden meistens mit Schrot geschossen. Das heißt so eine Haut hat dann vielleicht 20 Einschüsse. Und daraus ein Paar Handschuhe zu fertigen, ist gar nicht so einfach.

Sie verwenden also nur Leder von Tieren, die ohnehin getötet werden?

Ja, wir verwenden fast nur Leder, die der Ernährung dienen, wo das Leder quasi das Zweitverwertungsprodukt ist. Wir müssen bei Handschuhen darauf achten, dass das Leder sich eignet für Handschuhe. Aber das Pekari-Leder gehört eigentlich zu den allerweichsten und molligsten und gleichzeitig strapazierfähigsten Ledern. Und es ist aber vor allem auch ganz selten, dass man das in größeren Flächen, größer als 10 x 10 cm bekommt. Und so suchen wir ein ganzes Jahr lang nach Lederfleckchen, die vielleicht 30 x 20 cm groß sind, sodass wir daraus dieses Luxuspaar Handschuhe machen können.

Nicht nur das Rohmaterial ist aufwendig. Ich habe gelesen, diese Handschuhe werden aus bis zu 28 Einzelteilen zusammengesetzt. Warum ist denn das so kompliziert?

Dieses Paar Pekari-Handschuhe, von dem wir sprechen, wird sowohl mit über 2000 Stichen handgenäht als auch aus mindestens 28 Einzelteilen zusammengenäht. Das

Annette Roeckl

ist nur in Handarbeit zu machen. Die Schnittweise heißt Tafelschnitt, und dort wird eben von einem Handschuhmacher das Leder gedehnt in beide Richtungen, und es wird das Maß der Handschuhgröße herausgemessen. Sie müssen sich vorstellen, der Handschuh soll sich ja über die Knöchel in die Breite dehnen, aber nicht in die Länge.

Und das macht man in Rumänien?

Ja. „Roeckl" hat seine Produktion vor gut 20 Jahren von Deutschland nach Rumänien verlegt. Ich bin sehr froh und dankbar, dass sich mein Vater damals, als die große Schließungswelle in Deutschland für viele handwerklichen Betriebe war in den 80er Jahren, entschieden hat, Deutschland zwar zu schließen, das Handwerk und die Produktion aber im Unternehmen zu behalten.

Nur um die Bedeutung noch mal kurz zu sagen, Roeckl war mal mit einer der größten Arbeitgeber Münchens, hatte 1000 Angestellte. Jetzt sind noch 300 in Rumänien – klingt nicht nach einer Zukunftsbranche?

Na ja, also das Unternehmen Roeckl gibt es seit 175 Jahren. Anfang 1900 war es nach Krauss Maffei, dem Lokomotivhersteller, der zweitgrößte Arbeitgeber in München. Es gab die Fabrik am Roecklplatz, in der ungefähr 1000 Mitarbeiter waren. Wir sprechen hier von einer Zeit, als Damen und Herren am Tag fünf bis acht Mal ihre Handschuhe wechseln mussten. Damals gab es eine große Konkurrenz. Es gab viele Handschuhhersteller. Das hat sich verändert. Heute ist Roeckl einer der letzten und wenigen, die in Europa überhaupt noch fertigen und eine eigene Kollektion anbieten. Unsere Handschuhproduktion ist im Westen von Rumänien. Dort sind tolle Leute, tolle Handwerker, die ein fantastisches Qualitätsverständnis haben.

Ich war überrascht, als ich in der Vorbereitung gelesen habe, dass Frauen dort Ihre Firmenleiterinnen sind.

Ja, wir haben Geschäftsführerinnen sowohl in der Handschuhproduktion als auch in der Taschenproduktion, und ich habe den Eindruck, dass in Rumänien in der Arbeitswelt vielleicht noch mal mit einer ganz anderen, höheren Selbstverständlichkeit Frauen denselben Job machen wie Männer, also was Verantwortung angeht, was Führungskompetenz angeht. Ich glaube, die patriarchalen Strukturen sind eher im politischen und im behördlichen Bereich.

Wie war das bei Ihnen selber, als Sie mit Mitte dreißig dann plötzlich den Laden richtig schmeißen mussten? Hatten Sie jemals damit zu kämpfen gehabt, dass Sie eine Frau waren?

Ja, das muss ich ganz klar sagen, ich habe schon gemerkt, wenn ich meinem Gegenüber vorgestellt wurde, unseren Bankenpartnern oder irgendjemand anderem, dass die Leute mich mit inneren Fragezeichen anschauen und sich wundern. Auf jeden Fall hatte ich den Eindruck, dass mein Gegenüber mir oft nicht zutraut, als Frau eine Unternehmensnachfolge vernünftig antreten zu können.

Und wie haben Sie das dann überwunden?

Ich glaube, ich bin einfach in meine Rolle, aber auch in meine Verantwortung reingewachsen, und in dem

> „Heute ist Roeckl einer der letzten und wenigen, die in Europa überhaupt noch fertigen."

Maße ist dann auch so eine Unsicherheit, hinsichtlich dieser Frauenrolle, einfach abgefallen von mir.

Sie setzten auf Export – jetzt auch wieder?

Ja, wir setzen auch ganz klar auf Export. In Deutschland sind wir mit unseren Handschuhen sehr gut aufgestellt, wir haben die letzten zehn Jahre Russland als wichtigsten und wunderbaren Exportmarkt erschlossen.

So war das früher, und wie ist das jetzt?

Na ja, die haben andere Sorgen als nur schöne Handschuhe, wie man sich vorstellen kann, das tut uns natürlich auch jetzt geschäftlich weh. Jeder merkt es, seit Monaten.

Sie haben sich mit einem ganz besonderen Kapitel in Ihrer Familiengeschichte beschäftigt, und zwar mit der Aufarbeitung der Geschichte Ihrer Firma in der Nazizeit, weil Sie damit auch an die Öffentlichkeit gehen wollten. Es gibt viele Firmen, die machen das nicht so bereitwillig wie Sie das gemacht haben.

Jedes längere oder traditionsreiche Unternehmen hat einfach auch eine Vergangenheit in dieser Zeit, und mir war es wichtig, als Übernehmerin, als Verantwortliche für Roeckl, zu wissen, was in dieser Zeit passiert ist. Von daher hab ich eine Historikerin beauftragt zu recherchieren - sowohl in unserem eigenen Firmenarchiv als auch im Wirtschaftsarchiv –, und es gibt in Berlin noch irgend so ein Archiv.

Und?

Roeckl hat, wie wohl die meisten Unternehmen, in dieser Zeit auch Fremdarbeiter beschäftigt, war in der ganzen Maschinerie drin.

Ginge der Laden noch, nur mit Handschuhen? Brauchen Sie all das andere, Taschen, Tücher und so weiter inzwischen auch?

Wir brauchen Tücher, Taschen, Acces-

Dank Annette Roeckl sieht das Traditionsunternehmen in eine gesicherte Zukunft.

Foto: Roeckl Archiv

Annette Roeckl

soires – ganz dringend! Wir sind ein Unternehmen, das zwölf Monate im Jahr ganz normal arbeitet, wirtschaftet. Handschuhe sind, wie wir gehört haben, ja im Sommer nun nicht mehr so gefragt. Wenn wir keine anderen Produkte hätten, würde uns Attraktivität, Sortiment, Umsatz und auch ein Grund für die Menschen, zu uns in die Geschäfte zu kommen, fehlen.

Was machen Sie in diese Handschuhe eigentlich generell rein, dass man immer einen verliert? (lacht)

Also, ehrlich gesagt, machen wir gar nix rein, aber wir legen größten Wert auf beste Qualität, das heißt, in unseren Handschuhen finden sie keine Sollbruchstellen, sondern unsere Handschuhe sollen mindestens ein Leben lang halten.

Das ist für Sie auch blöd, oder?

Nein, das ist für uns Überzeugung. Und klar, wie machen wir jetzt Umsatz, wenn jeder glücklich ist und 15 Jahre lang sein Paar Handschuhe trägt? Auf zwei Weisen: Zum einen gehe ich davon aus, dass die Menschen so überzeugt sind, dass sie einfach Freude auf ein nächstes Paar Handschuhe haben, oder dann passiert es auch immer mal wieder, dass jemand kommt und traurig sagt, er hat einen Handschuh verloren.

Und dann kann sich keiner einen einzelnen nachkaufen, warum nicht?

Weil Handschuhe passen sich Ihrer Hand an. Mit dem Handschuh, da gehen Sie ja auch durch Ihren Alltag, durch ihr Leben, und wenn Sie jetzt einen neuen einzelnen Handschuh auf die andere Hand tun, wird der immer anders aussehen, und Sie werden keine Freude haben.

Sie haben es tatsächlich geschafft, den Beruf des Handschuhmachers wieder zu beleben, und zwar nicht in Rumänien, sondern hier in München.

Ja, das ist so. Unsere Produktion, Serienproduktion ist seit 20 Jahren in Rumänien, dort bilden wir aus, dort haben wir exzellente Handwerker, aber dieses Know-how ist relativ weit weg von München.

Und ich habe gemerkt, dass mir ganz wichtig ist, dass wir auch in München das Know-how haben – sowohl fürs Design als auch für die Produktentwicklung, aber auch für unser Marketing, für unsere Kunden. Ich hatte so den Eindruck, es ist mir ganz wichtig, dass die Handschuhmacherei auch in Deutschland weiterlebt.

Sie haben sogar auch jemanden gefunden, der es lernen wollte.

Richtig, ich hab jemanden gefunden der's lernen will. Ich hatte 'ne tolle Unterstützung von der Handwerkskammer, so haben wir diesen Beruf wieder ins Leben gebracht. Ich sag mal, das fing an bei Theorieunterricht. Wer kann denn noch was lehren über Handschuhe? Wer kann eine praktische Ausbildung beistellen? Wir haben einen Handschuhmacher ausgebildet, das war der letzte in Deutschland ausgebildete Handschuhmacher. Heute heißt das Berufsbild Feintäschner und hat eine Untergruppe Handschuhmacher.

Seit elf Jahren leiten Sie die Firma, es ist unfassbar, als wandelnde Litfaßsäule, ... 175. dieses Jahr! Macht Ihr Sohn das Fest zum 200. Jubiläum in der siebten Generation?

Ich würde vorschlagen, lassen wir uns überraschen …

Zu Gast bei Stefan Parrisius war am 31. März 2015 Annette Roeckl, bayerische Familienunternehmerin.

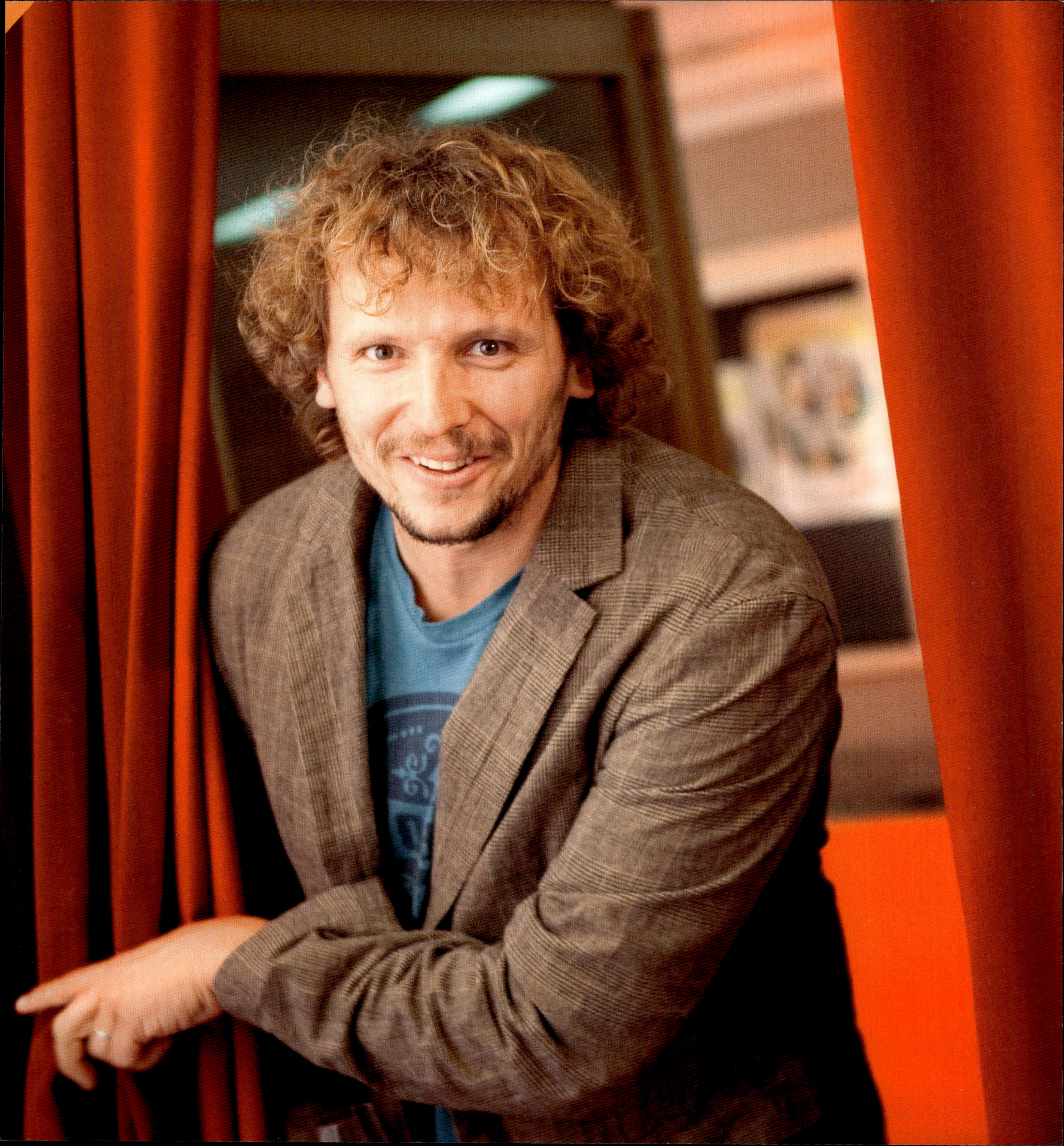

Marcus H. Rosenmüller

Er ist einer der Regisseure, der Filmen aus Bayern in den vergangenen Jahren zu viel Popularität verholfen hat: Marcus H. Rosenmüller. Der Filmemacher aus dem oberbayerischen Hausham landet mit seinem ersten großen Kinofilm „Wer früher stirbt ist länger tot" einen Riesenerfolg. Dafür wird er 2007 mit dem Bayerischen Filmpreis ausgezeichnet – für beste Regie und bestes Drehbuch. Er ist ein Teamplayer, der andere mit Begeisterungsfähigkeit und Charme ansteckt. Schon 1995 als Student an der Hochschule für Fernsehen und Film in München weiß er, die Handwerker und Firmeninhaber in der Region um den Finger zu wickeln, wenn es darum geht, Sponsoren für neue Filmprojekte zu gewinnen. 2014 wagt er sich an seine erste Operninszenierung von Rossinis „Le Comte Ory" am Cuvilliés-Theater in München und wird auch hierfür bejubelt.

Wenn Sie einen Film über Ihr eigenes Leben drehen würden, wie könnte der heißen? „Schlaflos in Hausham"? „Wer früher dreht, ist länger berühmt"?
Das ist das Schwierigste, die Titelsuche, weil du damit etwas verkaufst. Das ist dein Werk, und das braucht einen Titel, und der muss einschlagen. Da bräuchte ich Jahre um einen richtigen Titel zu finden.

Im Sommer kommt wieder ein neuer Film von Ihnen ins Kino, „Sommer in Orange". Fällt Ihnen die Geduld schwer, nach dem Abdrehen auf den Kinostart zu warten?
Das ist eine furchtbare Zeit, weil du bist mittendrin in einem Projekt, du hast es abgedreht, du willst jetzt wissen, wie kommt das beim Publikum an? „Orange" zum Beispiel, den haben wir im Juni gedreht, der wird erst im August dieses Jahres die Leinwand erblicken, und das ist eine wahnsinnig lange Zeit.

Es ist ein Film über die Bhagwan-Sekte in Bayern; Berliner, die nach Oberbayern kommen.
Genau, es ist eine Kommune aus Berlin. Einer von denen erbt einen Hof, und die wollen in einem Dorf in Bayern ein Therapiezentrum aufmachen – in den 80ern natürlich.

Was konnten Sie persönlich zu diesem Thema beitragen, was hat Sie denn daran gereizt?
Ich hatte tatsächlich eine Verbindung zu diesem Thema. Ich habe an der Filmhochschule in Poona ein Austauschprogramm mitgemacht und konnte dort meinen Abschlussfilm drehen. Ich habe dort erst einmal zwei Monate verbracht und durfte mir eine Geschichte aushecken. Dann bin ich natürlich auch in den Ashram gefahren. Das war am anderen Ende der Stadt, Poona ist eine Fünf-Millionen-Einwohner-Stadt. Ich bin mit der Rikscha rüber, um mein Thema zu finden. Dort habe ich Führungen mitgemacht und habe gemerkt, das ist es nicht. Eigentlich ist es lustig, dass sieben Jahre später Ursula Gruber mit so einem Thema auf mich zugekommen ist.

Die Drehbuchschreiberin. Aber es ist eine Komödie, oder?

Singspiel-Regisseur Marcus H. Rosenmüller und Bavaria-Darstellerin Luise Kinseher bei einer Pressekonferenz zur Starkbierprobe.

Wie jede Komödie aber mit einem ernsten Kern. Die Autorin und ihr Bruder Georg, der ist der Produzent gewesen, sind in Schäftlarn in einer Kommune aufgewachsen. Da ist natürlich ein culture clash vorprogrammiert, wenn du mit einer Kommune nach Bayern in den 80er Jahren kommst. Als Regisseur kannst du dich entscheiden: Über wen machst du dich lustig? Über die Bayern mit ihrem konservativen Getue oder einfach über die Kommune, die ihre freie Liebe und ein freies Leben und ihre spirituelle Erleuchtung leben. Das Schöne an dem Film ist, dass er wieder aus Kinderaugen erzählt wird, was ich wahnsinnig gerne mag. Die Protagonistin ist zwölf Jahre alt, Lili, und kommt mit der Bhagwan-Sekte mit nach Bayern. Sie mag natürlich integriert werden, steht aber jetzt vor dem Dilemma, sich oder beziehungsweise die Werte ihrer Familie, ihrer Kommune, zu verraten oder sich sozusagen gegen die Freundschaften zu entscheiden. Und dieses Hin und Her, den richtigen Weg für sich finden, das ist das Thema des Films, des Lebens.

Hier im Hörfunk des BR ist sogar ein Teil dieses Films gedreht worden.

Genauso ist es. Wir haben hier im großen Hörfunkstudio ein Sannyasin-Treffen gedreht. Das ist das erste Mal, dass der Sannyasin-Meister Prem Bramana auftaucht, der später im Dorf noch eine wichtige Rolle spielt.

Jetzt sind Sie ein unglaublich produktiver Typ. Was von diesen Aufgaben am Film macht Ihnen am meisten Spaß?

Beim Drehen geht's schon immer wahnsinnig ab. Das liegt mir. Aber es ist kein Film von Marcus Rosenmüller allein. Es gehört eine ganze Produktion, ein Riesenteam dazu.

Das sieht man immer an den unglaublich vielen Namen im Abspann!

Ich drehe ganz oft mit den gleichen Leuten, denen ich vertraue. Jeder in seiner Abteilung hat natürlich mehr Know-how als ich. Ich brauche einem Gerd Baumann (Komponisten) oder Stefan Biebl (Kamera) oder meiner Maske nicht sagen, wie sie was machen müssen. Wir müssen es nur zusammen finden und in einen Guss bringen. Das macht unheimlich viel Spaß, auch mit den Schauspielern. Du hast eine Geschichte, ein Drehbuch, und erst beim Drehen erwecken es die

Marcus H. Rosenmüller

Schauspieler zum Leben.

Ihr größter Durchbruch kam mit dem Film „Wer früher stirbt ist länger tot", vor fünf Jahren. Was sind denn die größten Veränderungen, die sich ergeben haben durch diesen Film?

Mir wurden seitdem viel mehr Filmstoffe angeboten. Durch die größere Auswahl hast du mehr Qualität, weil du dir das aussuchen kannst. Dadurch wiederum ist es leichter zu finanzieren. Eine große Veränderung war, dass man seitdem einem bayerischen Filmstoff auch etwas zutraut.

Wie kam überhaupt die Idee zu dem Film auf?

Ach, das ist ja schon ganz lange her. Das war mit einem Spezi, dem Michi Bleier, bei einer Führung durch den BR-Sender auf dem Wendelstein.

Immer wieder der BR ...

Wir haben eine Band gehabt, die noch nicht so erfolgreich war, wie sie eigentlich hätte sein sollen, beziehungsweise wie wir uns das dachten. Da kam uns auf dem Berg die Idee, einen Piratensender zu installieren. Es sollte um eine Rockband gehen, die unsterblich werden möchte und einen Radiosender kapert. Das ist natürlich sehr naiv, wenn man meint, dass man unsterblich wird, weil man Musik macht. Also muss es ein jüngeres Kind sein, ein junger Bursche. Dann habe ich mit dem Christian Lerch, mit dem ich auch schon meinen Abschlussfilm geschrieben hatte, die Grundgeschichte angefangen zu entwickeln. Wir wurden parallel von Roxy Film gefragt, ob wir nicht irgendeine Idee hätten, und haben dann diese Idee vorgestellt. So haben wir das mit denen zusammen über Jahre entwickelt, viele Fassungen geschrieben.

Es ist ein Junge, dessen Mutter bei seiner Geburt stirbt, was er allerdings noch nicht weiß.

Er fühlt sich schuldig und möchte das irgendwie wiedergutmachen. Das Erste, was er versucht ist, für seinen Vater eine neue Frau zu suchen. Außerdem hat er furchtbare Angst vorm Tod, weil er so viel Schuld auf sich geladen hat. Er glaubt, wenn man Schuld hat, kommt man ins Fegefeuer. Und das mag er natürlich nicht. Also gibt es zwei Möglichkeiten: erstens die Schuld abbauen und zweitens nicht sterben, das heißt unsterblich und das bedeutet Rockstar werden.

Haben Ihnen beim Dreh Ihre Kontakte ins Oberland geholfen, nach Hausham?

Jetzt zum Beispiel bei „Sommer in Orange" war das schon so: Da gibt es ein Fest in dem Film, bei dem wir 400 Komparsen gebraucht haben. Eine bayerische 350 Jahre-Feier von Talbichl, wo die Sannyasins sagen: „Mensch, da ist ein Dorffest, ein Jahresfest, lasst uns mitfeiern", und dann stoßen sie natürlich aneinander. Zu diesem Fest kamen 400 Komparsen, in Tracht, und haben sich zwei Stunden hingestellt, obwohl sie nicht wussten, ob das was Gescheites gibt. Dabei haben mir auch viele Vereine aus Hausham geholfen.

Sehr schön. Dieses Filmjahr 2006 hat Ihnen unter anderem den Bayerischen und den Deutschen Filmpreis gebracht und auch noch eine Tochter. Ein tolles Jahr, oder?

Ja, das war bärig. Das war ein glorreiches Jahr!

Und das „H" in Ihrem Namen steht auch ein bisschen für Hausham, den Ort, an dem Sie groß

„Beim Drehen geht's schon immer wahnsinnig ab. Das liegt mir."

geworden sind.
Marcus Heinrich Rosenmüller hat sich keiner merken können. Beim Andreas Richter von Roxy Film habe ich mal erwähnt, dass man auch „Hausham" nehmen könnte, und schon war es im Abspann zu „Wer früher stirbt ..."

Hausham ist ein Ort in der Nähe der bayerischen Berge. Viele Leute kennen ihn von der Fahrt Richtung Schliersee oder Spitzingsee. Da steht noch ein Bergwerksturm. Was wurde denn aus dem Boden in Hausham rausgeholt?
Braunkohle. Auf dem Turm steht drauf, dass das bis in die 60er Jahre gegangen ist, und das hat den Ort auf jeden Fall geprägt.

Waren die Großeltern noch im Bergwerk?
Nein, meine Großväter waren einfache Arbeiter.

Und Ihre Eltern?
Mein Pa ist ziemlich früh weggegangen von daheim, und meine Mama hat dann noch mal geheiratet. Mein Stiefpapa ist Fernfahrer gewesen, meine Mama war Kassiererin im Supermarkt, und zwar über 30 Jahre im Alpengroßmarkt in Hausham. Ich hatte da auch meine erste Tätigkeit. Ich war glücklicher Waglschieber, das hat es damals noch gegeben.

Ganz schön schwer heute für Kinder aus Arbeiterfamilien zu studieren, einfach weil das Geld fehlt, auch für Studiengebühren und so weiter. Sie haben es miterlebt, wie das war?
Es war schon schwierig hier in München. Du brauchst viel Geld, vor allem um Kurzfilme zu drehen. Da habe ich aber große Unterstützung von Firmen aus Hausham und Schliersee bekommen. Wir sind einfach zu den Geschäften hingegangen, haben gefragt: „Könntet ihr uns unterstützen? Wir brauchen ein paar hundert Euro für den Film, ihr bekommt auch eine Spendenquittung."

Das heißt aber, Sie sind tatsächlich von frühauf jemand gewesen, der anstecken und Leute für eine Idee begeistern konnte?
Na ja, begeistern weiß ich nicht, aber durch das Vereinsleben in Hausham war ich vielen bekannt. Und weil ich früh schon Gstanzl und Gedichte schrieb, bin ich wie die Jungfrau zum Kinde in einem Faschingsverein gelandet und bin mit 17 Büttenredner geworden. Und da habe ich ein Podium bekommen, war plötzlich auf der Bühne und habe Gedichte erzählt. Auch wenn das nicht wirklich großartig war, so war's irgendwo auch lustig. Das Großartige war wohl mehr, das zu machen, und darauf bin ich auch heute noch stolz.

Sie waren also voll eingebettet ins Vereinsleben. Sie sind sogar im Gemeinderat gewesen für die SPD?
Genau, da war ich im Gemeinderat. Das war eine wichtige und schöne Zeit. Ich bin es nicht mehr, weil mit der Zeit wäre das schwierig gewesen, und zum Zweiten muss man seinen Lebensmittelpunkt in der Heimatgemeinde haben, und da bin ich ja nicht mehr.

Gab es in dieser Zeit auch schon erste Filmversuche?
Nein, ehrlich gesagt nicht. Das war nur dieses Büh-

> „Hey könnt ihr mich unterstützen? Ich brauche ein paar hundert Euro für den Film, ihr bekommt auch eine Spendenquittung."

Marcus H. Rosenmüller

nenleben. Heute geht das leichter, wenn du einen Film drehen magst, kaufst du oder leihst du dir eine Videokamera, die sind nicht mehr so teuer. Das hat es damals noch nicht gegeben. Die waren noch richtig teuer. Und auch viel komplizierter zu bedienen. Ich habe an der Filmhochschule die ersten Filme noch mit einem Tesafilm geschnitten. Die sind mit einer Art Schere geschnitten worden, und dann hast du es zusammengeklebt. Jetzt kannst du ja mit einem iPhone einen Film drehen und am Computer schneiden.

Regisseur Marcus H. Rosenmüller im Bob bei der Premiere des Kinofilms „Schwere Jungs".

Foto: Robert Haas/Süddeutsche Zeitung Photo

Wir nehmen jedenfalls mit: Da ist ein Mann aus der Praxis, den es zum Film gebracht hat, Marcus H. Rosenmüller, „Wer früher stirbt ist länger tot", „Die Perlmutterfarbe", „Beste Gegend", „Beste Zeit" und andere. Wann war denn klar, wohin die Reise gehen wird nach dem Abi?

Der Film war schon eine Möglichkeit für mich. Man konnte sich an der Filmhochschule bewerben, aber die Wahrscheinlichkeit, genommen zu werden, war sehr gering. Was könnte man noch machen? Das war dann bei mir so, dass ich überlegt habe, vielleicht eine Schreinerlehre zu machen, Innenarchitektur zu studieren, ein Aufbaustudium Szenografie anschließe, sodass ich übers Szenenbild zum Film gelange.

Was waren die ersten Erlebnisse an der Filmhochschule?

Das Schwierige war, dass nach den ersten Semesterferien der erste Übungsfilm gedreht werden sollte. Ich habe noch gar nicht kapiert gehabt, dass ich mich selber ums Team kümmern, die Geschichte schreiben soll und mit 2.000 Mark den Film drehen muss. Das hat aber hinten und vorne nicht gelangt. Deshalb bin ich dann eben in den Haushamer Betrieben herumgezogen, um Geld zu sammeln. Diese Überlastung war ein Schock und hat auch viel mit Angst zu tun gehabt, weil ich null Ahnung hatte. Aber man war gezwungen,

Schlussapplaus für die Darsteller bei der Opernpremiere von Gioachino Rossinis Oper „Le Comte Ory", inszeniert von Regisseur Marcus H. Rosenmüller

diese Filme zu drehen, und irgendwie hat man es dann mit Hilfe anderer geschafft – und genau um das ging es: learning by doing.

Was ist denn bei Ihrem ersten Film herausgekommen?

Der Film hieß „Schafkopfen". Der war künstlerisch nun noch nicht wirklich wertvoll, aber das Wertvolle war die Erfahrung, die man beim Drehen gesammelt hat. Bei der ersten Vorführung vor Publikum an der Filmhochschule hast du dann schon selber gemerkt, an welcher Stelle was funktioniert hat und was noch total danebenging. Daraus die Schlüsse zu ziehen war eigentlich das Wichtige.

Diese Schule ging mit einem Abschlussfilm zu Ende. Sie haben vorher schon erzählt, dass der in Poona gedreht worden ist.

In jenem Jahr wurde ein großes deutsch-indisches Kulturfest gefeiert. Ich hatte glücklicherweise ein Stipendium bekommen, sodass ich vier Monate in Indien verbringen durfte, um einen Film zu realisieren. Das war eine echte Lehrzeit für mich. Ich war also zwei Monate dort, habe die Geschichte gesucht, bin zurückgefahren, habe von meiner Produzentin ein kleines Team bekommen, mühselig eine Geschichte zusammengeschustert und bin dann wieder hingefahren. Plötzlich tauchten Schwierigkeiten auf: Zuerst konnten wir an dem Drehort nicht drehen, die Geschichte ist zusammengebröckelt. Jetzt kannst du

Marcus H. Rosenmüller

aufgeben und alles hinschmeißen, aber meine damalige Regieassistentin hat gemeint, ich solle es halt umschreiben. Wir haben tagsüber gecastet – noch zum alten Drehbuch –, und parallel ist ein neues Drehbuch entstanden. Zehn Tage vor Drehbeginn haben wir dann das Team versammelt, ich habe zwei Geschichten vorgelesen, und wir haben abgestimmt, welche Geschichte wir drehen. (lacht) Ich war wirklich verzweifelt. Als es aber eineinhalb Jahre später eine lustige Premiere im Gasteig gab, war ich doch sehr stolz, nicht aufgegeben zu haben. Trotz all der Anlaufschwierigkeiten kam ein Film mit Herz und Charme heraus, bei dem Arnd Schimkat und Jürgen Tonkel brillierten.

Jetzt gelten Sie inzwischen als einer der Experten für den neuen Heimatfilm, aber anders: unsentimental, unkitschig, aber mit Niveau und Humor. Wie sehen Sie Ihre eigene Rolle im Film?

Das ist immer schwierig. Ich habe Vorbilder, das sind immer menschliche Filme. Da war der Bogner, der Dietl und die Österreicher, die alle ihre eigenen Wurzeln mit reinbringen. Vielleicht ist es auch so eine eigene Utopie von mir, dass ich Filme machen mag, in denen ich zeige, wie es sein könnte, wie man miteinander umgehen sollte.

Was hat es denn damit auf sich, dass Sie oft aus der Perspektive von Kindern oder Jugendlichen erzählen? Zum Beispiel in der „Perlmutterfarbe" oder in „Beste Gegend" und „Beste Zeit".

Es hat Vorteile! Ein Kind als Protagonist kannst du naiv an die großen Fragen rangehen lassen. Außerdem gibt es die Vorbilder, die ich hatte, zum Beispiel den Michel aus Lönneberga habe ich als Kind geliebt.

Es gibt noch eine andere Welt des Marcus Rosenmüller. Sie lieben Gedichte, auch Limericks, und machen tatsächlich Abende, an denen Sie diese Gedichte vortragen.

Ja, stimmt, zusammen mit dem Komponisten Gerd Baumann.

Es gibt gar nicht so viel Leute, die sich mit Lyrik beschäftigen, wo kommt das her?

Das kommt vielleicht aus meiner Lesefaulheit in der Kindheit, weil ich nie Bücher in die Hand genommen habe, außer zwei, und das war ein kleines Ringelnatz Buch, und das andere war das große Heinz-Erhardt-Buch. Dann kam die Pubertät, und ich habe mir eingebildet, ich muss Liebesgedichte an die Auserwählte schicken, die auch sehr pathetisch und melancholisch waren. Und plötzlich hab ich gemerkt, dass es Spaß macht, selber lustige Gedichte zu schreiben.

Das heißt, Sie sitzen dann irgendwo, wenn sie überhaupt mal Zeit haben, und schreiben?

Ich habe große Lust an Wortspielereien. Es ist doch auch verblüffend: Du nimmst Wörter, reihst sie aneinander, konstruierst, und mit voller Absicht, und erwirkst beim Zuhörer eine Reaktion. Das ist die Magie der Sprache.

> „Ein Kind als Protagonist kannst du naiv an die großen Fragen rangehen lassen."

Zu Gast bei Achim Bogdahn war am 13. April 2011 Marcus H. Rosenmüller, Regisseur und Drehbuchautor.

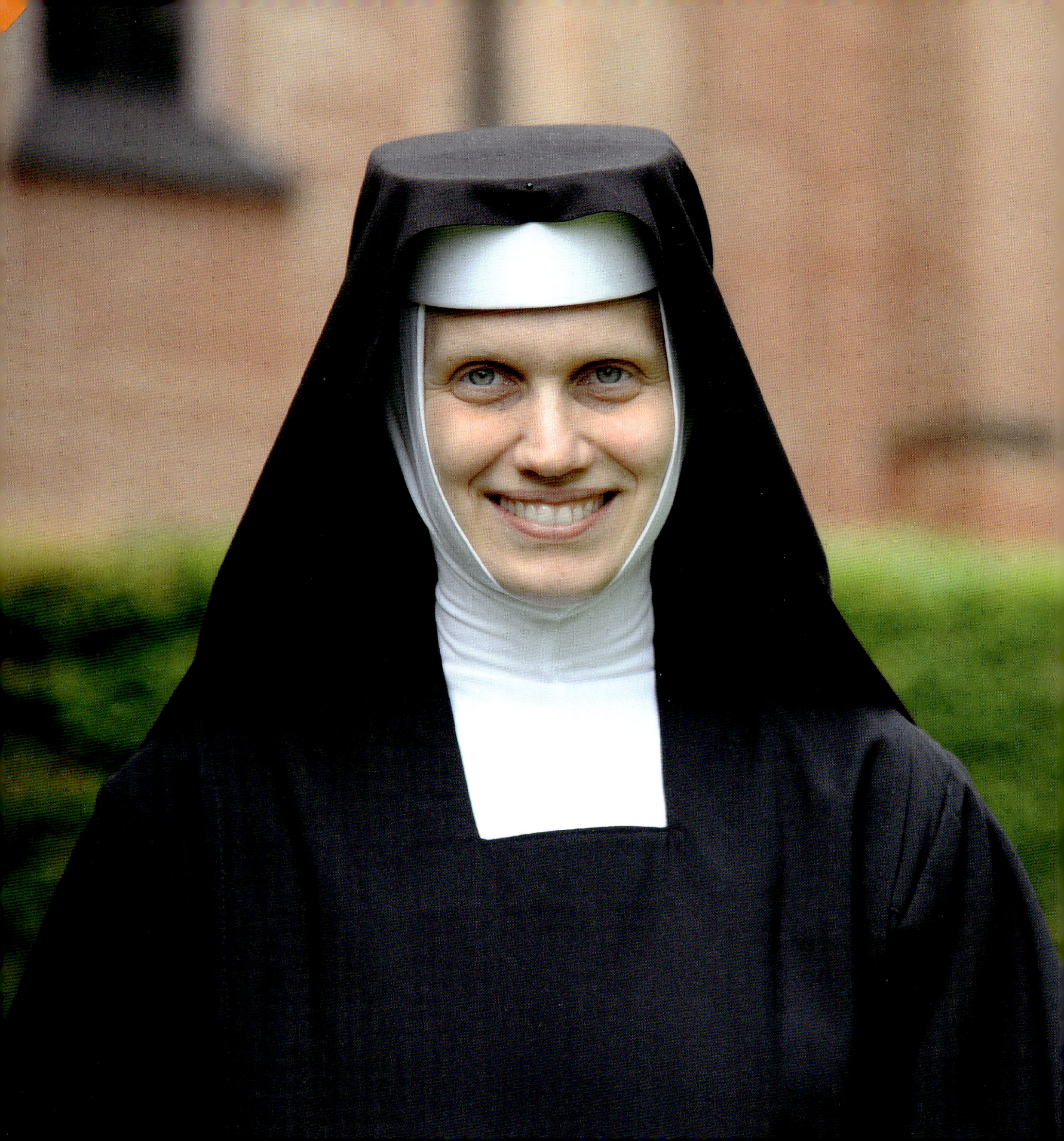

Schwester Maximiliana

Auf dem Land bei Rosenheim aufgewachsen, hat sie schon als kleines Mädchen mit fünf Jahren in der Samstagsandacht den Rosenkranz gebetet. Durch die Unterstützung ihrer Familie und das wachsende Gefühl, dass Gott ihr eine Lebensaufgabe gegeben hat, entscheidet sie sich mit 21 Jahren, ins Klarissenkloster in Dingolfing einzutreten. Ein großer Schritt, zumal es ein Klausurorden ist und sie sich damit von ihrem früheren Leben verabschieden muss. So änderte sie auch ihren Namen: Aus Isabella Maria Haslauer wird Schwester Maximiliana.

Eigentlich wollte die Tochter eines Kfz-Mechanikers und einer Postangestellten Erzieherin werden. Aber nach ihrer Ausbildung ging Maximiliana ins Kloster. Der frühere Besuch des Geburtsortes von Franz von Assisi in Italien war wie ein Schlüsselerlebnis für die junge Frau. Ihren inneren Konflikt, sich zwischen Familienwunsch und Klosterleben entscheiden zu müssen, hat sie gelöst; ihre kritische Haltung der katholischen Kirche gegenüber hat sie sich trotzdem bewahrt. 2008 legte sie ihre erste Profess und 2011 ihr Ewiges Gelübde ab. Seitdem lebt sie in Armut, Keuschheit und Gehorsam im Kloster St. Klara.

Können Sie bitte einmal beschreiben, wie Sie aussehen?

Ich habe einen Schleier auf dem Kopf, der ist ziemlich lang und schwarz, und mein Hals ist auch verdeckt. Darunter sind meine blonden Haare. Dann trage ich einen Habit und über dem Habit ein Skapulier. An der Kordel sind die drei Knoten, die Armut, Keuschheit und Gehorsam symbolisieren.

Wir haben heute eine Ausnahme gemacht, denn wir sind zu Besuch bei unserer Gesprächspartnerin in Dingolfing bei München. Vielleicht erklären Sie mal warum.

Ich bin in einem Kloster, wir haben die Päpstliche Klausur, und wir gehen nicht aus unserem Kloster heraus, und deswegen war es für mich auch nicht möglich, dass ich zu Ihnen nach München komme.

Was für ein Kloster ist das hier in Dingolfing?

Wir sind kontemplative Klarissenschwestern, das heißt, dass wir nur in unserem Kloster leben und uns hauptsächlich dem Gebet widmen. Wir haben zum Beispiel auch keinen Dienst am Nächsten oder keinen apostolischen Auftrag, sondern wir sind ein Gebetsorden und Bettelorden. Insgesamt sind wir zehn Schwestern. Davon sind zwei Schwestern 80 und 90 Jahre alt. Wir haben eine Schwester, die ist knapp 60 und eine, die ist knapp 40. Und dann haben wir drei Schwestern im Alter von 32, und ich bin 25. Und dann haben wir noch zwei Postulantinnen mit 27 und 30 Jahren.

Es ist demnach eher ein junges Kloster?

Ja, jung und fröhlich. (lacht)

Wie oft haben Sie mit Menschen von „draußen" zu tun? Dürfen Sie die Klostermauern überhaupt verlassen?

Ich komme nur raus, wenn ich einen Arztbesuch habe.

Aber ich habe schon ein wenig Kontakt zu Menschen, weil ich mit einer anderen Schwester für die Einkäufe zuständig bin. Manchmal besuchen einen die Freunde und die Familie, das ist möglich – aber man verzichtet natürlich auch auf Beziehungen.

Wie viel Geld verdienen Sie im Monat?

Ich habe praktisch überhaupt kein Geld. Wenn ich etwas brauche, zum Beispiel einen Pullover, dann gehe ich zur Oberin und bitte darum. Und dann bekomme ich das.

Dürfen Sie denn wenigstens regelmäßig Ihre Familie sehen?

Ja, meine Familie kommt so drei- bis viermal im Jahr, und meine Brüder kommen manchmal noch zwischendurch. Das ist eigentlich immer ganz schön, aber besuchen darf ich meine Eltern nicht einfach so.

Dieser Teil Ihres Lebens wirkt auf Außenstehende ein bisschen grausam. Muss es sein, dass man sich von dem alten Leben verabschiedet?

Es muss sein, und es ist nichts, was man nicht vorher schon gewusst hätte. Man weiß das, wenn man in so ein Kloster geht. Man nimmt das in Kauf, weil man auf der anderen Seite auch wieder ganz viel geschenkt bekommt. (lacht)

Jetzt wollen wir trotzdem einmal über das vorherige Leben reden, als Sie noch nicht Schwester Maximiliana waren. Geboren im Juni 1983 in Rosenheim als Isabella …

… Isabella Maria Haslauer.

Erzählen Sie mal von Ihrem Elternhaus; von Ihren Eltern, Ihren Brüdern.

Meine drei Brüder arbeiten im handwerklichen Bereich, mein Papa ist Mechaniker, und meine Mama arbeitet bei der Post, und ich bin die dritte von uns vieren. Ein Bruder ist schon verheiratet, einer wird bald Papa, der dritte Bruder ist noch Single und geht auch nicht ins Kloster, sondern lebt einfach so dahin.

Was waren Sie für ein Kind?

Mein Spitzname war Bella, ich war immer schon lebhaft und habe sehr viel gelacht, viel Sport gemacht und viel musiziert.

Wer waren Ihre Kindheitshelden? Hatten Sie irgendwelche Popstars oder Fernsehstars, die Sie angehimmelt haben?

Ja, ich war FC Bayern München-Fan, und die Stürmer bei Bayern München habe ich immer recht gerne gemocht. (lacht) Der Alexander Zickler war mein Vorbild,

> „Das war für mich ganz wichtig, ein richtiges Erlebnis, weil mir der Heilige Franziskus viel gesagt hat."

und Fußball habe ich auch gespielt.

Also im Verein gespielt?

Genau, in einer Mädchenmannschaft in Halfing, in meinem Heimatort.

Das ist in der Nähe von Rosenheim?

Ungefähr 18 Kilometer weg von Rosenheim.

Wie war Ihre Vorstellung vom Leben, als Sie 15 oder 16 Jahre alt waren? Hat die junge Bella an die große Liebe gedacht?

Mit 15 war mal so eine Zeit, da wollte ich unbedingt Missionarin werden. Ich habe mir gedacht, ich gehe irgendwann einmal nach Südamerika und helfe den

Schwester Maximiliana

armen Kindern. Aber dann ist eine Phase gekommen, wo klar war, dass ich unbedingt heiraten und ganz viele Kinder bekommen möchte. Das hat bis 16/17 Jahre angedauert, bis ich mich wirklich entschieden habe für irgendetwas.

Was ist da passiert mit 16?
Ich habe damals gläubige Freunde kennengelernt, die auch viel in der Bibel gelesen haben, und ich habe mir dann die Frage gestellt, was ist mein Sinn in meinem Leben? Jeder Mensch kommt auf die Welt und hat irgendeine Aufgabe. Aber was ist jetzt meine Aufgabe?

Kommen wir auf Ihre eigenen Erlebnisse mit Kirche und mit Glauben in der Kindheit zu sprechen. Was sind die ersten prägenden Erinnerungen?
Besonders in Erinnerung ist mir meine Großtante, die mir den Weg zu Gott gezeigt hat. Sie hat mich zum Beispiel am Samstagnachmittag, ich war vielleicht fünf Jahre alt, mit dem Rad abgeholt, mich auf ihren Gepäckträger gesetzt und ist mit mir zum Rosenkranz-Beten gefahren. Ich habe da mit Freude mitgemacht. Später habe ich dann ministriert, und auch das war etwas Besonderes für mich.

Dann sind Sie nach Assisi gefahren …
Da war ich dann 17 Jahre, weil ich zwar immer an Gott geglaubt habe, aber, ehrlich gesagt, die Liebe zur katholischen Kirche, die habe ich mir schon erkämpfen müssen. Aber ich glaube es ist ganz gut, wenn man sich etwas erkämpfen muss.

Wie kamen Sie zu dieser Fahrt nach Assisi?
Ich habe da gerade meinen Schulabschluss auf der Realschule gemacht, und danach bin ich mit Bekannten, die in die Toskana fuhren, mitgefahren. Das war eher ein Kultururlaub, und an einem Tag sind wir auch nach Assisi gefahren. Das war für mich ganz wichtig, ein richtiges Erlebnis, weil mir der Heilige Franziskus viel gesagt hat.

Doch danach ging es nicht gleich ins Kloster, sondern es gab erst noch eine Ausbildung?
Ich habe nach meinem Realschulabschluss mit der Ausbildung zur Erzieherin angefangen. Die hat fünf

Foto: MünchenVerlag/Maren Willkomm

Allein sechs Stunden am Tag verbringt die junge Nonne Maximiliana mit Beten.

gen. Das war dann das Ende meiner Ausbildung, ich habe mich gefragt, wie es weitergeht, und für was ich mich entscheide. Die Klostergedanken, die waren schon einige Jahre in meinem Kopf gewesen. Dann habe ich mir gedacht, jetzt probiere ich es doch einmal in einem Kloster aus und versuche, ein paar Tage dort mitzuleben. Dingolfing ist mir empfohlen worden, und da war ich dann im Mai 2005 vier Tage zu Besuch.

Was war der erste Eindruck von dem Kloster? Gab es Überraschungen, mit denen Sie nicht gerechnet hatten?

Jahre gedauert. Das war mein Traumberuf, den ich mir von Kindheit an gewünscht habe. Es ist für mich auch ein großes Opfer, und ich denke oft an die Kinder und an die Zeit zurück, aber meine Frage war immer: „Lieber Gott, was willst du? Willst du, dass ich in der Welt bleibe bei den Menschen, oder willst du etwas Anderes von mir?"

Wann und wie kam der Gedanke auf, dass Sie Ordensschwester werden und in Klausur leben möchten?

Anfang des Jahres 2005 ist ganz viel in mir vorgegan-

Ich habe am Anfang gedacht, ich komme da hin, und die Oberin ist bestimmt dick, und alles Mögliche habe ich mir gedacht. Aber es war genau andersrum. Mir hat eine ganz junge Schwester die Türe aufgemacht, mich ganz nett begrüßt und mich sogar umarmt. Ich bin direkt erschrocken, dass mich eine Nonne gleich umarmt. Und die Oberin hat mich auch gleich umarmt. (lacht)

Hier ist gute Laune in dem Klarissenkloster, benannt nach der Heiligen Clara von Assisi. Da ist

Foto: MünchenVerlag/Maren Willkomm

Schwester Maximiliana

die Verbindung zu Franziskus wieder gegeben?
Genau. Sie war die erste Frau, die eine Ordensregel geschrieben hat, welche die Kirche bestätigt hat. Das war das Besondere für mich.

Was ist typisch für ein Franziskanerkloster – im Vergleich zu den Benediktinerinnen oder Dominikanerinnen?
Die Franziskanische Spiritualität hat etwas mit Gemeinschaft zu tun. Die Franziskaner sollen eigentlich immer ein bisschen fröhlich sein, und die Armut hat etwas mit unserem Charisma zu tun. Wichtig ist die Schöpfung, denn der Heilige Franziskus hat die Schöpfung sehr geliebt: die Tiere und die Natur!

Ich könnte mir vorstellen, dass das ein innerer Kampf ist, sich auf etwas festzulegen. Haben Sie mit sich gerungen, bevor Sie zu dieser Entscheidung kamen?
Ich kann das einfach so sagen, Gott hat zu mir gesprochen, oder ich habe gemeint, dass ich höre: „Komm und folge mir ganz." Und dieses Wort hat für mich bedeutet, ehelos zu sein. Ich habe mir gedacht: „Lieber Gott, ich will doch heiraten, ich will sechs Kinder, und dann will ich noch vier dazu adoptieren. Wie kannst du so etwas von mir verlangen?" Ich war wütend auf den lieben Gott, und ich habe geschimpft. Ich habe tatsächlich jahrelang gekämpft mit ihm.

Was hat den Ausschlag gegeben? Das sind doch ziemliche Gegensätze, sich sechs Kinder zu wünschen oder als Nonne ins Kloster zu gehen?
Irgendwann habe ich kapiert, dass ich als Nonne noch viel mehr Kinder haben werde; nur in einer anderen Weise. Ich werde nicht schwanger in dem Sinne und ich gebäre die Kinder auch nicht. Aber ich kann eine geistige Mama von vielen Kindern sein. Dann ist auch die Ruhe in mir gekommen. Ich bin allerdings genauso eine Frau wie jede andere, und man wünscht sich das als Frau, selber Kinder zu kriegen.

Die Eltern und die Freunde, wie haben die reagiert, als Sie dann den Schritt ins Kloster gewagt haben?
Manche Freunde haben darauf gewartet und haben gewusst, irgendwann geht die Bella. Andere haben gesagt, warum gerade in die Klausur, und ich glaube, du kommst sowieso wieder zurück. Meine Eltern waren eher so eingestellt, wenn du schon ins Kloster gehen musst, dann doch in ein gemäßigteres. Das war schon schwierig für meine Eltern. Aber jetzt haben sie das akzeptiert, und sie konnten ihren Frieden damit schließen, weil sie sehen, dass es mir gut geht.

Wo kommt Ihr Ordensname her, Maximiliana?
Mein Patron ist Maximilian Kolbe. Wenn man Einkleidung hat, nach einem Jahr im Kloster, bekommt man einen neuen Ordensnamen. Bei uns im Kloster ist es Tradition, dass man sich drei Patrone auswählt, und sich dann einen Namen rauszieht. Bei mir ist das Los auf Maximilian Kolbe gefallen, und darüber bin ich sehr glücklich.

**Denn er hat sein Leben in Auschwitz für einen Mithäftling gegeben, für einen Familienvater, der geschrien hat: „Ich will nicht sterben!" Kolbe hat

> „Mir hat eine ganz junge Schwester die Türe aufgemacht und hat mich ganz nett begrüßt und hat mich sogar umarmt."

sich stellvertretend dafür angeboten, in den Tod zu gehen.

Ja, genauso war das.

Wie war Ihr Abschied von Familie und Freunden?

Mein Papa hat sich einen Bus ausgeliehen, und meine ganze Familie und zwei gute Freundinnen haben mich hierher gebracht, am 1. September 2005. Die haben was zu essen bekommen, und ich bin dann gleich zu den Schwestern gegangen. Dann habe ich mich von ihnen verabschiedet. Das haben wir noch draußen machen dürfen. Dieser Abschied war schon sehr bewegend.

Ich bin zu Besuch bei unserem heutigen Gast, Schwester Maximiliana, einer der jüngsten Nonnen Deutschlands mit 25. Jetzt lassen Sie uns mal über den Alltag im Kloster reden. Wie oft wird denn am Tag gebetet?

Von 6:00 Uhr bis 8:45 Uhr ungefähr das erste Mal. Dann von 11:45 Uhr bis 12:00 Uhr, das ist die Sext. Anschließend gehen wir noch mal in die Kapelle zu einem Gebet, nach dem Mittagessen. Dann von 15:30 Uhr bis 17:45 Uhr und am Abend von 19:30 Uhr bis 20:00 Uhr, das ist dann die Komplet, die da gebetet wird.

Das heißt, am Tag sind es insgesamt so gute sechs Stunden Gebet? Was kann man denn da so lange beten?

Der eine Teil ist das Stundenbuch, das sind die Psalmen, die man betet, die Jesus auch schon gebetet hat. Dann ist der Rosenkranz dabei in dieser Zeit und die Heilige Messe.

Wann sind Sie so richtig glücklich? Wann lachen Sie hier im Kloster?

Ich lache ziemlich viel. Mir ist die Gemeinschaft sehr wichtig und der Umgang mit meinen Mitschwestern, und wir haben wirklich viel Spaß miteinander. (lacht)

Es gibt auch gemeinsame Mahlzeiten, reden Sie auch über das frühere Leben miteinander?

Beim Abendessen zum Beispiel haben wir Rekreation, und danach gehen wir in den Garten spazieren, und da re-

Besonders gefragt bei Magenbeschwerden sind der „Klarissenseegen" und der „Klarissengeist", die beide im Kloster gebrannt werden.

Schwester Maximiliana

den wir schon von der Vergangenheit und erzählen uns, was man da alles erlebt und gemacht hat.

Man fragt sich bei so langen Schweige- und Gebetszeiten, was es eigentlich zu erzählen gibt?
Manchmal redet man über den lieben Gott, oder wir tauschen uns über unsere Glaubensmeinungen aus. Nach einem Besuch reden wir auch über die Menschen, die zu uns kommen. Manchmal macht man Musik und singt miteinander. Ein anderes Mal schauen wir miteinander einen Film an.

Dann wird hier auch noch gearbeitet. Ich glaube, es wird inzwischen ein eigener Schnaps gebrannt, oder?
Ja, wir haben zwei Rezepte, die sind circa 300 Jahre alt. Eigentlich ist das Medizin, nur wir haben in dem Sinne kein Labor, und das wird als Spirituose verkauft, aber es hat eine gute Wirkung: Es hilft gegen Magenbeschwerden, der „Klarissensegen" und der „Klarissengeist".

Ist denn Gott im Kloster näher als draußen?
Ich glaube in unserem Leben kann man Gott tiefer kennenlernen. Das heißt jetzt nicht, dass die Menschen draußen Gott nicht kennenlernen können, aber ich glaube, wenn man sich viel mit Gott beschäftigt und wenn man nicht so vielem ausgesetzt ist, Filmen und Radio, und wie die Welt halt draußen so ist, dann ist man freier für Gott.

Welche Zeitungen lesen Sie hier?
Ich lese die „Tagespost" am allerliebsten oder eben das Bistumsblatt von uns, von Regensburg. Außerdem gibt es noch den „L'Osservatore Romano".

„...manchmal würde ich mir wünschen, dass ich auf dem Gipfel der Kampenwand stehe und wieder den Ausblick genieße."

Das ist die Zeitung aus dem Vatikan. Da stand in den letzten Wochen viel drinnen über den Papst, auch Unerfreuliches. Es ist ein englischer Bischof ins Gerede gekommen, Bischof Richard Williamson, der den Holocaust leugnet und dennoch wieder in die Kirche aufgenommen wurde. Hat so jemand was in der Kirche verloren?
Ich verstehe auch nicht, warum der das sagt, da gibt es keinen Grund, das zu leugnen. Ich bin jetzt eher der Typ, der sagt, über so etwas mag ich mich gar nicht ärgern, weil das ist es gar nicht wert, sich über so etwas aufzuregen, weil das einfach nicht richtig ist.

Wie sehen Ihre eigenen Pläne aus? Ich glaube, in zwei bis drei Jahren steht die Entscheidung an, die Ewige Profess abzulegen, das Ewige Gelübde?
Vor ein paar Monaten habe ich die erste Profess abgelegt, für drei Jahre, und ich fühle mich auf dem rechten Weg. Aber ich bin trotzdem offen für alles.

Gibt es einen großen persönlichen Wunsch, den Sie haben, irgendetwas, was Sie draußen noch hätten machen sollen?
Das muss ich ganz ehrlich sagen, manchmal würde ich mir wünschen, dass ich auf dem Gipfel der Kampenwand stehe und wieder den Ausblick genieße. Das ist schon ein verborgener Wunsch.

Achim Bogdahn war am 11. Februar 2009 zu Besuch bei Schwester Maximiliana im Kloster St. Klara in Dingolfing.

Foto: MünchenVerlag/Maren Willkomm

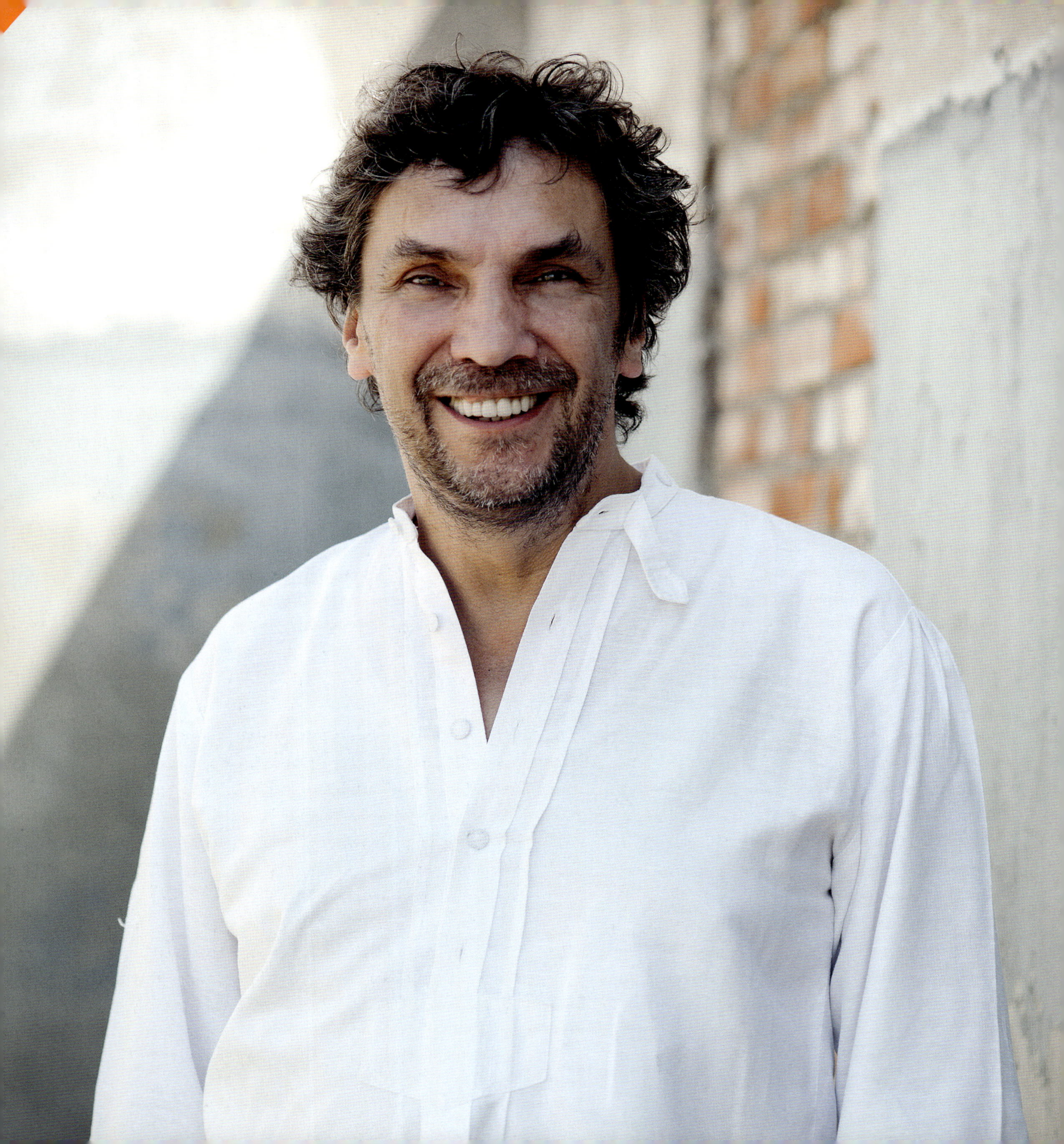

Christian Stückl

Man kann ihn getrost als passioniertes Theater-Naturtalent beschreiben. Durch die Inszenierung der Passionsspiele in Oberammergau 1990 ist er berühmt geworden. Ob seine dritte Passion 2010 die letzte war, weiß er noch nicht, seine größte ist es auf jeden Fall: Über eine halbe Million Menschen sind zu den 109 Aufführungen gekommen.

Eines weiß Christian Stückl, Sohn eines Gastwirtpaares aus Oberammergau, seit seiner Kindheit: Er will Theater machen. Dass er Festspielleiter der Passionsspiele in Oberammergau wird, ist kein Zufall: Seine Familie ist bis in die Großelterngeneration mit dieser Inszenierung eng verbunden, sein Vater steht auch 2010 wieder auf der Bühne als Hoher Priester. Vor seiner Karriere als Spielleiter besucht Christian Stückl das Gymnasium in Ettal und fliegt dort von der Schule – natürlich wegen seiner Theaterleidenschaft. Danach machte er eine Holzbildhauerlehre und gründete eine Laien-Theatergruppe in seinem Heimatort Oberammergau, mit der er Stücke von Molière, Büchner und Shakespeare inszenierte. Regie führte er auch mit Profis an den Kammerspielen in München, und schließlich ist er auch noch ein gestandener Intendant: im Münchner Volkstheater. Seinen größten Auftritt hatte Christian Stückl 2006 bei der Eröffnungsfeier der Fußballweltmeisterschaft, bei der er mit Fifa-Kulturchef André Heller eine Show mit 1300 Beteiligten mit Schuhplattlern und Hip-Hoppern in die Allianz-Arena in München zauberte.

Foto: Gabriela Neeb

Sie sind immer in Bewegung. Wissen Sie eigentlich, wie hoch Ihr Blutdruck ist?
Ich war zufällig 14 Tage vor Ende des Passionsspiels beim Arzt, und der hat gesagt, er ist niedrig. Also ich habe keinen hohen Blutdruck.

Man hat bei Ihnen das Vorurteil, dass Sie eigentlich einen wahnsinnig hohen Blutdruck haben müssten, da Sie auch noch so viel rauchen. Haben Sie das selber auch gedacht?
Ich dachte es auch.

Sie hatten ein turbulentes Jahr 2010: Haben Ihren regulären Job als Intendant des Volkstheaters gemacht, haben den „Jedermann" in Salzburg inszeniert und waren Spielleiter in Oberammergau. Haben Sie noch Energien übrig nach den Passionsspielen?
Die anstrengende Zeit in diesem Jahr war bis zur Premiere Mitte Mai. Und dann ging es am 24. Mai gleich in Salzburg weiter. Bis in den Juli hinein war ich ständig zwischen Salzburg und Oberammergau unterwegs. Zwischendrin habe ich auch noch Spielzeitende am Volkstheater gehabt – das war dann eine ziemlich anstrengende Zeit. Ich glaube, stressig wird es jetzt wieder, weil ich mich wieder mit der neuen Spielzeit im Volkstheater beschäftigen muss. Trotzdem fahre ich noch für eine Woche in Urlaub nach Indien.

Die Passion ist zu Ende. Träumen Sie noch davon?
Ganz am Anfang des Passionsspiels habe ich sehr viel davon geträumt. Jetzt schlafe ich eigentlich

wieder ziemlich gut. Es war eine lange Zeit in Oberammergau, und nach 109 Aufführungen ist es auch gut, dass es vorbei ist. Man denkt sich dann schon, ob ich das in zehn Jahren noch einmal packe? Aber da hat man noch genügend Zeit, darüber nachzudenken.

Sie versuchen diesen Gedanken zu verdrängen, ob Sie es noch einmal machen?

Wir hatten an der Premiere zum Passionsspiel 30 junge jüdische Theaterwissenschaftler und Rabbinerschüler in Oberammergau. Nach der Premiere habe ich mich mit einem dieser Rabbinerschüler die ganze Nacht unterhalten über das Passionsspiel. Am nächsten Tag denke ich mir: „Nächstes Mal muss es nochmal verändert werden." Und so denke ich automatisch, was ich beim nächsten Mal anders machen könnte.

Sie haben jedes Mal tatsächlich etwas anders gemacht, zum Beispiel immer wieder den Text verändert und auch das Bühnenbild jedes Mal ganz neu gestalten lassen. Sind Sie jetzt angekommen?

Das Schöne am Theaterberuf ist, dass man eigentlich immer wieder starten kann. 1990, als ich das zum ersten Mal machte, waren mir ganz klar die Hände gebunden, da durfte ich gar nicht viel verändern. 2000 wollte ich dann die Reform, und erst 2010 war ich richtig frei. Und trotzdem ist man mit so einem Stück nie an einem Ende. Man wird wieder zehn Jahre älter, und damit hat man ein ganz anderes Bild auf die Figuren.

Das ist schon etwas Besonderes, was auch im Dorf entsteht, oder?

Ich sage immer, das Passionsspiel hat die Zeit so lange überdauert, weil es unser größter sozialer Event ist. Wenn 2200 Menschen ein halbes Jahr gemeinsam proben und ein halbes Jahr lang gemeinsam auf der Bühne stehen und alle Generationen in der Garderobe nebeneinander sitzen – vom Jüngsten mit zehn bis zum Simon von Bethanien mit 80 Jahren –, ist das großartig.

Sie gehen immer sehr stark mit den Rollen in den Stücken mit, die Sie inszenieren. Gelingt das auch bei der Passion? Sprechen Sie wirklich gewissermaßen über 2000 Rollen mit bei den Proben?

Ich spreche die ganze Zeit mit. Da ich meine Theaterlaufbahn mit Laien begonnen habe, begebe ich mich auch immer bei den Proben mit auf die Bühne und spiele die Rollen vor. Dadurch ist man schon in jeder Rolle irgendwie drin.

Das machen Sie bei den Laien. Sie sind ja auch Intendant des Volkstheaters und spielen da auch mit Profis. Mögen die das, wenn Sie sich in ihre Rolle auf der Bühne so reinbegeben?

Das ist ganz unterschiedlich. Es gibt Schauspieler, die sagen: „Christian, bitte geh von der Bühne!"

„Du Regie, ich Spiel."

„Du Regie, ich Schauspieler." Dann gehe ich herunter und stehe drei Minuten später wieder oben. Es gab aber auch Situationen, zum Beispiel mit Rudi Wessely an den Münchner Kammerspielen, der mich grundsätzlich der Bühne verwiesen hat, aber wenn ich dann unten war, gerufen hat: „Wo bist du denn jetzt?" (lacht)

> „Es gibt Schauspieler, die sagen „Christian, bitte geh von der Bühne!"

Christian Stückl

Sie sind nicht ganz zufällig Spielleiter der Oberammergauer Passion geworden, denn Sie sind dort 1961 geboren, als Sohn des Gastwirts Stückl. Herr Stückl, wann waren Sie das erste Mal in der Gaststube am Stammtisch?

An das kann ich mich nicht wirklich erinnern, ich glaube ganz früh. Wenn man im Wirtshaus aufwächst, dann sitzt man ja eigentlich ununterbrochen in der Wirtschaft. Die Küche war neben dem Lokal. Wenn der Opa am Stammtisch saß, dann waren wir auch beim Opa am Stammtisch.

Hat Sie dieses Aufwachsen in der Gaststube bis heute geprägt?

Das gab ganz unterschiedliche Reaktionen. Mein Bruder hat sich ganz früh auf den Speicher zurückgezogen. Dem gingen die Gäste eigentlich immer auf den Nerv. Und bei mir war es genau die gegenläufige Richtung, ich habe das wahnsinnig geliebt, wenn im Sommer bestimmte Sommergäste wiederkamen. Da waren Hamburger dabei, die jedes Jahr nach Oberammergau kamen, und da hat man sich immer schon gefreut, weil die ein anderes Leben mit reingebracht haben.

Sie hatten also schon immer eine gewisse Neugierde?

Das glaube ich schon. Eigentlich liebe ich Oberammergau bis heute, und ich bin total gerne da, aber ich habe auch mit 18 gewusst, ich muss zum Zivildienst raus, um aus diesem Dorf rauszukommen. Auch die Touristen haben etwas von außen mitgebracht, das man dann unbedingt kennenlernen wollte.

Also die Gaststube auch eine Art Tor zur weiten Welt?

Ja, ein bisschen schon.

Sie gelten als sehr freundlich, als humorvoll, und haben den Ruf, dass Sie sehr gerne zuhören. Sind das Eigenschaften, die Sie von Ihren Eltern, auch als Gastwirte, mitbekommen haben?

Passionschef Stückl bei einer Jeremias-Probe.

Foto: Thomas Dashuber

Christian Stückl bei einer Probe zum „Brandner Kaspar"

Meine Mutter war wirklich eine Wirtin aus Leidenschaft. Sie hat es total gemocht im Lokal zu sein, die hat sich an die Tische dazugesetzt. Mein Vater war eher der, der in der Küche geblieben ist. Wenn ich das von jemandem mitbekommen habe, dann eher von der Mutter.

Sie sind schon ganz klein mit der Passion in Berührung gekommen als Oberammergauer, so wie das üblich ist in Oberammergau. Als Sie neun Jahre alt waren, fanden die ersten Spiele statt, bei denen Sie dabei sein durften. Sie galten als Bühnenschreck.

Damals war mein Großvater König Herodes, mein Vater war im Hohen Rat, und ich war in der zweiten Klasse Grundschule, und ich kann mich nicht an die zweite Klasse Grundschule erinnern, sondern eigentlich nur ans Passionstheater. Ich war ständig im Passionstheater, ich bin in der Früh hinaus, ich habe in jedem lebenden Bild dringestanden.

Obwohl Sie das nicht durften, Sie haben sich reingeschmuggelt, habe ich gehört.

Obwohl ich nicht durfte. Irgendwann hat der Regisseur mich auch am Kragen gepackt und hat gesagt: „Das nächste Mal bekommst du eine Watschn!" Die Watschn kam auch tatsächlich. Angeblich bin ich dann nach Hause gekommen und habe gesagt: „Wenn ich dann Spielleiter bin, haue ich zurück." Meine ersten Beweggründe, Spielleiter zu werden, kamen aus niederen Beweggründen heraus. (lacht)

1990 haben Sie es dann zum ersten Mal inszeniert. Damals haben auch wieder Ihr Großvater und Ihr Vater mitgespielt. Als Sie plötzlich der Spielleiter waren, wie sind denn Großvater und Vater damit umgegangen?

Vor meinem Vater hatte ich fast ein bisschen Angst. Ich habe zwei Jahre vor dem ersten Passionsspiel gesagt: „Wir machen jetzt den „Woyzeck" und du machst den Hauptmann." Das war in der Laiengruppe, und wir mussten erst einmal ausprobieren, ob Papa und Sohn überhaupt miteinander können. Er hat gesagt: „Natürlich geht das. Ich werde dich voll akzeptieren." Und dann kamen die ersten Proben, und es war wirklich erst mal schwierig. Auch der Umgangston war plötzlich ein ganz anderer. Ich habe zum Papa gesagt: „Du musst jetzt dies und du musst jetzt das!" Nach

Foto: Arno Declair

einem kurzen Streit war klar, dass er komplett hinter mir steht. Aber beim Großvater war es viel schwieriger. Als ich ihn bei einer großen Probe mit 800 Leuten kritisiert habe, hat man richtig gemerkt, wie er schmollt. Aber auf der anderen Seite waren Großvater und Vater natürlich auch wichtig. Die haben schon eine viel längere Passionserfahrung gehabt.

Als Sie vor acht Jahren als Intendant des Münchner Volkstheaters angetreten sind, wollten Sie aus dem Volkstheater eine sogenannte In-Location machen, einen Ort, an dem man sein will, wenn man so ein bisschen am Puls der Zeit sein will. Ist es Ihnen gelungen?

Wir haben in München drei große Häuser, die Kammerspiele, das Residenztheater und das Volkstheater, das das kleinste davon ist. Ich habe ganz am Anfang gemerkt, dass ich nicht konkurrieren kann mit den großen, was die finanziellen Mittel anbelangt. Ich habe aber auch eine ganz klare Zielsetzung gehabt, ein junges Publikum in unser Haus zu locken und reinzubringen. Für mich war ganz wichtig die Kneipe, die daneben liegt, der Volksgarten, dass das auch ein Ort ist, wo man hinterher sitzen bleibt. Ich habe schon das Gefühl, dass es gelungen ist, aus dem Volkstheater einen Ort zu machen, zu dem die Leute gerne hingehen.

Sie haben einmal gesagt, dass Sie die Passion in gewisser Weise zur Ihren gemacht haben. Haben Sie auch das Volkstheater zu Ihrem gemacht?

Das ist schon ein großer Unterschied. Mit dem Passionsspiel bin ich aufgewachsen. Das ist hineintätowiert in mich. Bei so einem Theater in München ist das natürlich viel komplexer, man hat viele verschiedene Regisseure. Manchmal machen junge Regisseure auch etwas, das du selber so nicht machen würdest. Wenn ich von jungen Leuten will, dass sie Regie führen, dann muss ich auch das Scheitern zulassen. Es kam auch in den acht Jahren, in denen ich es gemacht habe, vor, dass ich einmal zu einem jungen Regisseur gesagt habe: „Wir müssen diese Arbeit hier beenden, denn ich will meine Zuschauer nicht vergrämen."

Es ist Ihnen sogar ganz am Anfang passiert, beim allerersten Stück, „Titus Andronicus", dass bei der zweiten Aufführung 200 Leute gegangen sind. Das war noch der Ruth-Drexel-Fanclub.

Am Anfang war das schwierig. Ich wollte ein klares Zeichen setzen, ich habe gesagt: „Shakespeare wird es nicht nur in den Kammerspielen geben, sondern auch bei uns." Und beim „Titus Andronicus", bei dem Shakespeare, den ich gemacht habe, sind bei der zweiten Vorstellung wirklich 180 Leute aus dem Saal herausgegangen. Und manche haben furchtbar geflucht. Ich habe mir gedacht, vielleicht gehört auch das dazu, wenn man etwas Neues anfängt, wenn man versucht, einem Haus seine eigene Prägung zu geben, aber in dem Moment kann man da ganz schlecht damit umgehen. Hinterher versucht man das einzuordnen. Wenn es dann so gelingt, wie es uns gelungen ist, dass wir schon im ersten Jahr unser Publikum total stabilisieren konnten, dann macht es einem im Nachhinein nichts mehr aus.

Herr Stückl, bei all Ihrem Schaffensdrang, wann

> „Wenn ich von jungen Leuten will, dass sie Regie führen, dann muss ich auch das Scheitern zulassen."

haben Sie Zeit für Muße und Privates?
Ich habe mir fest vorgenommen, nächste Woche nach Indien zu fahren und über Allerheiligen in Indien zu sitzen, einfach im Café zu sitzen und ganz meine Ruhe zu haben und mit niemandem zu reden.
Man muss dazu sagen, Sie haben eine besondere Beziehung zu Indien, weil Sie dort auch einmal ein Stück inszeniert haben und seitdem Freunde gefunden haben. Wenn Sie Zeitung lesen, finden Sie Antworten auf Fragen für sich, zum Beispiel: „Hast du was falsch gemacht?"
Manchmal ist man doch total überrascht. Ich habe als 15-Jähriger gewusst, ich möchte zum Theater gehen. Ich habe damals aber nicht gewusst, wie das geht. Dann habe ich einfach losgelegt und habe selber Theater gemacht. Dazu brauchte ich aber auch Glück. Es kam dann irgendwann ein Münchner Journalist zufällig nach Oberammergau und hat eine Arbeit von mir gesehen und mich empfohlen. Es gehört im Leben auch Glück dazu, man muss trotzdem selber was dafür machen. Wenn ich nichts gemacht hätte, hätte er mich nicht sehen können, und das eine bedingt das andere.
Sie sind einer, der sehr stark wahrnimmt. Welches Sinnesorgan ist Ihnen das wichtigste?
Wenn ich zum Beispiel in Indien bin, dann merke ich, wie wichtig die Nase ist. Ich stelle es mir auch grauenvoll vor, wenn man nicht hören kann, weil ich auch die Zwischentöne hören möchte. Für mich sind eigentlich alle diese Sinnesorgane total wichtig.
Ich möchte gerne gedanklich nach Israel mit Ihnen reisen. Sie sind letztes Jahr mit circa 50 Darstellern und Mitwirkenden der Passion nach Israel gereist. Warum haben Sie das gemacht?
Ich habe das eigentlich schon beim allerersten Mal gemacht, 1990 war das so eine Idee, die entstanden ist, weil wir uns gefragt haben, wie wir uns eigentlich richtig auf diese Geschichte vorbereiten? Als 18-Jähriger bin ich schon einmal nach Israel gefahren, und ich habe dort mehr erfahren über alles, was ich

Christian Stückl bei einer Passions-Leseprobe 2010.

Foto: Gabriela Neeb

Christian Stückl

jemals im Religionsunterricht erfahren habe. Und ich habe gesagt, dieses Erlebnis muss man weitergeben. Beim Passionsspiel war diese Fahrt aller Hauptdarsteller nach Israel der Höhepunkt, dort an den Originalschauplätzen der Geschichte zu folgen, aber nicht nur das. Für uns war auch ganz wichtig, Ábba Naor zu treffen, einen Holocaust-Überlebenden, nach Yad Vashem (Anm. d. Red.: Gedenkstätte der Märtyrer und Helden des Staates Israel) und auch etwas über das Land Israel zu lernen. Dann geht man durch die Straßen und hat diese Marktgerüche in der Nase, man geht durch die Kirchen, und der Weihrauch liegt in der Luft, dann an die Klagemauer, und man hört bestimmte Gesänge.

Dennoch sagen Sie, Gott haben Sie noch nicht gefunden, wie die meisten anderen auch. Hat sich Ihr Glaube verändert, seit Sie die Passion machen?

Was ist der Glaube? Wenn man versucht, Jesus auf die Bühne zu bringen, dann ist man ständig in der Auseinandersetzung mit dieser Gestalt. Und manchmal denkt man sich, jetzt verliere ich gerade meinen Glauben. Und manchmal denkt man sich, es ist eine faszinierende Gestalt, und irgendwie hat er doch recht, mit dem, was er sagt. Ich bin da immer hin- und hergerissen.

Wie tolerant sind denn die Oberammergauer so?

Ich glaube, in Oberammergau hat sich wahnsinnig viel geändert. Uns wurde in den 70er Jahren extremer Antijudaismus vorgeworfen im Spiel.

Durch den Text?

Das war nie bewusster Antijudaismus, aber der hat einfach dringesteckt. Wir haben seit 2000 zugelassen, dass auch Muslime mitspielen dürfen. Ich glaube schon, dass da viele dabei sind, die sehr tolerant sind. Und trotzdem findet man genauso Intolerante wie in jedem anderen Dorf auch.

Die sich dann wahrscheinlich auch verweigern für das Stück, oder?

Ganz klar.

Jetzt mal etwas eher Oberflächliches, nach den Passionsspielen ist wieder Haare schneiden angesagt, oder?

Wenn's rum ist, darf ich auch wieder meine Haare schneiden.

Welcher Friseur wird da denn überrannt, nach der letzten Aufführung?

Wir haben drei Friseursalons im Dorf, und die haben bis in der Früh um vier Uhr, was ich gehört habe, Haare geschnitten. Die Darsteller gehen runter von der Bühne und direkt in die Friseurläden. Beim Abschlussfest war das auch wunderbar, es kamen welche, die hatten schulterlanges Haar und dann plötzlich eine Glatze. Manche hat man wirklich nicht mehr erkannt.

Auch Ihre Haare sind jetzt kurz.

Ich lasse sie mir immer solidarisch mitwachsen, nur die Haare, den Bart nicht. Ich mochte noch nie einen Bart. Aber die Haare habe ich mitwachsen lassen, und wie vor zehn Jahren habe ich sie mir gleich – nach den Dankesworten beim Abschlussfest im Bierzelt – schneiden lassen von einem Freund.

Zu Gast bei Daniela Arnu war am 24. Oktober 2010 Christian Stückl, Spielleiter der Oberammergauer Passionsspiele und Intendant des Münchner Volkstheaters.

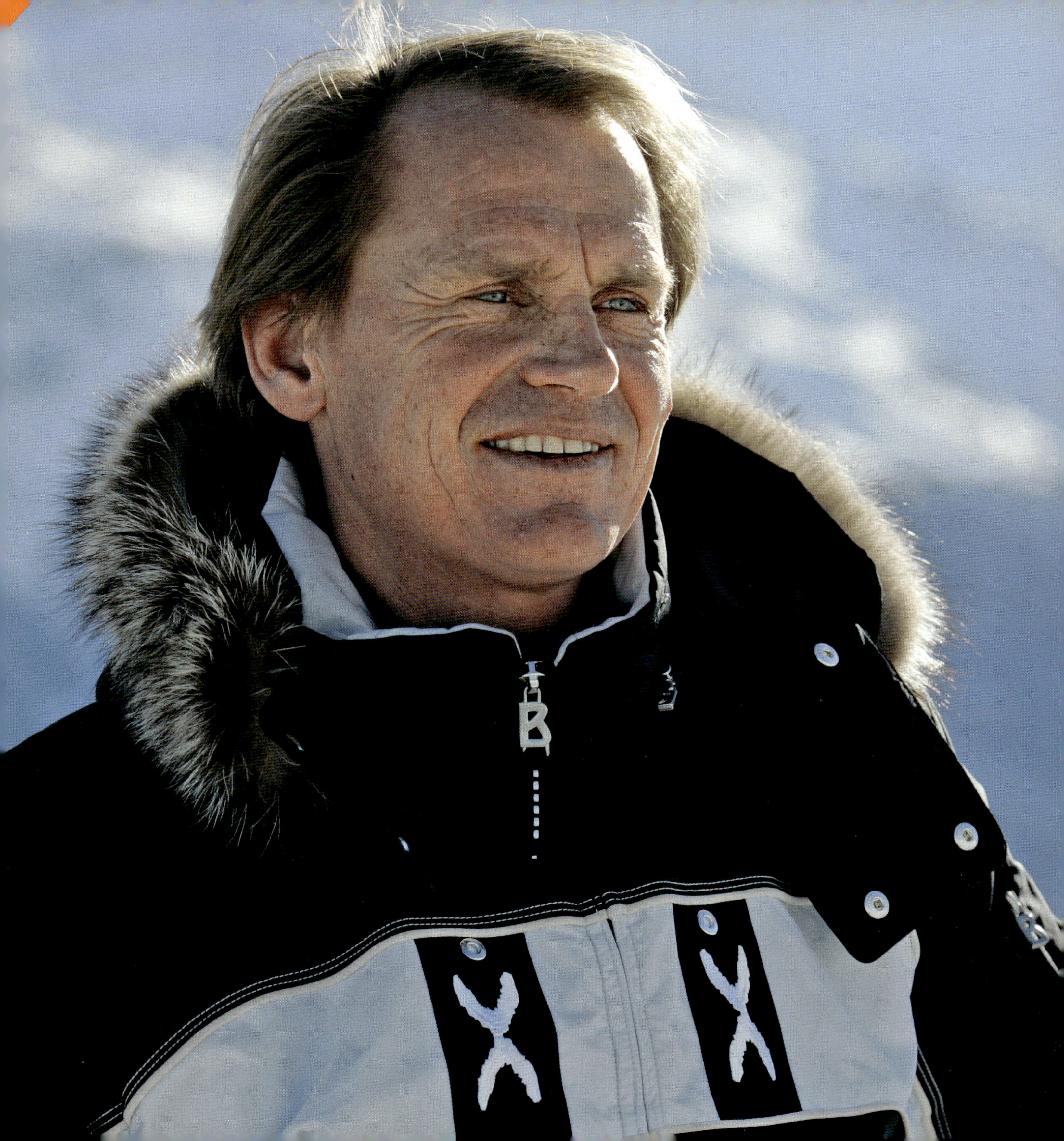

Markus Wasmeier

Mit bis zu 200 Kilometer pro Stunde war er auf der Speed-Strecke nicht mehr aufzuhalten – so rasant nimmt auch seine Skikarriere ihren Lauf: Markus Wasmeier holt sich den Weltmeister-, den Olympiasieger- und den Weltcuptitel. Als bayerischer Bub steht der Skirennläufer schon mit zwei Jahren auf Skiern, mit zwölf ist er bereits deutscher Schülermeister und kommt in den Kader der Nationalmannschaft.

Höhepunkte seiner Sportlaufbahn sind die Goldmedaillen im Super-G und im Riesenslalom, 1994 bei den Olympischen Spielen in Lillehammer, die ihm den Platz des erfolgreichsten deutschen Skirennfahrers aller Zeiten sichern. Nach dem Rücktritt vom Skisport bleibt er der ARD als Ski-Experte erhalten. Markus Wasmeier widmet sich seiner Familie und erfüllt sich einen Traum in seiner Heimatgemeinde Schliersee: Dort gründet er ein idyllisches Bauernhofmuseum. 2007 bekommt er von Edmund Stoiber den Bayerischen Verdienstorden überreicht.

Herr Wasmeier, was war Ihre höchste Geschwindigkeit jemals auf Skiern?

185 Kilometer pro Stunde. Das war bei einem normalen Weltcuprennen im Haneggschuss in Wengen. Sonst bin ich auch schon einmal 200 Kilometer pro Stunde gefahren, aber das war eine klassische Speed-Strecke, die einfach nur geradeaus geht.

Sie sind der erfolgreichste deutsche Skirennläufer aller Zeiten. Wann haben Sie das letzte Mal die beiden Goldmedaillen von Lillehammer in der Hand gehabt?

Das ist jetzt locker ein Jahr her. Am 7. Februar ist ein sogenannter Jahrestag, weil ich da meine erste Medaille gemacht habe. Während der Olympiade (Anm. d. Red.: Olympische Winterspiele in Lillehammer 1994) hat ein Hamburger Ehepaar auf unsere Häuser aufgepasst, weil die ganze Familie in Norwegen oben war. Die Hamburger haben sich den 7. Februar selber zum Feiertag gemacht. Jedes Jahr kommen sie runter und feiern bei uns daheim. Wenn ich dann da bin, werden die Medaillen ausgepackt und hingehängt.

Wo sind die denn sonst?

Im Kinderzimmer, in der Schublade. Ich bin jetzt nicht so einer, der immer irgendwas präsentiert.

Christian Neureuther hat erzählt, dass sein Sohn lange nicht gewusst habe, wie erfolgreich er und die Rosi beim Skilaufen waren. Wie war das bei Ihren Kindern?

Die haben das bis vor ein paar Jahren auch noch nicht so richtig gewusst. Erst, als sie diese alten Filme gesehen haben, die jetzt speziell – natürlich auch auf Großveranstaltungen – immer wieder im Fernsehen laufen, haben sie es richtig registriert.

Wie war das bei Ihnen und Ihrem Vater? Ihr Vater war auch Skifanatiker.

Meine Eltern generell waren leidenschaftliche Skifahrer bis heute. Mein Vater ist zusätzlich ein bisschen Ski gesprungen, hobbymäßig.

Foto: PR Markus Wasmeier

Hat Ihr Vater Sie dann auch auf die Ski gestellt?
Beide. Meine Mutter vielleicht mit mehr Geduld als mein Vater. Das weiß ich noch gut, wie er sich fürchterlich aufgeregt hat, wenn ich zwischen den Füßen meiner Mutter nicht mehr rausgegangen bin, weil das so Spaß gemacht hat.

Mit zwei Jahren haben Sie das erste Mal auf den Skiern gestanden?
Das hat sich schon über die Schülerzeit entwickelt. Ich war ein recht gehänselter Bub, muss man sagen, und sehr sensibel. Der Sport hat mir die Stärke gegeben, weil ich wusste, dass ich das besser kann als alle anderen. Darin habe ich meine Insel gefunden.

Wieso wurden Sie gehänselt? Gerade die Sportskanonen – Sie waren mit 12 Schülermeister – sind doch eigentlich die Stars in der Klasse?
Nein, gar nicht, im Gegenteil. Da hast du Sondervergünstigungen, das heißt, du darfst vielleicht einmal eine Stunde früher aus der Schule, um zum Training zu gehen. Das schürt natürlich Neid. Ich bin oft weinend nach Hause gegangen. Für mich war die Schulzeit grausam.

Deswegen haben Sie es zeitlich damit nicht übertrieben?
Mein Traum war eigentlich immer, mit meinem Vater zusammen den Beruf zu machen. Das Künstlerische habe ich von ihm. Ich wollte unbedingt Restaurator werden und mich dann aufs Holzhandwerk spezialisieren und so weiter. Ich habe meine Lehre gemacht, außerhalb von meinen Eltern, bin zu einer fremden Firma gegangen. Und der Meister hat mir im Winter freigegeben zum Skifahren. Das war eigentlich der Hauptgrund, warum ich den Beruf durchgezogen habe.

Das Skifahren ist sozusagen noch ein bisschen dazwischengekommen, zwischen Ihren Beruf?
Ja, das war ab dem Zeitpunkt, ab dem ich zur Bundeswehr gegangen bin.

Was hat das für Ihre Familie bedeutet, Sie zum Rennläufer auszubilden?
Damals ist halt jeder leidenschaftlich auf den Berg gegangen, und ich bin immer im Schlepptau mit dabei gewesen. Und beim Training war es genauso. Wenn ich trainiert habe, dann sind sie auch zum Skifahren gegangen. Bis 14 Jahre haben sie mich begleitet, aber ab dem Zeitpunkt dann nicht mehr. Da war ich bei der Nationalmannschaft, und dann wirst du von denen gefördert.

Aber es ist schon ein Einschnitt für eine Familie, weil es Geld kostet, und es war jetzt nicht so richtig dick bei Ihnen bestellt daheim.
Wir waren ganz normale Handwerker und haben zur Miete gewohnt. Damals war es noch nicht so teuer. Aber heutzutage kostet das wirklich viel Geld: Die Lifte sind teurer geworden, das Material. Damals hat man ja ein Paar oder zwei Paar Ski gehabt, und das war´s. Heute muss man sechs Paar Ski haben.

Abfahrt mit bis zu 200 Kilometer pro Stunde, Riesenslalom, Super-G. Wovor haben Sie Angst?
Eigentlich vor gar nichts. Respekt hat man ab und zu, das kommt halt immer darauf an, wie deine körperli-

> „Der Sport hat mir die Stärke gegeben, weil ich wusste, dass ich das besser kann als alle anderen."

Markus Wasmeier

...che Verfassung ist.

Sie waren auch ein paarmal schwer verletzt. Sind Sie damals betreut worden, etwa psychologisch, dass Sie wieder weiterfahren konnten?

1987/88 ist ein Psychologe gekommen und hat ein einziges Mal mit mir gearbeitet. Aber ich habe gemerkt, dass ich das automatisch so mache. Ich bin immer ein positiver Mensch, der nach vorne schaut. Nur es kann durchaus passieren, wenn du zum Beispiel so einen ganz extremen Sturz bei einen Sprung hast – und damals gab es wesentlich mehr Sprünge als heute –, dass dann so eine innere Handbremse da ist, die du nicht bewusst wahrnimmst. Es ist oft die Frage, ob du auf den ersten Reihen fährst oder eben dann bloß Fünfter bist.

Das ist das eine, die Angst, die einen möglicherweise etwas herunterbremst. Von der psychologischen Seite her spielt der Erwartungsdruck sicher auch eine Rolle?

Komischerweise habe ich nie den Gedanken gehabt, dass ich die Erwartung der anderen erfüllen muss.

Aber interessanterweise haben Sie Ihre größten Erfolge, also Bormio 1985, Lillehammer 1994, gehabt, als Sie eigentlich gar keiner auf der Rechnung hatte.

Von außen gesehen hatte mich da keiner auf der Rechnung. Aber ich war in dieser Saison 16 Mal Vierter. Was aber die Ausgangsposition für so eine Olympiade – oder für eine Großveranstaltung generell – immer ist, ist, dass du dich einfach in Ruhe vorbereiten kannst.

Sie kennen noch jedes Rennen. Sie können jeden Hügel wahrscheinlich noch genau runterbeten, oder? Haben Sie ein fotografisches Gedächtnis?

Das ist eigentlich die Kunst, warum wir Skifahrer überhaupt so schnell runterkommen. Du arbeitest in Bildern, das heißt, du kommst da mit 100 km/h, 130 km/h an und lässt immer diese Bilder schon im Vorfeld abrufen, damit du weißt, was auf dich zukommt. Der Mensch denkt ja generell auch in Bildern, und genauso ist das bei uns Rennfahrern.

Ihre Frau, Ihre Familie, welche Rolle haben die

Markus Wasmeier, König der Skipisten.

Foto: PR Markus Wasmeier/Bogner

Mit dem Freiluftmuseum Schliersee verwirklichte sich Wasmeier einen Traum.

gespielt bei der Entscheidung aufzuhören, direkt nach der Doppel-Goldmedaille 1994?

Das war eigentlich die größte Entscheidung, denn mein Sohnemann, der damals acht Monate alt war in Lillehammer, hat dann noch eine Osterüberraschung gekriegt, weil unser zweites Kind unterwegs war. Und das wollte ich einfach aufwachsen sehen. Dass es zum Schluss drei geworden sind, ist natürlich noch schöner. Als Sportler ist man 300 Tage im Jahr unterwegs, und da würdest du ja dein Kind nie aufwachsen sehen. Also das wollte ich einfach nicht. Zu dem Zeitpunkt war ich wirklich mit 31 Jahren ganz oben, mit diesem Hype, zwei Goldmedaillen zu haben – einen besseren Zeitpunkt gibt es doch nicht zum Aufhören.

Dass Sie zwei Goldmedaillen gewinnen, wussten Sie damals aber noch nicht. Hatten Sie bereits einen fertigen Plan B, war Ihre Idee vom Museum schon da?

Nein, gar nicht. Das ist einfach aus der Situation gekommen. Ich bin ja die Saison noch zu Ende gefahren, bis nach Amerika, und erst im Finale bin ich eigentlich das erste Mal wachgerüttelt worden. Da hat mein Kollege, Frank Wörndl, im Sessellift auf einmal gesagt: „Du, genieß den Lauf, das könnte dein letzter sein", und dann habe ich das erste Mal überhaupt darüber nachgedacht. Vom Nachwuchs wusste ich noch nichts.

Dieser große Medienhype war nie Ihr Ding gewesen, oder? Stimmt es, dass es Buskaffeefahrten zu Ihnen nach Hause gegeben hat, und Sie haben gar nichts davon gewusst?

Ja. Die sind in der Früh am Sonntag auf einmal vor der Haustüre gestanden, und der Busfahrer ist sitzen geblieben und hat gesagt: „Da hinten wohnt der

Foto: PR Markus Wasmeier

Markus Wasmeier

Wasmeier!" Dann sind alle ausgestiegen und hineingegangen. Das ist dann über Monate so gegangen, das war schrecklich.

Die Familie haben Sie aus der Öffentlichkeit und dem ganzen Rummel immer ziemlich rausgehalten.

Das mag ich nicht. Die müssen das selber entscheiden, und die Kinder – solange sie es nicht selber entscheiden können, halte ich sie einfach zurück.

Und das ging ja dann nach der Karriere auch ein bisschen besser.

Das ist wunderbar gegagen. Am schlimmsten ist natürlich der älteste Sohn dran, der blöderweise auch noch Markus heißt.

Der dummerweise auch noch gut Ski fährt.

Ja genau, und das sind halt so Dinge, an die man am Anfang gar nicht gedacht hat, als wir uns für den Namen entschieden haben.

Haben Sie Ihren Kindern selber das Skifahren beigebracht?

Ich bin ein leidenschaftlicher Blödsinnmacher. Da ist es nicht ums Skifahren, sondern einfach nur um Spaß gegangen. Und wenn sie nach fünf Metern keine Lust mehr gehabt haben, dann sind wir halt Schneeburg bauen gegangen. Meine Mutter, die mich schon zwischen den Füßen gehabt hat, hat auch alle meine Buben zwischen den Füßen gehabt.

Sie sind auch sehr musikalisch. Haben Sie richtige Hausmusik mit Schoßgeige und Zither gemacht, oder ist das erst später dazugekommen?

Mit neun Jahren habe ich das Instrument Zither angefangen, irgendwann habe ich dann eine Schoßgeige gefunden und mir das selber angelernt. Aber eigentlich war das Zitherspielen so eine Insel. In der Zeit, in der ich geübt habe, konnte ich mich nur auf dieses Instrument konzentrieren. So habe ich eine Stunde lang nichts gehört und nichts gesehen von außerhalb. Wie andere ein Buch lesen, so war es für mich das Musikmachen.

Und Sie haben es richtig gut gemacht. Es gibt eine CD von Ihnen, und die ist nicht schlecht.

Das stimmt. Leider Gottes habe ich mir die Hand einmal abgetrennt mit den Skikanten, und dadurch ist es jetzt so seit '95 nicht mehr so wirklich megamäßig gut zum Auftreten.

> „Ich bin ein leidenschaftlicher Blödsinnmacher."

Wir wollen über Ihr Museum reden, über Ihr Freilichtmuseum in Schliersee. Da gibt es so eine legendäre Geschichte, dass Sie das als Offensive gegen die „lila Kühe" errichtet haben?

Das war 1995. Als ich durch München gefahren bin, standen auf dem Mittleren Ring immer so Pappkühe und echte Kühe herum. Und dann habe ich mich irgendwann mal erkundigt, was das eigentlich sei.

Ach, Sie kannten es gar nicht als Werbung für Schokolade?

Nein, ich habe es nicht gekannt. Die normalen Kühe standen als Gegeninitiative auf die Umfrage, bei der Münchner Kinder gefragt worden waren, welche Farbe eine Kuh habe. 60 Prozent der Schüler hatten „lila" geantwortet. Darum haben die die Pappkühe aufgestellt. Dann habe ich überlegt, wenn in unserer Hauptstadt

München die lila Kuh weiter vorne ist als die andere – da muss ich doch was machen! Und da kam mir die Idee, ein Museum zu gründen, damit ich unseren Nachkommen etwas geben kann.

Und das ist dann letztendlich auch geglückt. Aber es war ein langer Kampf, das zu kriegen, oder?
Wie bei allen Dingen, die man neu macht, kommt einem sehr viel Skepsis von anderen Bürgern entgegen. Die waren dagegen. Aber das hat sich alles gelegt, und jetzt sind sie alle heilfroh, weil man doch über 100 000 Leute in die Region bringt mit meinem Hobby. Die bleiben ja nicht bloß bei mir, sondern die gehen wandern, Kaffee trinken, Brotzeit machen und alles Mögliche.

Es ist viel mehr für Sie als ein Hobby: 60 000 Quadratmeter, vier alte Höfe, diverse Nebengebäude.
Es ist schon ein richtiges Unternehmen mit 50 Angestellten geworden. Aber ich will halt eine gewisse Dienstleistung bringen. Ich will den Gast alles mit allen Sinnen erfahren lassen. Und das geht los beim eigenen Bierbrauen.

Vom Staat kriegen Sie gar nichts. Wie finanziert sich das?
Nein, vom Staat kriege ich nichts. Ich bin zwar gerade dabei, mit ihnen noch eine Idee zu verwirklichen, denn das Gelände ist noch groß genug, und es gibt ja Geschichten zu erzählen, die so interessant sind, dass ich sie erhalten möchte. Aber sonst finanziert es sich nur durch Patenschaften und Spenden.

Wie viel Zeit haben Sie überhaupt, da zu sein? Denn auch wenn Sie im Sommer mit dem Skifahren für das Fernsehen nicht so viel unterwegs sind, haben Sie ja trotzdem noch andere Verpflichtungen.
Es vergeht kein Tag, an dem man nicht für das Museum arbeitet. Für mich ist es auch eine Freude, wenn ich sehe, dass die Menschen, die uns besuchen, Freude daran haben. Man darf alles greifen, alles miterleben, es ist ja nichts abgesperrt. Es ist nicht so wirklich ein Museum, wie man es vielleicht in der herkömmlichen Form kennt.

Dabei ist vor allen Dingen ja auch der Restaurator wieder richtig durchgekommen bei Ihnen.
Ich wäre gerne, wie gesagt, Architekt oder Restaurator. Das wäre schon mein Traumberuf, und das mache ich halt jetzt hobbymäßig.

„Es vergeht kein Tag, an dem man nicht für das Museum arbeitet."

Was wird für Sie der Höhepunkt bei der WM?
Das sind natürlich die Sportveranstaltungen. Heute freue ich mich besonders auf die Eröffnungsfeier. Die ist wirklich einmalig. Es werden sogar, wie selten bei einer Eröffnungsfeier, fast alle Sportler anwesend sein. Es haben sich über 300 Sportler angemeldet. Außerdem werden auch ganz viele Garmischer dabei sein, weil 10 000 Karten in Garmisch verteilt worden sind. Das war so geplant, zuerst den Einheimischen die Karten zu geben und dann den Rest aufzufüllen, denn es sollte ein Festival der Region sein.

Sie haben irgendwann mal bei einem Rennen aus Sicherheitsgründen zum Boykott aufgerufen und gesagt: „Jetzt fahren wir nicht mehr."
Da war die Sicherheit wirklich gefährdet. Das heißt, die Piste war nicht in Ordnung, die wäre gebrochen. Also spätestens nach dem ersten oder zweiten Läufer wäre

Markus Wasmeier

Auch als Musiker machte Wasmeier bis zu einer schweren Verletzung auf sich aufmerksam.

es unfahrbar gewesen. Und so blöd sind wir dann auch wieder nicht, dass wir uns nur für die Show oder für den Wettkampf todesmutig runterstürzen.

Aber da waren Sie der Rädelsführer. Sind Sie zu den anderen hingegangen und haben gesagt, jetzt lassen wir es?

Ja, aber das ist vor 25 Jahren gewesen. Das war also 1985, nachdem ich Weltmeister geworden war. Alle mit großen Namen waren der gleichen Meinung, und einer muss der Rädelsführer sein.

Aber Sie hatten es selbst erlebt, dass eine Piste nicht sicher genug war.

Ja, mir ist es passiert, aber auch aus diesem Fall, bei dem ich meine Wirbelsäule gebrochen hatte, ist die Entscheidung neugetroffen worden, dass vor dem Wettkampf nochmal eine Besichtigung stattfindet. Das hat es zu der damaligen Zeit noch gar nicht gegeben, dass sich der Läufer selbst ein Bild machen kann, an welchen Stellen es mehr vereist wurde, wo eine Schanze mehr aufgebaut worden ist. Es ist leider oft so, dass erst durch Unfälle bessere Entwicklungen entstehen.

Sie müssen los zur Eröffnungsfeier, vielen Dank, Markus Wasmeier.

Zu Gast bei Stefan Parrisius war am 7. Februar 2011, kurz vor der Eröffnung der Ski-WM in Garmisch, Markus Wasmeier, Skiweltmeister, Olympiasieger und Museumsgründer.

Foto: PR Markus Wasmeier

Mordkommission
Dez. 11
Kommissariat 111
MK 1 und MK 5

Josef Wilfling

Er ist einer der bekanntesten Mordermittler Deutschlands: Über 40 Jahre lang im Polizeidienst, davon 22 Jahre lang bei der Münchner Mordkommission. Rund 100 Fälle löst der charismatische Ex-Chef der Münchner Mordkommission Josef Wilfling und versteht es wie kaum einer, in die menschliche Seele zu blicken. Seit 2008 ist er im Ruhestand, was bei ihm aber nicht Zur-Ruhe-Kommen bedeutet. In dieser Zeit schreibt der Ex-Mordkommissar ein Buch über sein Leben und Arbeiten mit dem Titel „Abgründe". Er ist der Meinung, dass „jeder ein Mörder werden kann". Das Verfassen dieses Buches hält er für einen guten Abschied aus seinem Arbeitsleben, in dem er immer wieder psychische Stabilität beweisen musste. An seinem Beruf habe ihn immer das Überraschende fasziniert, wobei man auf jeden Fall ein gutes Nervenkostüm braucht und sachlich bleiben muss. Im Oktober 2014 läuft im Bayerischen Fernsehen die Sendereihe „Lebenslänglich Mord", in der Josef Wilfling Mordfälle vorstellt, die ihm besonders unter die Haut gingen.

Herr Josef Wilfling, wie haben Sie eigentlich ein Verhör begonnen?
Immer freundlich, immer abwartend. Man muss sich ja erst einmal in die gegenüberliegende Person hineindenken. Das Vernehmungsklima bestimmt immer der, den man vernimmt.

Sind Sie schon mal verhört, „gegrillt" worden?
Eigentlich noch nicht, aber ich habe auch niemanden „gegrillt", aber verhört habe ich natürlich schon viele, wobei man ein bisschen differenzieren muss, wir sprechen von einer Vernehmung.

Was ist der Unterschied?
Die Vernehmung ist ein Frage-und-Antwort-Spiel. Aus diesen Antworten ergeben sich wieder neue Fragen, und am Ende bleiben Widersprüche, und dann kann es schon mal zum Verhör werden.

Wie viele Leichen pflastern ungefähr Ihren Weg? Sie waren 42 Jahre lang bei der Polizei.
Sehr viele, und in der Zeit, in der ich bei der Mordkommission war, haben sich dort 361 Morde ereignet und an die 800 versuchte Tötungsdelikte. In München werden seit 30 Jahren konstant pro Jahr etwa 19 vollendete Tötungsdelikte begangen und etwa 40 Versuche. Also da kommt schon etwas zusammen.

Wie ist das im Vergleich zum Bundesdurchschnitt?
Im Bundesdurchschnitt sind es etwa 1000 Tötungsdelikte pro Jahr. Das sind mehr Tötungsdelikte, als Menschen in Folge von Alkohol am Steuer ums Leben kommen – obwohl Deutschland im Europavergleich relativ weit hinten liegt.

Passieren in anderen Städten mehr Morde als in München?
Was die Zahl der Tötungsdelikte betrifft, sind wir schon mit anderen Städten gleichauf, und die Zahl der Tötungsdelikte ist drastisch zurückgegangen. Als ich 1987 anfing, hatten wir noch 39 Morde im Jahr, und als ich 2009 in Pension ging, waren es drei Mord-

Foto: Robert Haas/Süddeutsche Zeitung Photo

fälle. Im Endeffekt weiß keiner so genau, woran es eigentlich liegt.

Wäre schön, wenn es daran läge, dass die Menschen besser geworden wären.

Ja, das wäre schön, aber das ist es definitiv nicht. Im Gegenteil, wenn man zum Beispiel einmal die Zahlen betrachtet, was Gewalttaten gegen Kinder betrifft, dann haben die sich in den letzten zehn Jahren verdoppelt.

Das scheint Ihnen besonderen Kummer zu bereiten, wenn ein Kind betroffen ist in einem Mordfall oder in einem Gewaltverbrechen?

Nicht nur mir, sondern eigentlich allen, die damit befasst sind. Die Bilder vergisst man auch nicht mehr.

Wie sind Sie damit umgegangen, wenn Sie an einem Tatort waren und eigentlich von Ihren Gefühlen überwältigt wurden, aber professionell agieren mussten?

Das muss man lernen, und das findet man schon ziemlich frühzeitig heraus, ob man damit umgehen kann. Das muss auch jeder für sich selbst klären. Man muss die Dinge sachlich betrachten, also rein fachlich. Es hilft immer wieder, darüber zu sprechen, und man muss sehen, man hat eine Aufgabe, man will die Tat aufklären. Der schwierigste Teil ist eigentlich der Umgang mit den Angehörigen. Das können aber jetzt nicht nur die Angehörigen der Opfer sein, sondern auch die Angehörigen der Täter, auch diese Familien werden zerstört.

Können Sie sich noch erinnern, wie das bei Ihnen beim ersten Mal ging?

Ich kann mich an einen Fall erinnern, wo man an der Tür klingelt nachts, und es kommt die Mutter von dem Mann heraus, der gerade erstochen wurde ein paar hundert Meter weiter. Dann kommt die Treppe herunter eine junge Frau mit zwei Kindern an der Hand, das war die Ehefrau. Denen muss man dann sagen, dass der Sohn, Ehemann und Vater nicht mehr heimkommt. Dabei kann man körperlich spüren, wie diese Familie zerstört wird.

Hat Ihnen dann geholfen, Herr Wilfling, dass Sie alle Kraft daran gesetzt haben, den Mörder zu finden, um wenigstens dadurch der Familie zu helfen? Für Angehörige bedeutet es doch zumindest eine Gewissheit, den Täter hinter Schloss und Riegel zu wissen.

Das ist die eigentliche Motivation, für jeden Mordermittler. Jeder steht in der Pflicht bei diesen Menschen. Die wollen wissen, was da geschah. So gerät man in eine Art Bringschuld.

Nach 42 Jahren im Polizeidienst und Leiter der Münchner Mordkommission sind Sie jetzt seit gut einem Jahr im Ruhestand. Sind sie schon zur Ruhe gekommen?

Ja, es ist ganz angenehm, es ist auf jeden Fall nicht so schlimm, wie ich es mir gedacht habe. Ich war verheiratet mit meinem Beruf, und ich hatte da auch schon Bedenken, dass ich von hundert auf null runtergefahren werde. Wichtig ist, dass man was zu tun hat und dass man irgendein Hobby hat.

Sie haben die vermeintliche Ruhestandszeit mit Buchschreiben verbracht. Das Buch heißt:

„Wie können Menschen zu so etwas fähig sein? Ich habe nie eine Antwort gefunden."

Josef Wilfling

„Abgründe" (Anm. d. Red.: Untertitel: „Wenn aus Menschen Mörder werden", erschienen 2010). **Sie wollten auch schon mal Journalist werden, oder?**

Ich habe schon immer gerne geschrieben. Und ich habe auch in der Zeit davor geschrieben, aber die Dinge sind sehr intern gewesen und nicht veröffentlich worden. Nach der Pensionierung bin ich natürlich von vielen Seiten ermutigt und aufgefordert worden, das aufzuschreiben, was ich alles erlebt habe. Und so habe ich mir ein paar Fälle ausgesucht, die ich dann im Buch schildere.

Liest sich wie ein Krimi. Ist die Realität schlimmer als die Fiktion? Ist das schlimmer als das, was man im „Tatort" am Sonntagabend zu sehen bekommt?

Ich habe immer gesagt, ein Autor kann sich all das gar nicht ausdenken, was das Leben schreibt. Die Realität ist wesentlich brutaler. Die Fälle sind nicht so abstrakt wie in einem Krimi, um 5000 Ecken herum und so verwinkelt. Der Sinn und der Zweck dieses Buches ist, den Menschen ein bisschen den Spiegel vorzuhalten. Und was mich auch immer all die Jahre bewegt hat, dass ich so oft am Tatort stand und mich gefragt habe: „Wie können Menschen zu so etwas fähig sein?" Ich habe nie eine Antwort gefunden. Drum heißt das Buch auch „Abgründe" und soll aufzeigen, dass wir Menschen absolut nicht vollkommen sind.

Es gab also viele Fälle, bei denen Sie im Nachhinein auch immer noch nicht wissen, was den Täter zum Mörder hat werden lassen?

Ja, selbst die Gerichte mit ihren Psychiatern und mit ihren Gutachtern können nicht immer ergründen, was in einer Person wirklich gewirkt hat. Rein juristisch findet man immer ein Tatmotiv, dafür sorgt schon dieser hervorragende Paragraf §211, der Mordparagraf, der wirklich alles abdeckt, was man sich nur vorstellen kann. Aber, was rein psychisch in einem Menschen gewirkt hat, ist nicht immer herauszufinden.

Sie saßen selber mal im Knast, Herr Wilfling, als junger Bursche, das darf ich verraten. Was hatten Sie ausgefressen?

Da war ich 16 Jahre alt, wir waren auf einem Jugendzeltlager bei der Kolpingsfamilie in Münchberg und da gab es dann eine Rauferei mit der Dorfjugend, bei der ich natürlich auch beteiligt war. Im Vergleich zu dem, was heute so passiert, war das wirklich harmlos. Es ist auch niemand verletzt worden. Aber ein Jugendrichter hat dann – im Einvernehmen mit meiner

Erfolgsautor Josef Wilfling

Foto: Stephan Rumpf/Süddeutsche Zeitung Photo

Der Kölner Rechtsmediziner Prof. Dr. Markus A. Rothschild (m.) und der ehemalige Münchner Mordermittler Josef Wilfling auf dem Krimifestival 2013 mit Sky-Moderatorin Esther Sedlaczek.

Mutter übrigens – entschieden, dass ich einen Wochenendarrest in der JVA Hof verpasst bekomme. Da bin ich heute noch dankbar dafür. Es war für mich ein heilsamer Schock.

Relativ am Anfang Ihrer Karriere passierte der spektakuläre Sedlmayr-Mord. Was war so schwierig in diesem Fall?

Zunächst mal muss man sagen, dass Sedlmayr der brutalste Mordfall war, den ich erlebt habe. Man hat ihn gefoltert, bevor man ihm den Schädel eingeschlagen hat, insofern bleibt er schon im Gedächtnis. Und was das Besondere war: Man hat am Tatort einen Homo-Mord vorgetäuscht, man hat gewisse Dinge hindrapiert, um den Eindruck zu erwecken, hier sei etwas Sexuelles passiert, was definitiv nicht der Fall war. Natürlich hat sich aus diesem Fall ein Indizienprozess entwickelt. Es dauerte ein Jahr, bis wir überhaupt das Mordmotiv erarbeiten konnten. Alles, was im Bereich Kriminalistik, Kriminaltechnik, Kriminalwissenschaft denkbar war, ist in diesem Fall vorgekommen. Deshalb habe ich da auch sehr viel gelernt.

Wie groß war damals der Druck, der auf Ihnen lastete?

Auf uns Sachbearbeitern lastete er weniger oder auf den SOKO-Mitgliedern, aber auf der Polizeiführung natürlich enorm. Das war ein unglaubliches Presseecho, das damals stattgefunden hat. Die Zeitungen haben Auflagensteigerungen von bis zu 100 Prozent gehabt. Jeden Morgen, wenn man zur U-Bahn gegangen ist, hat man die Schlagzeilen über seine Arbeit gelesen, und wir haben auch seinerzeit lange Zeit gebraucht, die Täter ausfindig zu machen. Schließlich hat sich aber herauskristallisiert, dass das Ganze einen geschäftlichen Hintergrund hatte und es Geschäftspartner waren.

Es hat aber lange gedauert, bis Sie auf der richtigen Fährte waren. Sie haben dreieinhalb Jahre gebraucht, bis die Täter überführt waren.

Nach einem Jahr bekamen wir einen Haftbefehl, und wiederum ein Jahr später war dann die Gerichtsverhandlung, die auch wiederum ein Jahr dauerte. Wenn man mal ganz ehrlich ist, hat der Mordfall Sedlmayr bis zum Ende meiner Dienstzeit gedauert.

Herr Wilfling, fast am Ende Ihrer Zeit bei der Mordkommission passierte dann der Fall Moshammer. Was sind die Unterschiede zwischen beiden Fällen?

Foto: Jakob Berr/Süddeutsche Zeitung Photo

Josef Wilfling

Ich bin gelassener geworden. Bei Moshammer hat man sofort gesehen, dass es hier etwas mit sexuellen Dingen zu tun hat. Das war überhaupt nicht vergleichbar mit dem Fall Sedlmayr, und alles deutete darauf hin, dass man ihm wohl hinterrücks dieses Kabel um den Hals geschlungen hat, um ihn dann auszurauben – und insofern war das ziemlich schnell klar.

Was hat Sie eigentlich zur Polizei gebracht, warum sind Sie Polizist geworden?

Das war eigentlich eine Idee meiner Mutter. Ich hatte nach der Mittelschule verschiedene Spinnereien im Kopf, was ich so alles werden wollte. Meine Mutter hat dann irgendwann gesagt: „So, Schluss jetzt, aus!" Sie hat mich einfach angemeldet beim Münchberger Polizeichef, und im Oktober '66 bin ich dann nach Würzburg gekommen zur Bereitschaftspolizei, eigentlich widerwillig, wenn ich ehrlich bin. Doch dann hat es mir sofort sehr gut gefallen.

Was hat Ihnen so gefallen?

Mir haben die Gerechtigkeit und die Gleichbehandlung gefallen, es gab keine Klassenunterschiede mehr. Ich war Flüchtlingskind, in der Nachkriegszeit aufgewachsen. Meine Eltern waren Heimatvertriebene aus dem Egerland. Und wir waren fünf Kinder und sind nicht gerade im Wohlstand aufgewachsen. Als Kind hat man natürlich schon mitbekommen, dass es gewisse Unterschiede gibt.

Sie wissen, was Armut als Kind bedeutet?

Ja, das weiß ich, und ich weiß auch, dass Armut kein Grund ist für Kriminalität.

Das liegt auch an Ihrer Mutter, die sich offenbar toll gekümmert hat? Herr Wilfling, das war eine tapfere Frau, denn sie hat fünf Kinder weitgehend alleine erzogen!

Meine Mutter hat uns alleine erzogen, mein Vater ist sehr frühzeitig gestorben, da war ich erst zwölf Jahre. Und meine Mutter musste nebenbei in die Fabrik gehen und arbeiten plus die fünf Kinder versorgen.

Ihr Sohn ist auch Polizist, haben Sie den nicht abgeschreckt?

Nein, im Gegenteil! Ich bin stolz, dass er Polizist ist. Es ist ein sehr spannender Beruf, und deshalb habe ich ihm auch zugeraten. Was mir an diesem Beruf gefallen hat: Man weiß nie, wenn man früh aus dem Haus geht, was auf einen zukommt. Das ist immer mit einer gewissen Aufregung verbunden.

Nun haben Sie so viel erlebt in mehr als 40 Jahren Polizeidienst – haben Sie auch mal Mitleid gehabt mit einem Mörder?

Das hat es auch gegeben, Mörder ist nicht gleich Mörder, und es gibt durchaus auch Mörder, die eigentlich Opfer waren. Da gab es ganz spezielle Fälle, bei denen ich direkt Mitleid hatte.

Gibt es auch so eine offene Rechnung, dass ein Mörder ins Gefängnis wanderte mit Racheschwüren gegen Sie?

Ganz selten, aber es gibt zwei oder drei, denen ich nicht unbedingt bei Nacht im Park begegnen möchte.

> „Was mir an diesem Beruf gefallen hat: Man weiß nie, wenn man früh aus dem Haus geht, was auf einen zukommt."

Zu Gast bei Ursula Heller war am 7. Januar 2010 Josef Wilfling, Ex-Chef der Münchner Mordkommission.

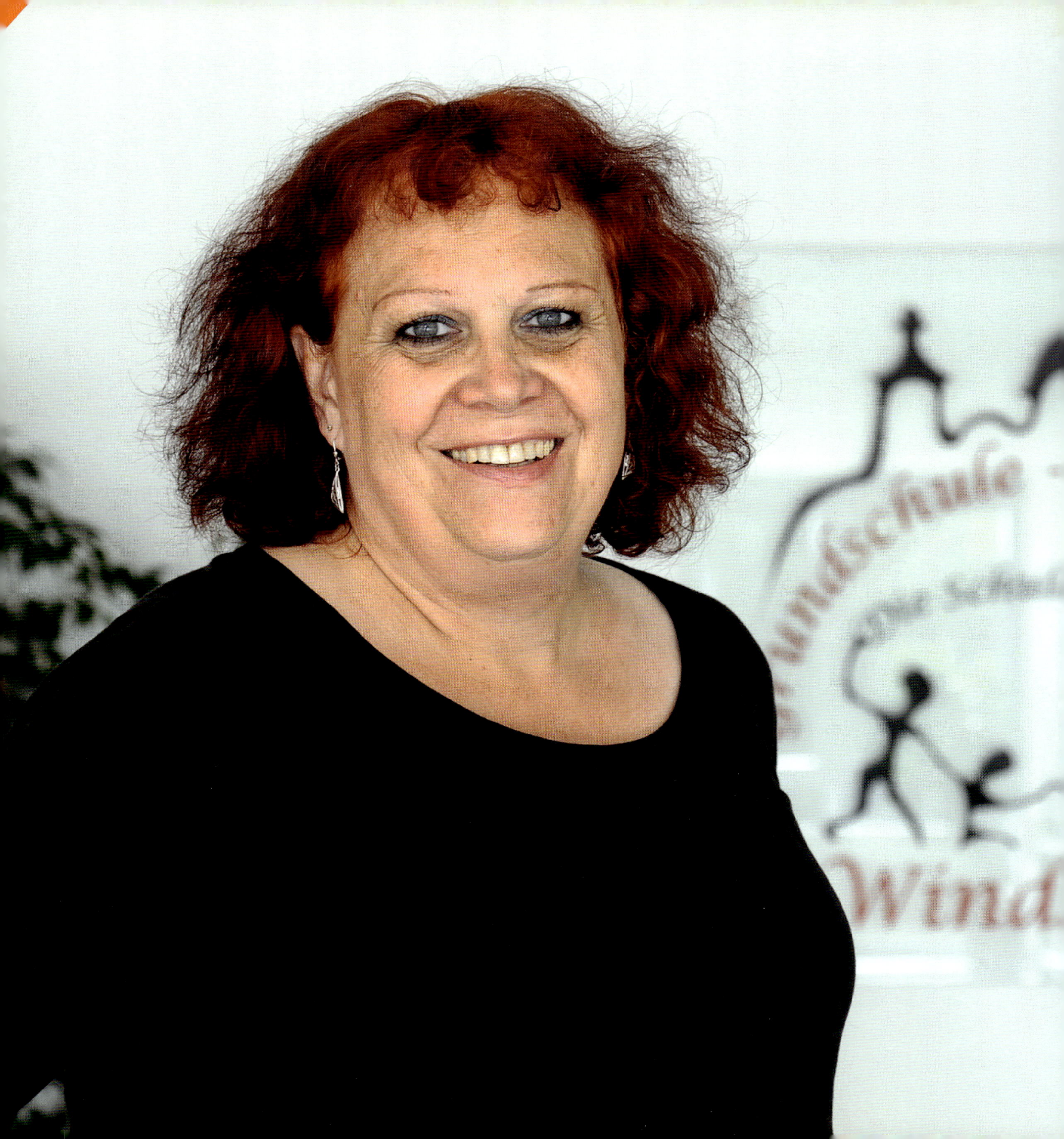

Sandra Wißgott

Auf den ersten Blick sieht es nach einem ganz normalen Leben aus: Sandra Wißgott hat drei Kinder, ist verheiratet und Rektorin einer Grund- und Mittelschule in Mittelfranken. Doch die 54-Jährige wurde im falschen Körper geboren: als Mann, obwohl sie sich seit ihrer Pubertät als Frau fühlt. Vor einigen Jahren wagt sie den Schritt zur Geschlechtsangleichung und beginnt ein neues Leben als Frau.

Zuvor muss sie ein Doppelleben führen: In der Öffentlichkeit tritt sie als Mann auf, leitet als Rektor eine Schule und engagiert sich im Roten Kreuz. Ihre Weiblichkeit mit Perücken, Schminke und Frauenkleidern kann sie zunächst nur heimlich zu Hause leben, bis sie sich ihrer Ehefrau anvertraut, kurz nach der Hochzeit 1991.

Sie wächst selbstbewusst in ihre weibliche Rolle hinein und schafft den Schritt nach „draußen". Zum Glück reagieren die Familie, das Kultusministerium und sogar ein konservativer katholischer Pfarrer wohlwollend auf die große Veränderung. Heute unterstützt Sandra Wißgott Trans-Ident e.V. und bei der Deutschen Gesellschaft für Transidentität und Intersexualität alle, die auf einem ähnlichen Weg sind, wie sie es war.

Foto: MünchenVerlag/Maren Willkomm

Frau Wißgott, wissen Sie noch, wann Sie zum allerletzten Mal mit „Herr Wißgott" angesprochen wurden?

Das ist vier Jahre her. Aber ich kann mich nicht mehr an die Situation erinnern. Also ich vermute, dass es vielleicht bei meiner Verabschiedung war, an der vorletzten Schule, an der ich noch als männlicher Rektor tätig war. Da bin ich mit Sicherheit noch als Herr Wißgott angesprochen worden. Danach ist es mir zumindest momentan nicht bewusst. Vielleicht verdrängt man solche Sachen auch.

Sandra Wißgott. Von Herr Wißgott zu Frau Wißgott. Sie sind jetzt Anfang 50 und haben sich mit Mitte 40 entschlossen, endlich das zu tun, was Sie eigentlich schon immer gefühlt haben. Sie haben sich entschlossen, sich einer Operation zu unterziehen, von Mann zu Frau. Wie lange haben Sie mit dem Gedanken gespielt, dies zu machen?

Meine ersten Erinnerungen an dieses unbestimmte Gefühl gehen ins Alter von elf Jahren zurück, also mit Einsetzen der Pubertät. Da habe ich schon die Hoffnung oder die Wünsche gehabt, endlich als Mädchen leben zu können. Nur damals, das war Anfang der 70er Jahre, gab es für mich, zumindest von meinem Kenntnisstand her, keine Möglichkeit, an dem Status Quo was zu ändern.

Haben Sie dann schon angefangen, heimlich Kleider anzuziehen und sich als Frau oder als Mädchen zu verkleiden?

Ja, ich habe das in Ansätzen sicher gemacht, Sachen von meiner Mutter auf dem Dachboden gefunden und die angezogen, habe mich vor den Spiegel gestellt, und da empfindet man „na ja, man ist ja vielleicht das Mädchen oder die Prinzessin". Aber dann kam schnell wieder die Ernüchterung, dass es eben nicht so ist.

Haben Sie denn das Gefühl gehabt, „da ist was nicht in Ordnung mit mir"? Oder haben Sie schon sehr früh gemerkt, dass Sie das Anderssein bei sich akzeptieren müssen?

Ich hatte schon das Gefühl, da ist was nicht in Ordnung. Deswegen hatte ich auch Riesenbedenken, mit irgendjemandem, auch mit meinen Eltern, darüber zu sprechen. Ich habe wirklich jahrelang versucht, es geheim zu halten, habe keinen an mich rangelassen. Man wusste ja nicht, was es war.

Wann haben Sie sich getraut, dass Sie mit jemandem darüber sprechen?

Die erste Person, mit der ich darüber gesprochen habe, war meine jetzige Ehefrau. Wir haben im Jahr 1991 geheiratet. Vor der Ehe war ich immer noch der Meinung, ich könnte, wenn ich jetzt mit einer Frau zusammenlebe, das Weibliche, das mir gefehlt hat, so weit kanalisieren, dass ich sag: „Ich muss jetzt nicht selber Frau sein, ich hab die Weiblichkeit um mich, und dann werde ich schon wieder normal."

Und dann haben Sie gemerkt, dass Sie damit nicht glücklich werden.

Ja.

Was hat Ihre Frau gesagt, als Sie nach einem halben Jahr Ehe erfahren hat, dass Sie eigentlich lieber eine Frau wären?

Es war natürlich sehr schwer für sie. Es hat Tränen gegeben, von beiden Seiten. Wir mussten uns eigentlich ein zweites Mal neu zusammenraufen. Aber nachdem in unserer Beziehung alles gut gestimmt hat, es eine stabile Beziehung war, wir wirklich sehr glücklich miteinander waren, hat die Ehe auch irgendwie Stand gehabt, und wir sind auch heute noch seit 21 Jahren glücklich verheiratet.

Vor mir sitzt heute eine attraktive Frau, Anfang 50, die schöne Locken hat und geschminkt ist und einen schönen Pulli anhat. Wie sahen Sie aus, als Sie vor 21 Jahren, zumindest äußerlich, als Mann aufgetreten sind?

Es gab eine Phase, in der ich mir selber was beweisen wollte, dass ich ein Mann bin, auch, wenn ich's nicht gefühlt hab. Da habe ich mir bewusst einen Vollbart stehen lassen. Ich habe ein Motorrad gehabt, um wirklich diese „typisch männliche Schiene" anzulaufen, auch wenn's letztendlich nie zu 100 Prozent geklappt hat.

»Sie haben früher Papa gesagt, jetzt sagen sie Sandra.«

Und dann kam die Hochzeit und eben nach gewisser Zeit auch die Aussprache mit Ihrer Frau. Ihre Frau wusste ja, dass Sie lieber Frauenkleider tragen, dass Sie sich lieber schminken wollen. Wie sah das im Alltag aus? Wo haben Sie das zugelassen? Wo haben Sie es sich verboten gegenseitig?

Wir hatten damals die Vereinbarung getroffen, dass ich's innerhalb der eigenen Wohnung ausleben kann, dass ich mich da auch entsprechend kleiden kann. Aber es sollte auf keinen Fall etwas an die Öffentlichkeit dringen.

Dann haben Sie mit Ihrer Frau zusammen doch noch drei Kinder bekommen.

Sandra Wißgott

Richtig.

War es ein ganz normales Papa-Mama-Familienleben, und die Kinder haben erst mal nichts davon mitbekommen?!

Die Kinder wussten damals nichts davon. Wir hatten auch ursprünglich die Vereinbarung, ich kann das nur so lange machen, bis Kinder da sind. Dann ist meine Tochter geboren worden, und ich war dennoch nicht in der Lage, ein komplett männliches Leben zu führen.

Das heißt, Sie sind seit 21 Jahren mit Ihrer Frau zusammen und sind auch nach der Geschlechtsumwandlung verheiratet geblieben? Ist Ihre Frau da in der Zeit auch psychologisch begleitet worden?

In den ersten 16 Jahren unserer Ehe nicht, da war's wirklich eine Sache für uns, als Paar. In der Zeit, als es dann anstand, dass ich den Weg offiziell gehe, haben wir Kontakt gesucht zu der Familienberatungsstelle in Ansbach. Wir haben auch einen Termin mit unseren Kindern wahrgenommen. Unsere Kinder haben dann mit einem Fachmann darüber geredet. Und beim zweiten Termin, den wir vereinbart hatten, kam nur noch die Antwort von den Kindern: „Wir brauchen das nicht. Das ist nicht notwendig."

Für die Kinder war es also relativ selbstverständlich?

Man muss da differenzieren: Der kleine Sohn, der war damals zwölf Jahre alt, für den war's nie ein Thema. Er hat gesagt, es sei ihm völlig egal, ob der Papa Mann ist oder Frau. Meine Tochter ist ein bisschen ein ruhigerer Typ. Sie hat sich relativ wenig geäußert. Und der mittlere Sohn, der damals 14 war, für den war's am Anfang schon ein Problem. Er hat gemeint, er will das nicht, dass „der" Papa das

Sandra Wißgott, als Schulrektorin anerkannt und geschätzt.

Foto: MünchenVerlag/Maren Willkomm

Auch ehrenamtlich ist Sandra Wißgott seit Jahren tätig, u.a. beim Roten Kreuz.

macht. Wir haben dann ganz einfach einen Urlaub im Bayerischen Wald anberaumt, wo die Familie mit mir als Frau hingefahren ist. Die Kinder haben dann gesehen, dass es überhaupt kein Problem ist, also nicht nur in der Wohnung, wo's keiner sieht, sondern auch in der Öffentlichkeit in Frauenkleidern aufzutreten.

Frau Wißgott, Sie sind dennoch der Vater Ihrer drei Kinder? Sie schmunzeln ein bisschen. Hören Sie es ungern?

Ja … (stottert, zögert), im Endeffekt bin ich wirklich der Vater meiner drei Kinder. So steht es auch in den Geburtsurkunden meiner Kinder. Auch wenn inzwischen meine Geburtsurkunde geändert ist und ich vom Status her seit meiner Geburt jetzt weibliches Geschlecht habe. In Deutschland ist der Rechtsstand nämlich so, dass ein Geschlechtseintrag nicht geändert wird, sondern es wird durch einen Gerichtsbeschluss festgestellt, dass bei der Geburt eigentlich ein falsches Geschlecht zugewiesen worden ist.

Wie sagen Ihre Kinder heute zu Ihnen? Die haben sicher früher Papa gesagt.

Sie haben früher Papa gesagt, jetzt sagen sie Sandra.

Sie haben sich entschlossen, diese Operation zu machen. Wie lange dauert so eine Operation beziehungsweise wie lange dauert dieser ganze Prozess?

Hier muss man zwei Schienen unterscheiden. Die eine Schiene ist die juristische, und da beantragt man die Vornamensänderung oder die Personenstandsänderung, muss sich dann mit zwei Gutachtern auseinandersetzten. Danach dauert der Prozess etwa sechs Monate, und wenn beide Gutachter zu dem Beschluss kommen, dass wirklich Transsexualismus vorliegt, dann wird der Vorname und der Personenstand amtlich geändert.

Und diese Operation, ist das eine oder sind das mehrere, und gehört parallel dazu auch noch eine Hormonbehandlung?

Das ist jetzt die zweite Schiene, der medizinische Bereich, er ist aufwendiger und auch schwieriger. Es dauert in der Regel auch länger. Gesetzlich Versicherte, die haben die Vorgaben, dass man entweder für eine Hormonbehandlung 12 Monate in Begutachtung oder in Begleitung sein soll, für die geschlechtsangleichende Operation 18 Monate. Für Privatversicherte ist es in dem Bereich etwas einfacher, weil die priva-

Foto: MünchenVerlag/Maren Willkomm

ten Krankenkassen natürlich anders kalkulieren. Diese 18-monatige Begleitung durch einen Psychologen kostet voraussichtlich mehr als die ganzen operativen Eingriffe. Deshalb legen sie dabei nicht diesen großen Wert darauf.

Ich könnte mir auch vorstellen, dass es Leute gibt, die es kritisieren, dass Kassen so etwas bezahlen.

Gut, es ist so, ganz eindeutig wird Transsexualismus als Krankheit eingestuft, und solang diese Einordnung da ist, muss es deswegen auch von den Krankenkassen bezahlt werden.

Es ist, wie Sie geschildert haben, ein längerer Prozess, also die Gutachten, dann Hormone und eben eine Operation. Sie sind Schulleiter gewesen an einer Schule. Hat das funktioniert im Alltag? Wie hat das Kultusministerium darauf reagiert?

In der Zeit der Begutachtung habe ich im Wesentlichen noch die Doppellebensrolle geführt. Ich habe meine Schule bis zur Vornamensänderung offiziell noch als Mann zu Ende geführt, als Gerald. Bis zum Ende des Schuljahres und ab dem Ende, dem 1. August, war dann auch die Vereinbarung so mit den vorgesetzten Dienstbehörden, dass dann das weibliche Leben beginnt. Gut, ich hab's nicht ganz eingehalten. Am vorletzten Schultag war die offizielle Verabschiedung an meiner Schule, weil ich das dann auch mit einem Wechsel der Dienststelle verbunden habe. Am Abend bei der Elternbeiratssitzung waren die Mütter natürlich wirklich heiß drauf, mich endlich auch als Frau zu sehen. Das war dann so eine schöne Elternbeiratssitzung. Ich habe als Abschiedsgeschenk eine wunderbare Halskette bekommen, und am letzten Tag in der Schule, mit Abschlussgottesdienst und allem, da war ich dann auch wirklich als Frau da, weil auch die Kinder wollten mich natürlich sehen.

Frau Wißgott, es gibt ganz viele andere Themen in Ihrem Leben, die spannend sind. Sie sind Schulleiterin, sind Pädagogin und auch unglaublich viel ehrenamtlich unterwegs, sozial engagiert, sowohl in der Gemeinde als auch in der Pfarrgemeinde. Machen Sie das noch?

Wir sind doch eine sehr katholische Gemeinde, und ich war damals Pfarrgemeinderatsvorsitzende, eigentlich Pfarrgemeinderatsvorsitzender. Ich habe das damals ein bisschen zur Seite gelegt. Habe auch mir erst mal die Zeit nehmen wollen für mich, für diesen ganzen Prozess der Geschlechtsangleichung. Also wir sprechen hier nicht von Geschlechtsumwandlung, sondern von einer Geschlechtsangleichung, denn eine 100-prozentige Umwandlung kann nicht stattfinden. Also ich kann zwar als Frau leben, habe jetzt auch die Sexualorgane einer Frau, aber schwanger kann ich nicht werden.

Was machen Sie denn sonst noch ehrenamtlich?

Ich bin seit 36 Jahren aktives Mitglied beim Bayerischen Roten Kreuz, bin bei der Wasserwacht aktiv als Ausbilderin für Rettungsschwimmen und Ausbilderin für Erste Hilfe. Und ich trainiere eine Kindergruppe in der Wasserwacht.

Und dann engagieren Sie sich auch noch in der „Deutschen Gesellschaft für Transsexualität und Transidentität."

> „Ja … im Endeffekt bin ich wirklich der Vater meiner drei Kinder."

Sandra Wißgott und ihre Ehefrau bei einer Bergwanderung im Kleinwalsertal.

Transidentität und Intersexualität – da bin ich jetzt im Bundesvorstand Geschäftsführerin, und ich bin auch Webmasterin, das heißt, ich bin hier für die Internetseite zuständig. Ich bin auch im lokalen Bereich über Transident Nordbayern engagiert. Wir haben hier einen Verbund von Selbsthilfegruppen im nordbayerischen Raum aufgebaut, und wir wollen da wirklich eine möglichst kompetente Beratungsarbeit machen, Beratungsarbeit für Betroffene selbst. Beratungsarbeit aber auch für Angehörige, um Ehepartner und Kinder zu beraten, wir halten Vorträge vor Institutionen, im Roten Kreuz, in Kindergärten, in Schulen. So versuchen wir, das Ganze einfach publik zu machen.

Jetzt sind Sie Schulleiterin, wie sehr machen Sie es selbst zum Thema in Ihrer Schule?

In meiner Schule ist es öffentlich bekannt, dass ich transsexuell bin, aber es ist jetzt nicht das große Thema. Es hat natürlich bei den Kollegen, als sie gehört haben, da kommt eine transsexuelle Schulleiterin, schon die Neugierde geweckt. Sie wollten auch die Informationen haben, aber es ist ganz einfach kein Thema. Ich mach meine Arbeit als Frau. Ich bin als Frau anerkannt.

Sind Ihre Kinder auch so engagiert?

Ja, meine Tochter gibt Musikunterricht und Nachhilfe. Ihr Steckenpferd ist der Musikverein, in dem sie engagiert ist. Meine beiden Söhne sind ebenfalls Mitglieder in der Wasserwacht. Sie machen auch ihren Rettungsdienst. Und einer unserer Söhne engagiert sich in unserer Städtepartnerschaft mit Frankreich – da bin ich auch Schriftführerin.

Sie haben vorhin auch schon erzählt, dass Sie in der katholischen Kirche aktiv waren und dass Sie sich aber von dort von sich aus zurückgezogen haben. Wie hat denn der Pfarrer reagiert, als der es erfahren hat, dass Sie sich jetzt tatsächlich ganz für die Frau entschieden haben?

Wir hatten zur damaligen Zeit einen älteren Pfarrer, der durchaus als erzkonservativ bezeichnet werden konnte. Aber als wir bei ihm waren, ich sag jetzt wir, weil ich das Gespräch im Beisein meiner Frau mit ihm geführt habe, hat er wirklich von Anfang an gesagt: „Ich möchte Sie unterstützen!" Es ging dann um die Frage, ob ich das Amt des Kommunionhelfers weiter ausführen soll oder nicht. Ich hab von meiner Seite aus

Foto: Archiv Sandra Wißgott

Sandra Wißgott

angeboten, dass ich dieses Amt niederlege. Er sagte, nein, ich solle es weiter machen. Dann hat irgendjemand aus der Pfarrgemeinde sich einmal in Eichstätt erkundigt. Eichstätt ist jetzt die zuständige Diözese für uns, und die Diözesanleitung hat sich damals geäußert, ich sollte doch bitte einmal pausieren, sie wollen den Fall prüfen, sie hätten da noch einen ähnlichen Fall in der Diözese Würzburg, und sie würden alles prüfen.

Und was kam raus?
Wenn ich's jetzt überspitzt formulieren würde, müsste ich jetzt sagen: „Und wenn sie nicht gestorben sind, dann prüfen sie noch heute."

Haben Sie seitdem nichts mehr gehört?
Ich hab davon nichts mehr gehört. Ich hab, muss ich sagen, dann auch nicht mehr nachgebohrt.

Das heißt aber auch, durch Ihr Engagement in der katholischen Kirche wird ja klar, dass der Glaube für Sie eine große Rolle spielt. Ist das heute immer noch so?
Auf jeden Fall, ja.

Und wie sieht das im Alltag aus?
Also wir sind, denke ich, eine durchweg gläubige Familie. Die Besonderheit ist vielleicht auch die, dass wir ein gleichgeschlechtliches Ehepaar sind mit kirchlichem Segen.

Gibt's ja selten …
Was sonst eigentlich nicht der normale Status ist. Die Kinder sind nach wie vor alle drei als Ministranten tätig. Meine Tochter macht Mesnerdienst. Sie studiert katholische Religion als eines ihrer Fächer. Ich erinnere mich noch, dass wir im Herbst gemeinsam mit der Nachbar-Pfarrgemeinde mit dem Bus nach Dresden zum Papstbesuch gefahren sind. Man konnte wirklich mal den Papst persönlich sehen, wenn auch nur von sehr weit weg. Aber es war ein schönes Erlebnis für uns.

Wenn Sie die Gelegenheit hätten, mit dem Papst persönlich zu sprechen, was würden Sie ihm gerne sagen?
Da würde ich schon sehr gerne mit ihm sprechen. Denn es gab mal eine Weihnachtsrede von 2008 oder 2009, wo er sich doch relativ negativ über Transsexuelle geäußert hat. Also da würde ich die Gelegenheit schon sehr gerne nutzen. Aber ich glaube nicht, dass sich die Möglichkeit für mich ergibt. (lacht)

Und jetzt noch eine allerletzte Frage. Gibt es irgendeine Kleinigkeit von Herrn Wißgott, die Sie vielleicht nicht mehr haben und auch nicht mehr haben können, die Sie vermissen?
Schwer zu sagen. Also es hat sich nicht alles in meinem Leben geändert, nur weil jetzt dieser Wechsel stattgefunden hat. Es gibt Hobbys, die sind nach wie vor noch da, und warum darf ich nicht auch als Frau mal mit einer großen Kreissäge umgehen? Ich habe eine gut ausgestattete Werkstatt, und mein Sohn hat sich neue Boxen gebaut oder wir ham's zusammengebaut. Also ich denke man muss auf solche Sachen nicht verzichten, nur wenn man jetzt offiziell „Frau" ist.

Ich freue mich sehr für Sie, dass alles bei Ihnen so wunderbar funktioniert hat, und danke ganz herzlich für Ihre interessanten Erzählungen.

Zu Gast bei Daniela Arnu am 19. März 2012 war
Sandra Wißgott, aus Mittelfranken
www.trans-ident.de.

Eins zu Eins. Der Talk

Das Moderatorenteam

Stefan Parrisius (1)
Norbert Joa (2)
Achim Bogdahn (3)
Ursula Heller (4)
Stephanie Heinzeller-Scharffenberg (5)
Sybille Giel (6)
Daniela Arnu (7)

DANKE AN: Wolfgang Aigner und Alexander Schaffer, die uns als Vorgesetzte immer vertrauen; an alle Moderatorinnen und Moderatoren für ihr unermüdliches Interesse an Lebensgeschichten; an alle Planerinnen und Planer, ohne deren leidenschaftlichen Einsatz es diese Sendung gar nicht geben könnte: Frank Gaß, Dorothee Hoareau, Norbert Joa, Sandra Limoncini, Johannes Marchl, Elke Malzacher, Leslie Rowe, Anja Scheifinger, Roland Söker, Barbara Zahn, Julia Fritzsche, Isabelle Auerbach; an Tatjana Esslinger für ihre Onlinearbeit – und dafür, dass sie immer für alle da ist; an Claudia Reichert und Karin Kinne für all die Dinge, die rundum organisiert werden müssen; an Claudia Holzner für die gute Marketingkooperation; sowie an die Musikredaktion und die Produzenten, die unserer Sendung einen besonderen Klang verleihen. Und natürlich auch Danke an alle Mitwirkenden von der Tontechnik.